高等学校"十二五"规划教材·计算机软件工程系列

程序设计基础(C语言)

董宇欣 主编

哈尔滨工业大学出版社

内容简介

本书从培养应用型人才的角度出发,系统地介绍了C语言编程的基本知识和程序设计的基本方法,内容包括:程序设计基础、简单的程序设计、基本数据类型、运算符和表达式、控制结构、数组、函数、指针、字符串、编译预处理、数据构造类型和多文件、文件。各章配有大量例题和练习。

本书可以作为面向应用的高等院校中计算机类各个专业程序设计基础课程、一般高等院校理工科各专业公共计算机基础课程"高级语言程序设计"、"程序设计基础"、"C程序设计"、"C语言"等的教材和参考书,还可以供从事计算机工作的有关人员参考。

图书在版编目(CIP)数据

程序设计基础:C语言/董宇欣主编. —哈尔滨:哈尔滨工业大学出版社,2011.9

高等学校"十二五"规划教材·计算机软件工程系列

ISBN 978-7-5603-3392-2

Ⅰ.①程… Ⅱ.①董… Ⅲ.①C语言-程序设计 Ⅳ.①TP312

中国版本图书馆 CIP 数据核字(2011)第 181522 号

策划编辑	王桂芝 赵文斌
责任编辑	刘 瑶 唐 蕾
出版发行	哈尔滨工业大学出版社
社 址	哈尔滨市南岗区复华四道街10号 邮编150006
传 真	0451-86414749
网 址	http://hitpress.hit.edu.cn
印 刷	哈尔滨市工大节能印刷厂
开 本	787mm×1092mm 1/16 印张 17 字数 424 千字
版 次	2011年9月第1版 2011年9月第1次印刷
书 号	ISBN 978-7-5603-3392-2
定 价	34.00 元

(如因印装质量问题影响阅读,我社负责调换)

高等学校"十二五"规划教材
计算机软件工程系列

编审委员会

名誉主任　丁哲学
主　　任　王义和
副 主 任　王建华
编　　委　（按姓氏笔画排序）
　　　　　王霓虹　印桂生　许少华　任向民
　　　　　衣治安　刘胜辉　苏中滨　张　伟
　　　　　苏建民　李金宝　苏晓东　张淑丽
　　　　　沈维政　金　英　胡　文　姜守旭
　　　　　贾宗福　黄虎杰　董宇欣

◎ 序

Foreword

随着计算机软件工程的发展和社会对计算机软件工程人才需求的增长，软件工程专业的培养目标更加明确，特色更加突出。目前，国内多数高校软件工程专业的培养目标是以需求为导向，注重培养学生掌握软件工程基本理论、专业知识和基本技能，具备运用先进的工程化方法、技术和工具从事软件系统分析、设计、开发、维护和管理等工作能力，以及具备参与工程项目的实践能力、团队协作能力、技术创新能力和市场开拓能力，具有发展成软件行业高层次工程技术和企业管理人才潜力的，适应社会市场经济和信息产业发展需要的"工程实用型"人才。

本系列教材针对软件工程专业"突出学生的软件开发能力和软件工程素质，培养从事软件项目开发和管理的高级工程技术人才"的培养目标，集9家软件学院（软件工程专业）的优秀作者和强势课程，本着"立足基础，注重实践应用；科学统筹，突出创新特色"的原则，精心策划编写。具体特色如下：

1. 紧密结合企业需求，多校优秀作者联合编写

本系列教材编写在充分进行企业需求、学生需要、教师授课方便等多方市场调研的基础上，采取了校企适度联合编写的做法，根据目前企业的普遍需要，结合在校学生的实际学习情况，校企作者共同研讨、确定课程的安排和相关教材内容，力求使学生在校学习过程中就能熟悉和掌握科学研究及工程实践中需要的理论知识和实践技能，以便适应就业及创业的需要，满足国家对软件工程人才的需要。

2. 多门课程系统规划，注重培养学生工程素质

本系列教材精心策划，从计算机基础课程→软件工程基础与主干课程→设计与实践课程，系统规划，统一编写。既考虑到到每门课程的相对独立性，基础知识的完整性，又兼顾相关课程之间的横向联系，避免知识点的简单重复，力求形成科学、完整的知识体系。

本系列教材中的《离散数学》、《数据库系统原理》、《算法设计与分析》等基础教材在引入概念和理论时，尽量使其贴近社会现实及软件工程等学科的技术和应用，力图将基本知识与软件工程学科的实际问题结合起来，在具备直观性的同时强调启发性，必须让学生理解所

学的知识。《软件工程导论》、《软件体系结构》、《软件质量保证与测试》、《软件项目管理》等软件工程主干课程以《软件工程导论》为线索,各课程间相辅相成,互相照应,系统地介绍了软件工程的整个学习过程。《数据结构应用设计》、《编译原理设计与实践》、《操作系统设计与实践》、《数据库系统设计与实践》等实践类教材以实验为主题,坚持理论内容以必须和够用为度,实验内容以新颖、实用为原则编写。通过一系列实验,培养学生的探究、分析问题的能力,激发学生的学习兴趣,充分调动学生的非智力因素,提高学生的实践能力。

相信本系列教材的出版,对于培养软件工程人才、推动我国计算机软件工程事业的发展必将起到积极作用。

2011 年 7 月

◎ 前 言

Preface

程序设计是高等学校计算机专业和软件工程专业的专业基础课程，目的是向学生介绍程序设计的基础知识，使学生掌握高级语言程序设计的基本思想和方法，培养学生掌握用计算机处理问题的思维方法，为后续专业课的学习打下良好的基础。

本书以 C 语言为工具，以程序设计为主线，采用任务驱动式、案例式教学组织内容。书中采用任务驱动方式提出问题，使学生逐步形成用程序设计语言去描述问题和解决问题的能力；书中每个知识点都以典型案例为基础引入并剖析知识点，注重工程性、实践性和应用性。全书贯穿了提出问题、分析问题、引出概念、讲解知识点、程序实现的编写思路，突破传统的单纯以计算机语言为主线编排内容，旨在由浅入深、循序渐进地培养学生的程序设计思维习惯和方法。

本书自始至终贯穿结构化程序设计思想，所有例题都具有良好的结构和程序设计风格，并且每个知识点后都提出程序设计中容易出现的问题，使读者一开始编写程序就具有良好的编程风格，而且不容易犯常见的错误。本书不但适合教学使用，而且适合学生自学。

本书共分 12 章，第 1 章引言，介绍了程序设计的相关概念；第 2 章数据类型、运算符与表达式，介绍了 C 语言的基本语言元素；第 3 章顺序结构程序设计，介绍了 C 语言的基本语句及输入输出方法；第 4 章选择结构程序设计，介绍了使用选择结构解决问题的方法；第 5 章循环结构程序设计，介绍了循环结构程序设计的方法；第 6 章数组，介绍了使用数组存储批量数据及数组的处理方法；第 7 章函数，介绍了函数的定义、调用过程；第 8 章指针，介绍了通过指针访问数据的方法及指针操作；第 9 章结构体，介绍了构造数据类型结构的知识及链表的概念；第 10 章程序的结构，介绍了变量的作用域和存储类型及动态内存分配的方法；第 11 章再论函数，进一步讨论了函数的调用方法及指针与函数；第 12 章文件，介绍了文件的概念及基本操作方法。

本书由哈尔滨工程大学董宇欣和吴良杰、哈尔滨师范大学于延、哈尔滨学院潘莹、黑龙江工程学院苗志滨共同编写，其中董宇欣任主编，潘莹、苗志滨、于延任副主编，吴良杰、毕武统稿并主审。本书具体编写分工如下：董宇欣负责第 1～3 章，潘莹负责第 4、5、12 章，吴良杰、于延负责第 6、8、9 章，苗志滨负责第 7、10、11 章。

由于作者水平有限，书中难免会有错误或疏漏之处，真诚地欢迎各位专家和读者批评指正，以帮助我们进一步完善教材。

编 者
2011 年 7 月

◎目录

Contents

第1章 引言 ··· 1
  1.1 程序设计基础 ·· 1
    1.1.1 程序设计的概念 ·································· 1
    1.1.2 程序设计语言的发展 ······························ 1
    1.1.3 程序设计思想 ···································· 3
  1.2 C语言的特点及发展过程 ······························ 4
    1.2.1 C语言的产生 ···································· 4
    1.2.2 C语言的特点 ···································· 4
    1.2.3 C语言的发展过程 ································ 5
  1.3 程序与算法 ·· 6
    1.3.1 程序 ·· 6
    1.3.2 算法简介 ·· 6
    1.3.3 算法的表示 ······································ 7
  1.4 C程序开发过程 ····································· 12
    1.4.1 程序实例 ·· 12
    1.4.2 程序的开发过程 ·································· 13
    1.4.3 Turbo C++ 3.0集成开发环境 ······················ 14
  习题 ··· 16

第2章 数据类型、运算符与表达式 ···························· 18
  2.1 数据类型 ·· 18
    2.1.1 引入数据类型的原因 ······························ 18
    2.1.2 基本数据类型 ···································· 18
    2.1.3 字符集 ·· 19
    2.1.4 关键字和标识符 ·································· 20
  2.2 常量 ·· 20
    2.2.1 整型常量 ·· 21
    2.2.2 实型常量 ·· 22
    2.2.3 字符型常量 ······································ 23
    2.2.4 字符串常量 ······································ 24

2.2.5 符号常量 ………………………………………………………… 24
2.3 变量 ……………………………………………………………………… 25
　　2.3.1 变量的定义及初始化 ……………………………………………… 25
　　2.3.2 定义变量时应注意的问题 ………………………………………… 26
2.4 运算符与表达式 ………………………………………………………… 26
　　2.4.1 运算符及其优先级与结合性 ……………………………………… 27
　　2.4.2 算术运算符 ………………………………………………………… 29
　　2.4.3 关系运算符 ………………………………………………………… 29
　　2.4.4 逻辑运算符 ………………………………………………………… 30
　　2.4.5 赋值运算符 ………………………………………………………… 32
　　2.4.6 ++、--运算符 ……………………………………………………… 33
　　2.4.7 逗号运算符 ………………………………………………………… 35
　　2.4.8 条件运算符 ………………………………………………………… 36
2.5 类型转换 ………………………………………………………………… 36
　　2.5.1 自动转换 …………………………………………………………… 36
　　2.5.2 强制类型转换 ……………………………………………………… 37
习题 ……………………………………………………………………………… 38

第3章 顺序结构程序设计 ……………………………………………………… 40
3.1 C语言的语句 ……………………………………………………………… 40
3.2 赋值语句 ………………………………………………………………… 41
3.3 基本输入输出 …………………………………………………………… 42
　　3.3.1 格式输入与输出 …………………………………………………… 42
　　3.3.2 字符数据的输入与输出 …………………………………………… 49
3.4 顺序结构程序实例 ……………………………………………………… 51
习题 ……………………………………………………………………………… 55

第4章 选择结构程序设计 ……………………………………………………… 58
4.1 选择结构 ………………………………………………………………… 58
4.2 选择结构的实现方法 …………………………………………………… 58
　　4.2.1 单分支 ……………………………………………………………… 58
　　4.2.2 双分支 ……………………………………………………………… 59
　　4.2.3 多分支 ……………………………………………………………… 62
　　4.2.4 选择结构的嵌套 …………………………………………………… 67
4.3 选择结构的分析与使用时的问题 ……………………………………… 68
习题 ……………………………………………………………………………… 68

第5章 循环结构程序设计 ……………………………………………………… 72
5.1 循环结构 ………………………………………………………………… 72

5.2 循环结构实现方法 ·· 72
  5.2.1 for 循环语句 ·· 72
  5.2.2 while 循环 ·· 75
  5.2.3 do-wile 循环 ·· 77
  5.2.4 嵌套的循环 ·· 78
  5.2.5 几种循环结构的比较及使用中注意的问题 ················ 80
5.3 流程的转移语句 ·· 81
  5.3.1 break 语句 ·· 81
  5.3.2 continue 语句 ·· 81
  5.3.3 应用程序举例 ·· 82
5.4 常用算法 ·· 85
习题 ·· 87

第 6 章 数组 ·· 90

6.1 数组的引入 ·· 90
6.2 数组的定义与使用 ·· 91
  6.2.1 数组的定义及初始化 ·· 92
  6.2.2 数组的使用 ·· 94
  6.2.3 字符数组 ·· 97
  6.2.4 程序举例 ·· 104
6.3 常用算法 ·· 108
  6.3.1 排序 ·· 108
  6.3.2 查找 ·· 111
  6.3.3 数制转换 ·· 112
习题 ·· 114

第 7 章 函数 ·· 118

7.1 定义函数的原因 ·· 118
7.2 函数的定义 ·· 120
  7.2.1 无参函数的定义 ·· 120
  7.2.2 有参函数的定义 ·· 120
7.3 函数的执行过程 ·· 121
  7.3.1 函数的调用 ·· 121
  7.3.2 函数的原型声明 ·· 123
  7.3.3 函数的参数 ·· 124
  7.3.4 函数的返回值 ·· 124
7.4 数组与函数 ·· 127

| 7.4.1   一维数组与函数传递 ………………………………………………………… 127
| 7.4.2   二维数组与函数的传递 ……………………………………………………… 130
| 7.5   程序举例 …………………………………………………………………………………… 131
| 习题 ……………………………………………………………………………………………… 136

第 8 章　指针 ………………………………………………………………………………… 138

   8.1   指针的概念 ………………………………………………………………………………… 138
　　　8.1.1   地址和内存的访问方式 …………………………………………………… 139
　　　8.1.2   指针和指针变量 …………………………………………………………… 140
   8.2   指针的定义与使用 ………………………………………………………………………… 140
　　　8.2.1   指针的定义与初始化 ……………………………………………………… 140
　　　8.2.2   指针操作 …………………………………………………………………… 141
   8.3   指针做函数参数 …………………………………………………………………………… 143
   8.4   指针和数组 ………………………………………………………………………………… 144
　　　8.4.1   指针的运算 ………………………………………………………………… 144
　　　8.4.2   一维数组的地址与指针 …………………………………………………… 145
　　　8.4.3   二维数组的地址与指针 …………………………………………………… 150
　　　8.4.4   程序举例 …………………………………………………………………… 152
   8.5   指针与字符串 ……………………………………………………………………………… 156
   8.6   指针数组和指针的指针 …………………………………………………………………… 161
　　　8.6.1   指针数组 …………………………………………………………………… 161
　　　8.6.2   指针的指针 ………………………………………………………………… 164
   习题 ……………………………………………………………………………………………… 165

第 9 章　结构体 ……………………………………………………………………………… 169

   9.1   结构体类型与结构体变量 ………………………………………………………………… 169
　　　9.1.1   结构体类型的声明 ………………………………………………………… 169
　　　9.1.2   结构体变量的定义及初始化 ……………………………………………… 171
　　　9.1.3   结构体变量的使用 ………………………………………………………… 173
   9.2   结构体数组 ………………………………………………………………………………… 175
　　　9.2.1   结构体数组的定义及初始化 ……………………………………………… 175
　　　9.2.2   结构体数组应用 …………………………………………………………… 177
   9.3   结构体指针 ………………………………………………………………………………… 179
   9.4   结构体与函数 ……………………………………………………………………………… 182
   9.5   指针处理链表 ……………………………………………………………………………… 184
　　　9.5.1   链表 ………………………………………………………………………… 184
　　　9.5.2   链表的建立 ………………………………………………………………… 184

9.5.3　链表的插入 …………………………………… 186
　　　9.5.4　链表的删除 …………………………………… 187
　习题 ………………………………………………………… 188

第10章　程序的结构 ……………………………………… 192
　10.1　编译预处理 …………………………………………… 192
　　　10.1.1　宏定义 ………………………………………… 192
　　　10.1.2　文件包含 ……………………………………… 197
　　　10.1.3　条件编译 ……………………………………… 199
　10.2　变量的作用域和存储类型 …………………………… 202
　　　10.2.1　变量的作用域 ………………………………… 202
　　　10.2.2　变量的存储类别 ……………………………… 206
　10.3　动态内存分配 ………………………………………… 210
　　　10.3.1　动态内存分配函数 …………………………… 211
　　　10.3.2　动态数组的实现 ……………………………… 212
　10.4　多函数、多文件程序的编写 ………………………… 214
　习题 ………………………………………………………… 218

第11章　再论函数 ………………………………………… 221
　11.1　函数的嵌套调用 ……………………………………… 221
　11.2　函数的递归调用 ……………………………………… 222
　11.3　指针与函数 …………………………………………… 225
　　　11.3.1　返回指针值的函数 …………………………… 225
　　　11.3.2　函数的指针和指向函数的指针变量 ………… 227
　11.4　程序举例 ……………………………………………… 229
　习题 ………………………………………………………… 232

第12章　文件 ……………………………………………… 234
　12.1　文件的概述 …………………………………………… 234
　　　12.1.1　流 ……………………………………………… 234
　　　12.1.2　存储设备的使用 ……………………………… 234
　　　12.1.3　目录及文件格式 ……………………………… 235
　12.2　文件的打开与关闭 …………………………………… 236
　　　12.2.1　文件的打开 …………………………………… 236
　　　12.2.2　文件的关闭 …………………………………… 238
　12.3　文件的读写 …………………………………………… 239
　　　12.3.1　文件的读操作 ………………………………… 239
　　　12.3.2　文件的写操作 ………………………………… 244

12.4　文件的其他常用函数 …………………………………………… 249
　　　　12.4.1　文件的定位 ……………………………………………… 249
　　　　12.4.2　文件的随机读写 ………………………………………… 250
　　　　12.4.3　其他相关函数 …………………………………………… 251
　　习题 ………………………………………………………………………… 251
附录 ……………………………………………………………………………… 255
　　附录A　常用字符与ASCII代码对照表 …………………………………… 255
　　附录B　C库函数 …………………………………………………………… 256
参考文献 ………………………………………………………………………… 258

第1章

引言

1.1 程序设计基础

1.1.1 程序设计的概念

在计算机得到广泛应用的今天,无论是科学技术领域,还是工作和娱乐,计算机都给我们带来很多的便利。我们可以利用计算机制图、制表、设计3D模型、聊天、玩游戏、看电影,等等。我们可以在计算机上完成各种各样的任务,计算机已经成为人们生活和工作中不可或缺的一部分。计算机之所以会拥有如此强大的功能,除了计算机本身提供硬件支持,更重要的原因就是人们开发了无数的、能够指挥计算机完成各种任务的程序,而程序设计就是用某种计算机语言编写这些程序的过程。《维基百科全书》给出了比较详细的程序设计的定义:程序设计是给出解决特定问题的程序的过程,是软件构造活动中的重要组成部分。

程序设计的最终目的就是用程序来控制计算机为人们解决特定的问题。"软件构造活动中的重要组成部分",说明程序设计在软件构造中的角色,软件最终需要通过程序的运行来发挥作用。程序设计是将问题转化成引导计算机运行的指令序列,并在计算机中运行得到正确结果的过程,需要借助程序设计语言来完成设计。

程序设计一般包括以下几个步骤:

(1)分析待解决的问题并建立相应的数学模型。分析问题,找出已知和未知,确定解决问题的步骤,然后将解题过程转化成数学表达式,并建立各种变量及常量之间的关系,从而建立起解决问题的数学模型。数学模型的建立十分关键,它决定了程序的正确性和复杂程度。

(2)确定数据结构和算法。根据建立的数学模型,确定存放数据的数据结构,针对所确定的数据组织形式选择合适的算法。

(3)编程。根据确定的数据结构及算法,使用选定的计算机语言编写程序代码,输入计算机中。

(4)调试和运行程序。消除程序的语法或逻辑错误,用各种可能的输入数据对程序进行测试,分析结果,对不合理的数据进行适当的处理,直至运行获得预期的结果。

(5)整理并写出文档资料。

1.1.2 程序设计语言的发展

由于机器只能识别由0、1组成的二进制代码,所以最早使用的计算机语言是指令和数据均由二进制代码组成的机器语言。随后发明的汇编语言可以将机器指令映射为一些能被人读懂的助记符,如 ADD、SUB 等。运行汇编程序时,先将用助记符描述的源程序转换成机器指令程序,然后通过运行机器指令程序得到输出结果。随着计算机技术的发展,FOR-TRAN、BASIC、PASCAL、C、C++和 Java 等高级语言应运而生,高级语言的出现使计算机程序设计不再过度地依赖某种特定的机器或环境。

程序设计语言主要经历了机器语言、汇编语言和高级语言三个发展阶段,图 1.1 直观地表示了程序设计语言的发展历程。

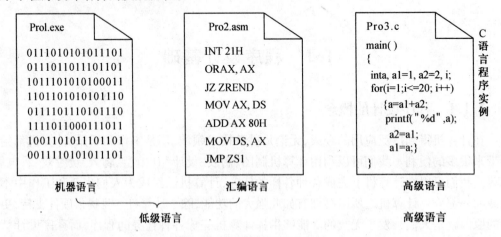

图 1.1 程序设计语言的发展

1. 机器语言

从 19 世纪起,随着机械式计算机的更新,出现了穿孔卡片,通过卡片上的孔洞引导计算机做相应的操作。世界上第一台电子数字计算机 ENIAC 使用的就是穿孔卡片,在卡片上使用的是专家们才能理解的语言,由于它与人类的自然语言之间存在巨大的鸿沟,人们称之为机器语言,也就是第一代计算机语言。机器语言是最底层的计算机语言,这种语言在本质上是计算机能识别的唯一语言。机器语言直接由机器指令(二进制)构成,因此,由它编写的计算机程序不需要转换就可直接被计算机系统识别并运行,执行速度快、效率高。但它也存在着严重的缺点:机器语言难掌握、编程繁琐、可读性差、易出错,并且依赖于具体的机器,通用性差。由于不同型号计算机的指令系统往往各不相同,所以在一种计算机上执行的程序要在另一种不同指令系统的计算机上执行,必须重新编写程序,造成了重复工作。

2. 汇编语言

汇编语言是第二代程序设计语言,为了克服机器语言难掌握、编程繁琐、可读性差和易出错的缺点,人们采用能帮助记忆的英文缩写符号(称为指令助记符)来代替机器语言指令代码中的操作码,用地址符号来代替地址码。用指令助记符及地址符号书写的指令称为汇编指令(也称符号指令),而用汇编指令编写的程序称为汇编语言源程序。汇编语言又称符号语言。计算机不能直接识别和理解用符号语言编写的程序,需要一个专门的系统程序负责将汇编语言程序翻译成机器语言程序,这种翻译程序就是汇编程序。任何类型的计算机都配有只适用于自己的汇编程序。尽管汇编语言与机器语言相比有不少的优势,但缺点仍然很明显。由于这种"助记符"语言基本上是与机器指令一一对应的,汇编语言与机器语言的差别仅仅体现在表示形式上,所以汇编语言和机器语言一样,依赖于具体的计算机型号,用汇编语言写的程序不能方便地移植到另一种机器上。汇编语言同样存在机器语言的缺点,如依赖计算机硬件、缺乏通用性、编程繁琐、易出错等。汇编语言程序的特点迫使程序员必须从机器语言角度去思考,编写代码仍然不方便。因此,汇编语言和机器语言统称为低级语言。汇编语言编写的程序相对于高级语言编写的程序,其目标程序占用内存空间少,运行速度快,在某些场合发挥着高级语言不可替代的作用。

3. 高级语言

机器语言和汇编语言都是面向机器的语言,要求编程人员必须对机器硬件结构及工作原理十分熟悉,这对非计算机专业人士来说是很困难的。高级语言是第三代计算机程序设计语言,它接近人类的自然语言和数学公式,同时又不依赖于具体的硬件,编写出的程序能在不同的机器上运行。1957 年,第一个完全脱离机器硬件的高级语言——FORTRAN(FORmula TRANslator)在 IBM 公司研发成功。随后的 50 多年来,共有几百种高级语言出现,使用较普遍的有 FORTRAN、COBOL(Common Business Oriented Language)、BASIC、LISP、Pascal、C、C++、VC(Visual C++)、VB(Visual BASIC)、Delphi、C#、JAVA 等。高级语言又分为面向过程的语言和面向对象语言。

高级语言容易学习和掌握,程序可读性好,可维护性强,可靠性高。高级语言与具体的计算机硬件关系不大,程序可移植性好,重用率高。用高级语言编写的程序要比低级语言容易,同时程序的编制和调试过程大大简化,编程效率得到大幅度的提高。

1.1.3 程序设计思想

随着计算机语言的不断发展,程序设计思想也在不断地发生变化,最初的程序只能针对特定类型的计算机进行设计,之后出现了面向过程语言,模块化设计和自顶向下、逐步细化的结构化编程方法提高了编码效率,面向对象编程技术的出现使编程更接近人类思维习惯。

1. 结构化程序设计思想

结构化程序设计的概念是 E. W. Dijkstra 在 20 世纪 60 年代末提出的,其实质是控制编程中的复杂性。他的主要观点是采用自顶向下、逐步求精的程序设计方法,使用三种基本控制结构构造程序。结构化程序设计强调程序设计风格和程序结构的规范化,提倡清晰的程序结构,把一个复杂问题的求解过程分阶段进行,每个阶段处理的问题都控制在人们容易理解和处理的范围内。

具体来说,采用以下方法确保得到结构化的程序:

(1)自顶向下。

(2)逐步求精。

(3)模块化设计。

(4)结构化编码。

如图 1.2 所示,自顶向下、逐步细化的过程是将问题求解由抽象逐步具体化的过程。具体在程序设计中,根据程序模块的功能将一个复杂的问题划分为若干个模块,每一个子模块完成一项独立的功能,每个模块内部只采用顺序、选择(分支)和循环三种规范化的控制结构来构造。

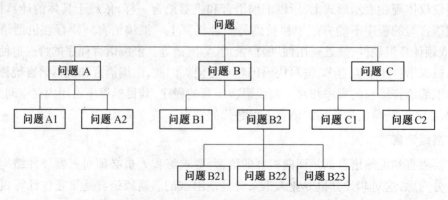

图1.2 自顶向下、逐步细化的结构化程序设计思想

按这种思想编写出来的结构化程序具有结构清晰、容易理解、容易验证、便于开发和维护等特点。

2. 面向对象程序设计思想

随着面向对象语言的出现,面向对象程序设计方法也应运而生并得到迅速发展。面向对象程序设计是面向过程设计方法的继承和发展,是基于一种自然、朴素的思想来模拟人类思维习惯的程序设计方法,它具有抽象、封装、继承和多态性等特征。客观世界是由各种各样的对象(或称实体、事物)组成的,每个对象都有自己的内部状态和运动规律,不同对象间的相互联系和相互作用构成了各种不同的系统,进而构成整个客观世界。面向对象软件开发过程就是使用计算机语言将现实世界映射到计算机世界的过程。面向对象程序设计在软件开发领域掀起了巨大的变革,极大地提高了软件开发效率。

1.2 C语言的特点及发展过程

1.2.1 C语言的产生

C语言是当今世界最为流行的计算机高级语言之一,它是由美国的Dennis Ritchie于1972年设计的,并首次在UNIX操作系统的DEC PDP-11计算机上使用。

C语言由早期的编程语言BCPL(Basic Combind Programming Language)发展演变而来。1970年,美国电话电报公司(AT&T)贝尔实验室的Ken Thompson根据BCPL语言设计了较先进的B语言,C语言在B语言基础上增加了数据类型的概念,以及其他功能强大的特性。1978年,贝尔实验室正式发表了C语言。

1.2.2 C语言的特点

C语言之所以能够存在且持续地发展,是因为C语言本身存在许多不同于其他语言的特点。C语言是比较流行的高级程序设计语言,许多大型软件,尤其是系统软件和商业软件,都是用C语言编写的。C语言是一种健壮的语言,其丰富的内置函数集和运算符可用来编写任意复杂的程序。C语言的主要特点如下:

(1)语言简洁,结构紧凑,程序书写方便,使用灵活。C语言只有32个关键字,9种控制语句,程序书写形式自由、简练,压缩了一切不必要的成分,所以 C 语言不仅功能强,效率也很高。

(2) C 语言是结构化的程序设计语言。结构化语言的显著特点是程序代码及数据的分隔化,即程序的各个部分除了必要的信息交流外彼此独立,用函数作为程序模块以实现程序的结构化。这种结构化方式使程序层次清晰,便于编码、维护以及调试。C 语言具有结构化的控制语句(如 if-else 语句、while 语句、do-while 语句、for 语句、switch 语句等),程序由主函数开始运行,函数间可实现相互调用。

(3) C 语言提供了丰富的运算符。C 语言共有 34 种运算符,可以用运算符和运算对象组成的表达式实现多种操作。括号、赋值、强制类型转换等在 C 语言中都被作为运算符处理。

(4) C 语言具有丰富的数据类型。C 语言的数据类型有整型、实型、字符型、数组类型、指针类型、结构体类型、共用体类型、空类型等,能实现各种复杂的数据结构(如链表、树、栈等)的表示与运算。

(5) C 语言可以直接对硬件进行操作,能直接访问物理地址,能进行位(bit)操作,能实现汇编语言的大部分功能。因此,C 语言既具有高级语言的优点,又具有低级语言的许多功能。C 语言既是成功的系统描述语言,又是通用的程序设计语言。因为 C 程序需要通过编译、链接才能得到可执行的目标程序,所以一般仍习惯将 C 语言称为高级语言。

(6) C 语言编写的程序可移植性好。C 语言编写的程序基本上不进行修改就能用于各种型号的计算机和各种操作系统,程序兼容性好。

(7) C 语言对语法的限制不太严格,程序设计自由度大。C 语言程序生成代码质量高,程序执行效率高。

C 语言的上述特点,使它成为一种非常实用的程序设计语言,既可以用于编写系统软件,又可以用于编写应用软件,特别适用于编写各种与硬件环境相关的系统软件。

1.2.3 C 语言的发展过程

早期的 C 语言主要用于 UNIX 系统,因为它是与 UNIX 操作系统一起被开发出来的。随着 C 语言的强大功能和各方面的优点逐渐为人们所认识,到了 20 世纪 80 年代,C 语言开始进入其他操作系统,并很快在各类大、中、小和微型计算机上得到广泛的使用,成为当代最优秀的程序设计语言之一。

1978 年,B. W. Kernighan 和 D. M. Ritchie 合著了著名的《THE C PROGRAMMING LANGUAGE》一书,通常简称为《K&R》,也有人称之为《K&R》标准。随着该书的出版,C 语言成了最为流行的语言,但是,在《K&R》中并没有定义一个完整的标准 C 语言。C 语言的快速发展导致了不同版本 C 语言的出现,产生了一些兼容性的问题,为了解决这一状况,美国国家标准协会制定了一个 C 语言标准,于 1983 年发表,通常称之为 ANSI C。1987 年,ANSI 又公布了新标准——87 ANSI C。1990 年,国际标准化组织(ISO)接受 87 ANSI C 为 ISO C 的标准。1994 年,ISO 重新修订了 C 语言标准。目前,流行的 C 编译系统都是以 87 ANSI C 为基础的。计算机语言其本质都是动态的,可以通过不断的吸收加入新特性来提高其功能和使用范围,C 语言标准委员会将 JAVA 和 C++语言的一些特性加入 C 语言中,提出了 C 语言的 1999 标准,该版本的 C 语言通常称为 C99。

目前,最流行的 C 语言版本有以下几种:

- Microsoft C 或称 MSC
- Borland Turbo C 或称 Turbo C
- AT&T C

这些 C 语言版本不仅实现了 ANSI C 标准,而且在此基础上各自做了一些扩充,使之更加方便、完美。C++语言是以 C 语言为基础的一种面向对象的语言,有着极为广泛的应用,建议读者在学完本书内容以后,再继续学习 C++语言。

1.3 程序与算法

1.3.1 程 序

人们要利用计算机完成各种预定的工作,就必须把完成该项工作所需要的步骤编写成计算机可以执行的指令。程序就是为实现特定目标或解决特定问题,用计算机语言编写的、适合计算机执行的语句指令序列的集合。

一个程序应该包括两方面的内容:对数据的描述,即指定数据的类型和数据的组织形式;对操作步骤的描述。对数据的描述即是数据结构,对操作步骤的描述即是算法,正如著名计算机科学家沃思(Nicklaus Wirth)提出的一个公式

$$数据结构+算法=程序$$

数据结构和算法是程序最主要的两个方面,针对问题所涉及的对象和需要完成的操作步骤,设计合理的数据结构常可有效地简化算法。除此之外,还应当采用结构化程序设计方法进行程序设计,并选用适当的计算机语言进行编写。

1.3.2 算法简介

欧几里得曾在他的著作中描述过求两个整数的最大公因子的过程。欧几里得所描述的这个过程,被称为欧几里得算法。算法是解决某一特定问题的一组有穷规则的集合。

从广义上来说,任何解决问题的过程都是由一定的步骤组成的,这些解决问题确定的方法和有限的步骤都可以称作算法。并不是只有计算的问题才有算法,如盖一栋房子、造一辆汽车、组装一台计算机都有其各自的算法。但对于同一个问题,算法往往并不唯一,比如组装一台计算机主机,以机箱为基础安装顺序可以是主板、硬盘、内存、电源、光驱,也可以是主板、内存、硬盘、光驱、电源,这两种算法达到的目的是一样的。

计算机算法通常分为两大类:数值运算算法和非数值运算算法。数值运算是指求数值解,如对微分方程求解、对函数的定积分求解等,都属于数值运算的范围。非数值运算包括的范围非常广,如人事管理、数据处理、资料检索等。数值运算往往有确定的数学模型,一般都有比较成熟的算法,许多常用的算法被编写成通用的程序存储起来,需要时可以直接调用。非数值运算由于种类繁多,且要求不一致,难以给出固定的算法,用户往往需要参考以往类似问题的算法,自行设计出新的算法。

任何算法都由两个要素构成:基本功能操作和控制结构。基本功能操作包括逻辑运算、算术运算、数据传输、数据比较等。控制结构决定了算法的执行顺序,包括顺序结构、选择结构(也称分支结构)和循环结构。无论算法简单还是复杂,都是由这三种基本控制结构组合而成的。

1. 算法的特征

算法是一组有穷的规则，它们规定了解决某一特定类型问题的一系列运算，是对解题方案的准确与完整的描述。算法具有以下基本特征：

(1) 确定性。算法的每一步运算必须有确定的意义，该运算应执行何种动作不能出现任何二义性，目的明确。例如，"将 x 或 y 与 z 相乘"，计算机不清楚对于两种可能的运算怎样选择。

(2) 有穷性。一个算法总是在执行了有穷步的运算后终止，不能无限地执行下去。例如，"求从 1 到 $+\infty$ 所有整数的和"，这样的运算是没有尽头的，计算机会出现"溢出"现象。

(3) 有效性。要求算法中有待实现的运算都是基本的，每种运算至少在原理上能完成，算法中每一个步骤都能有效地执行，不可执行的操作是无效的。例如，"计算 10/0"。

(4) 输入。一个算法有零个或多个输入，算法开始之前给予算法所需要的初始数据，这些输入取自某一特定的集合。例如，"求 z 的值，$z=x+y$"需要输入 x,y 的初始值，而"求 1+2+3"就不需要输入任何信息。

(5) 输出。一个算法产生一个或多个输出信息，输出的是与输入有某种特定关系的量。一个算法至少有一个输出，无输出的算法是没有意义的。

算法必须满足以上五种特性，只满足除"有穷性"之外其他四种的，不能称其为算法，只能称做计算过程，算法与计算过程有一定的联系但并不等价，它们是不同的概念。计算过程可以不满足有穷性，所以计算过程不一定能终止。但一个算法，不仅要求有穷的操作步骤，而且操作步骤越少越好。

2. 算法的复杂性

一般来说，可以用算法的复杂性来衡量一个算法的效率，在评价算法性能时，一个重要的依据就是复杂性。运行算法所需要的计算机资源是算法的复杂性的一个标志，所需要的资源越多，则该算法的复杂性越高；所需要的资源越少，则该算法的复杂性越低。所谓计算机的资源，就是程序运算所需的时间和存储程序、数据所需的存储空间。算法的复杂性有时间复杂性和空间复杂性之分。算法的时间复杂性越高，则算法的执行时间越长；时间复杂性越低，则执行时间越短。算法的空间复杂性越高，则算法所需的存储空间越多；空间复杂性越低，则所需的存储空间越少。在算法的复杂性分析中，通常对时间复杂性的分析考虑得更多。因为不同的计算机其运算速度相差很大，所以在衡量一个算法的时间复杂性时要注意到这一点。

对于任意给定的问题，设计算法时要考虑如何设计出复杂性尽可能低的算法。另外，当给定的问题已有多种算法时，应当选择其中复杂性最低者，这是在选用算法时应遵循的一个重要准则。算法的复杂性分析对算法的设计或选用有着重要的指导意义。讨论算法的复杂性，是为了探讨某种具体算法适用于哪类问题或某类问题适合采用哪种算法。

1.3.3 算法的表示

1. 用自然语言表示算法

自然语言就是人们日常使用的语言，自然语言的特点是通俗易懂，但是叙述较繁琐、冗长，并且容易出现歧义。

例1.1 输入3个数,输出最小的数。

用自然语言描述算法:

首先定义3个变量x,y,z,将3个数依次输入到变量x,y,z中,再定义一个变量MIN,存放最小数。算法步骤如下:

① 输入 x,y,z。

② 若 x<y,则 x→MIN,否则 y→MIN。

③ 若 z<MIN,则 z→MIN。

④ 输出 MIN,MIN 即为最小数。

可见,虽然自然语言比较容易理解,但若要输入 100 个数,输出最小的数,用自然语言描述将极为繁琐。

2. 用伪代码表示算法

伪代码是介于自然语言和计算机语言之间的算法描述形式,使用伪代码的目的是为了使被描述的算法可以容易地以任何一种编程语言实现。因此,伪代码必须结构清晰、简单、可读性好,并且类似自然语言。它不用图形符号,因此书写方便、格式紧凑,也比较好懂,便于向计算机语言算法(即程序)过渡。用伪代码写算法并无固定、严格的语法规则,只需把意思表达清楚,并且书写的格式要写成清晰易读的形式。伪代码可以只用英文或中文书写,也可以中英文混用。对于初学者来说,只用中文书写的伪代码表示的算法更通俗易懂。

例1.2 求 1×2×3×4×5×6 的值。

用伪代码表示如下:

开始

置 t 的初值为 1

置 i 的初值为 2

当 i<=6,重复执行下面的操作:

  使 t=t×i

  使 i=i+1

  (循环体到此结束)

打印 t 的值

结束

下面的算法将计算机语言的关键字用英文表示,其他的用汉字表示,属于中英文混用的伪代码表示方法。

例1.3 输入两个数 x,y,输出最大的数。

用伪代码表示如下:

开始

输入 x,y

if x>y

  输出 x

else

  输出 y

结束

3. 用传统流程图表示算法

流程图是对算法的一种图形描述,它用一组几何图形表示各种操作,在图形上使用简洁的文字及符号表示具体的操作,并用带有箭头的线来表示操作的顺序。其优点是直观形象、简单易懂。美国国家标准化协会(ANSI,American National Standard Institute)规定了一些常用的流程图符号,表1.1中列出了标准的流程图符号的名称、表示和功能。这些符号已被世界各国的程序设计工作者普遍接受和采用。

表1.1 标准的流程图符号

符号名称	图形符号	功能
起止框	⬭	表示算法的开始和结束
输入、输出框	▱	表示输入输出操作
处理框	▭	表示处理和运算操作
判断框	◇	表示条件判断操作
流程线	→	表示算法的执行方向
连接点	○	表示流程图的延续
注释框	------⌐	表示某操作的说明信息

下面用标准的流程图表示例1.1中的算法,如图1.3所示。

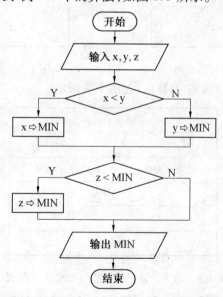

图1.3 求3个数中最小数问题的传统流程图

如图1.3所示,每个算法流程图中有且仅有一个开始框和一个结束框。开始框只有一个出口,没有入口;结束框只有一个入口,没有出口。输入输出框只能有一个入口,一个出口,框内填写需输入或输出的各项。处理框只能有一个入口,一个出口,框里填写处理说明或算式。判断框只能有一个入口,但是可以有多个出口,框内填写判断条件。由判断框出发的流程线上标注判断的结果,"真"、"假"或"Y"、"N"或"T"、"F"。

4. 用 N-S 流程图表示算法

N-S 图是 1973 年由美国学者 I. Nassi 和 B. Shneiderman 共同提出的。其依据是任何算法都是由顺序结构、选择结构和循环结构三种结构组成，所以各基本结构之间的流程线就是多余的。在这种流程图中，完全去掉了流程线，全部算法被封装在一个矩形框内，大的矩形框内可以包含小的矩形框。N-S 图是算法的一种结构化表示方法。

(1) 顺序结构。P1、P2 两个框组成一个顺序结构，执行顺序先 P1 后 P2，如图 1.4 所示。

(2) 选择结构。当条件成立时执行 P1，条件不成立则执行 P2，如图 1.5 所示。

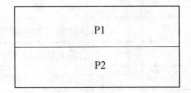
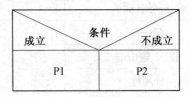

图 1.4　顺序结构图　　　　　　　图 1.5　选择结构图

(3) 循环结构。循环结构分为当型循环结构(图 1.6)和直到型循环结构(图 1.7)。前者当条件成立时，反复执行 P，直到条件不成立时终止循环；后者先反复执行 P，直到条件成立时，终止循环。

图 1.6　当型循环结构图　　　　　　图 1.7　直到循环结构图

下面用 N-S 图表示例 1.1 中的算法，如图 1.8 所示。

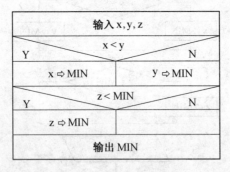

图 1.8　求 3 个数中最小数问题的 N-S 图表示

通过图 1.8 可以看出，用 N-S 图表示算法比用自然语言表示算法更加直观形象，易于理解；比标准流程图更加紧凑易画。

5. 用 PAD 图表示算法

PAD(Problem Analysis Diagram) 图是 1973 年由日本日立公司发明的，近年来在软件开发中被广泛使用。它用二维树形结构图表示程序的控制流，将这种图转换为程序代码比较容易。前面介绍的流程图、N-S 图都是自上而下的顺序描述，而 PAD 图除了自上而下以外，还能自左向右展开,所以说它是二维的,更易展现算法的层次结构。

(1)顺序结构。如图 1.9 所示,自上而下,依次执行 P1,P2,P3。

(2)选择结构。选择结构可以分为以下三种:

①单分支选择,如图 1.10 所示,条件成立时执行 P1。

②双分支选择,如图 1.11 所示,条件成立时执行 P1,条件为假时执行 P2。

③多分支选择,如图 1.12 所示,当 s=s1 时执行 P1,当 s=s2 时执行 P2,……,当 s=sn 时执行 Pn。

图 1.9　顺序结构 PAD　　　　　图 1.10　单分支选择 PAD 图

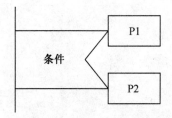
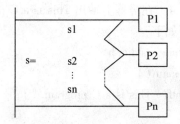

图 1.11　双分支选择 PAD 图　　　图 1.12　多分支选择 PAD 图

(3)循环结构。图 1.13 所示为当型循环,图 1.14 所示为直到型循环。

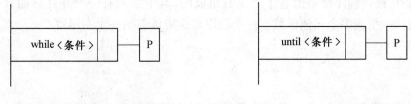

图 1.13　当型循环 PAD 图　　　　图 1.14　直到型循环 PAD 图

下面用 PAD 图表示例 1.1 中的算法,如图 1.15 所示。

PAD 图中最左面的竖线是程序的主线,即第一层结构,随着程序层次的增加,PAD 图就逐渐向右延伸,每增加一个层次,图形向右扩展一条竖线,PAD 图中竖线的总条数就是程序的层次数。

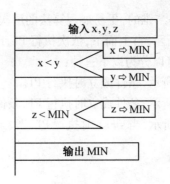

图 1.15 求 3 个数中最小数问题的 PAD 图表示

1.4　C 程序开发过程

1.4.1　程序实例

C 语言程序的基本组成单位是函数,函数是一个单独的程序模块,完成相对独立的功能,体现了结构化程序设计的思想。

下面以一个简单程序为例让读者初步认识 C 语言。

例 1.4　在屏幕上输出 This is a C program。

程序如下:

```
#include <stdio.h>
void main( )
{ printf( "This is a C program. ");
}
```

该程序的功能是:在屏幕上输出一行信息:

　　This is a C program.

下面对这个程序结构做简单的说明:

① 每个 C 语言程序都是由若干个函数组成的,其中必须有一个并且只能有一个主函数,可以没有、一个或多个其他函数。一个程序至少应该包括一个主函数:

main( )

{语句

}

主函数的名称是 main,在 C 语言中是固定的,不能被改变。它后面的{语句}称为函数体,由一条一条的语句组成。函数中所有的语句都写在{ }之内。

② 函数是由语句组成的,例 1.4 程序的主函数中只包含一条语句:

printf("This is a C program. ");

printf 是一个函数名称,它的功能是将括号中的参数(用双引号括起来的一串字符)输出到计算机的屏幕上,参数要放在括号中。在 C 语言中,printf 被称为格式化输出函数。

③ 每个语句后面要加上分号。

④ 函数中也可以不包含语句,这就是空函数。

例 1.4 是一个最简单的 C 语言程序,从功能上看它只是将程序中双引号中的内容原样输出。这是刚刚接触的第一个 C 语言程序,读者对这个程序理解到这里就可以了。

例 1.5　编写程序,从键盘输入两个整数,输出它们的和。

```
#include <stdio.h>
void main( )
{
    int a,b,c;
    scanf("%d%d",&a,&b);
    c=a+b;
    printf("\na+b=%d",c);
}
```

执行程序,输入:
3,6
输出:
a+b=9
再次执行程序,输入:
23,-5l
输出:
a+b=18

与例 1.4 相比,例 1.5 的结构略为复杂,不仅有输出,而且有输入,读者可以通过本例感受一下如何利用 C 语言程序与计算机互动。

例 1.5 的主函数名称同样为 main。语句 int a,b,c;的作用是定义整型变量 a,b 和 c。第 5 行,scanf( )函数是标准输入函数,它的功能是按照第一个参数(输入格式控制串)的格式规定,从键盘获取数据,并将用户从键盘输入的数据依次赋值给后边参数所指定的变量。变量的前面一定加上取地址运算符&(关于 & 运算符,以后会做详细介绍)。第 7 行,通过 printf 函数输出结果,这样就构成了一个有输入有输出的 C 语言程序。

1.4.2　程序的开发过程

C 语言程序的开发按顺序可以分为以下四个步骤(图 1.16):输入与编辑源程序、对源程序进行编译、与库函数连接、运行可执行程序。

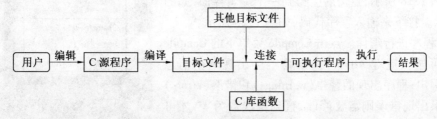

图 1.16　C 程序开发步骤

输入与编辑源程序是用户把编写好的 C 语言源程序输入到计算机中,并以文本文件的形式存放在磁盘上,形成格式为"文件名.c"的文件。

对源程序进行编译是把 C 语言源程序(文件名.c)翻译成用二进制指令表示的目标文件(文件名.obj),编译过程由 C 编译系统提供的编译程序完成。编译过程同时也是编译程序对源程序进行错误排查的过程,如果出现语法错误,编译程序将提示错误信息给用户。

与库函数连接是将目标文件(文件名.obj)与系统提供的库函数等连接,将被调用的函数代码包含在目标文件中,得到可执行程序(文件名.exe)。

运行可执行程序是指将可执行程序(文件名.exe)调入内存并使之运行,得到程序处理的结果。

1.4.3 Turbo C++ 3.0 集成开发环境

C 语言的开发环境有很多,从学习 C 语言时常用的 Turbo C 2.0、Turbo C++ 3.0,到集成度较高的 Visual C++ 6.0、Visual Studio 2005 等,每个开发环境都有其自身的特点,读者可以根据自己的实际情况进行适当的选择。本书使用 Turbo C++3.0,下面简单介绍一下其使用方法。

Turbo C++ 3.0 是 Borland 公司推出的 C 语言程序设计与 C++面向对象程序设计的集成开发工具。首先需要安装 Turbo C++ 3.0,然后在 Windows 下找到安装目录,运行可执行文件 TurboC++.exe 打开 Turbo C++ 3.0 集成开发环境。图 1.17 为 Turbo C++ 3.0 的主界面。

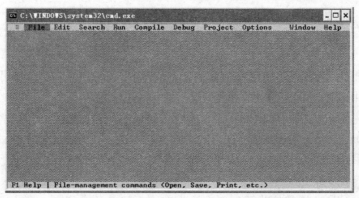

图 1.17　Turbo C++ 3.0 的主界面

为让读者熟悉 Turbo C++ 3.0 编译环境,我们把一个简单的 C 语言程序在 Turbo C++ 3.0 中演示一下。

首先建立一个新的源程序。点击 File 菜单下的 New 选项,如图 1.18 所示,点击后会得到一个编辑界面,如图 1.19 所示。接下来输入程序代码,如图 1.20 所示。

对源程序进行编译。点击 Compile 菜单下的 Compile 选项(也可按快捷键 Alt+F9),屏幕上会出现一个消息框,通知用户,程序出现的警告(warnings)和错误(errors)数量,如果出现错误则需要修改,直到错误数为零,才可以运行。编译结果如图 1.21 所示。

编译结束后,点击 Run 菜单下的 Run 选项(也可按快捷

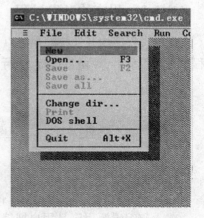

图 1.18　创建新的源程序

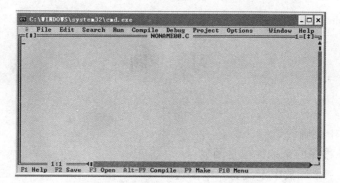

图 1.19　Turbo C++ 3.0 编辑界面

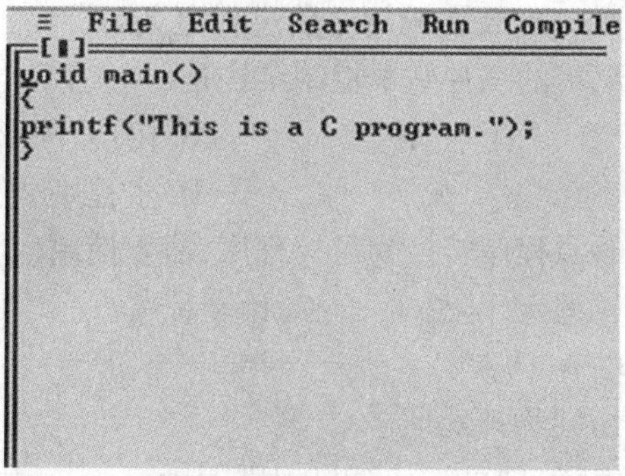

图 1.20　输入程序代码

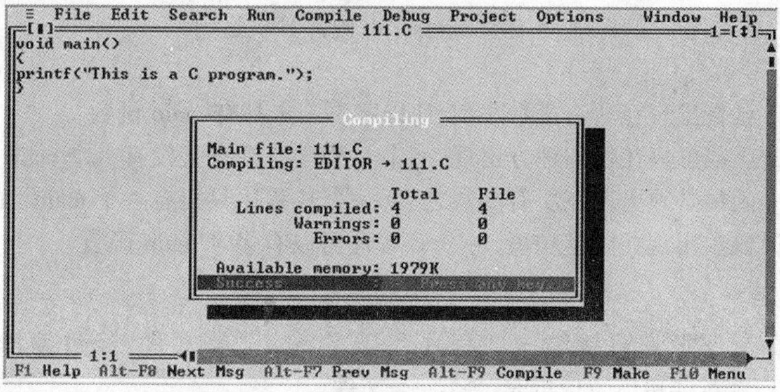

图 1.21　编译消息框

键 Ctrl+F9)来运行程序,并输出结果,然后按快捷键 Alt+F5,查看输出结果,如图 1.22 所示。

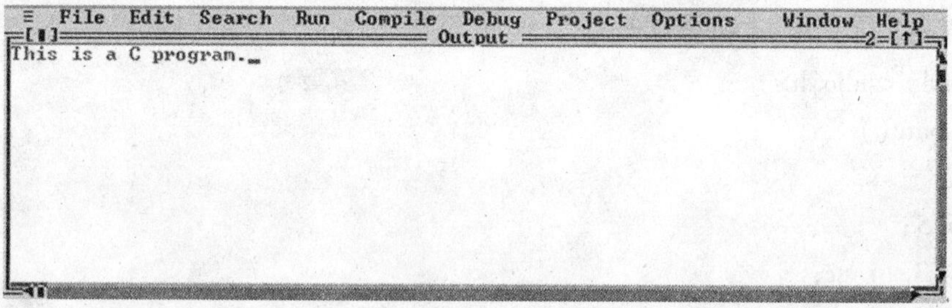

图 1.22　程序运行结果

最后点击 File 菜单下的 Quit 可以退出 Turbo C++ 3.0 环境。

习 题

一、选择题

1. 以下叙述中正确的是(　　)。
   A. 构成 C 程序的基本单位是函数
   B. 可以在一个函数中定义另一个函数
   C. main( )函数必须放在其他函数之前
   D. 所有被调用的函数一定要在调用之前进行定义
2. 结构化程序设计所规定的三种基本控制结构是(　　)。
   A. 输入、处理、输出　　　　　　　　B. 树形、网形、环形
   C. 顺序、选择、循环　　　　　　　　D. 主程序、子程序、函数
3. 要把高级语言编写的源程序转换为目标程序,需要使用(　　)。
   A. 编辑程序　　　B. 驱动程序　　　C. 诊断程序　　　D. 编译程序
4. 以下叙述正确的是(　　)。
   A. C 语言允许直接访问物理地址
   B. C 语言程序不用编译,即可被计算机识别运行
   C. C 语言不可以直接对硬件进行操作
   D. C 语言程序只需编译,不需要链接即可被计算机运行
5. 在一个 C 程序中(　　)。
   A. main 函数出现在所有函数之前,C 程序不一定都有 main 函数
   B. main 函数可以在任何地方出现,一个 C 程序必须有且仅有一个 main 函数
   C. main 函数必须出现在所有函数之后,一个 C 程序只能有一个 main 函数
   D. main 函数出现在固定位置,一个 C 程序可以有多个 main 函数

二、填空题

1. C 语言开发工具直接输入的程序代码是_____文件,经过编译后生成的是_____文件,经过链接后生成的是_____文件。
2. C 语言源文件的扩展名是_____,经过编译后生成的文件的扩展名是_____,经过链接后生成的文件的扩展名是_____。

三、输入下面程序,上机调试并运行

```
#include <stdio.h>
void main( )
{ float r,s;
r=15.5;
s=2*3.14*r;
printf("r=%4.2f,s=%f",r,s);
}
```

四、编写程序

1. 有 3 个数 A,B,C,设计算法,求 3 个数中最大的数并输出。(可用自然语言或流程图表示)

2. 设计算法,求 N 个整数的平均值。

3. 请参照本章例题,编写一个 C 程序,输出以下信息:

****

This is my first C program!

****

第 2 章

数据类型、运算符与表达式

2.1 数据类型

2.1.1 引入数据类型的原因

对不同类型的数据,计算机的处理方式不同。由于计算机不能自动识别某个数据属于哪种类型,所以只好事先对在程序中使用到的各个数据进行分类,这样不同类型的数据便属于不同的数据类型。在这种情况下,计算机在遇到一个数据时,根据它所属的数据类型就可以采取相应的处理方式而不会产生错误。

为什么计算机不能自动识别某个数据是属于哪种类型的呢?打个比方说,我们经常见到小孩拿起什么东西就吃什么东西,这是因为小孩的智力比较低,在他的大脑中外界的一切事物都只有一种属性,那就是可以吃。计算机的智力比起小孩来可是相差甚远。它笨到什么程度呢?笨到你让它干什么它才干什么,它不会像小孩一样见到什么就拿起什么来吃,必须在你发出"吃"的命令后,才去吃东西。而且它只管吃,至于有没有吃的东西或者这个东西能不能吃,它不管。这就是我们所使用的计算机的真实面目。

在这种情况下,我们只好告诉它,什么样的东西能吃,什么样的东西不能吃,吃的东西该怎么吃等。这实际上就是把计算机要处理的数据分属不同的类型,对不同类型的数据采取不同的处理方法。基于这种原因,我们事先告诉计算机对什么样数据类型的数据采取什么样的处理方法,并把计算机中要"吃"的东西也就是计算机要处理的数据分属为不同的类型送入计算机,这样计算机才能正确地对数据进行处理。

这就是为什么要在计算机中引入数据类型的原因。

数据类型是对程序所处理的数据的"抽象",它是按被说明数据的性质、表示形式、占据存储空间的多少、构造特点来划分的。其实 C 语言的基本数据类型并不多,当你写的程序越来越多时,自然对有限的数据类型越来越熟悉。

2.1.2 基本数据类型

程序处理的对象是数据,数据分为常量和变量。每个常量或变量都有数据类型,C 语言的数据类型分为基本数据类型和自定义数据类型两大类。

基本数据类型是 C 语言预先定义的数据类型,也称为预定义数据类型。所有 C 编译器都支持 5 种基本数据类型,包括整型(int)、字符型(char)、浮点型(float)、双精度浮点型(double)和空类型(void)。自定义数据类型是用户根据实际编程需要而定义的数据类型,包括数组、指针、结构体、共同体和枚举类型。

很多C语言编译器支持诸如 short int 和 long int 之类的扩展数据类型。各种基本数据类型及其归类描述如图2.1所示。本章后续部分将对各种数据类型进行介绍。

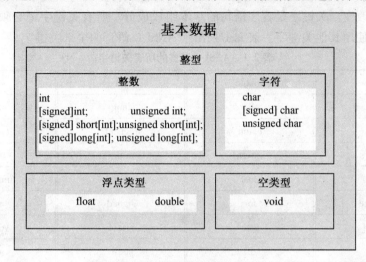

图2.1 C语言的基本数据类型

图2.1中的的方括号表示其中的内容是可选的,既可以有,也可以省略。

2.1.3 字符集

每种程序设计语言都有各自的字符集。编写源程序必须使用指定语言字符集提供的字符,不能使用字符集以外的字符,否则,编译系统就认为是非法字符。

字符是组成语言的最基本的元素。C语言字符集由字母、数字、空格、标点和特殊字符组成。在字符串常量和注释中还可以使用汉字或其他可表示的图形符号。

C语言的字符可归纳为以下几类:
- 英文大写字母 A~Z,英文小写字母 a~z;
- 数字字符 0~9;
- 运算符、标点符号:

  ```
  + - * / % = ! $ & | ~ ^ < > _
  ; : ? , ." ´   \ ( ) [ ] { } #
  ```
- 空白符:空格符,回车符,换页符,水平制表符,换行符。

需要说明的是:

(1)虽然不能直接使用字符集以外的字符(如希腊字母 π, β, ε 等),但这些字符可以用C语言中合法的标识符来表示,例如,π 可以用 PI 表示。

(2)源程序注释中可以包含字符集以外的字符,原因是注释不是程序代码,编译系统扫描源程序时将跳过注释(传统的C语言注释用/* … */表示)。

(3)字符串数据可以包含字符集以外的字符。

(4)除非空格是字符串常量的一部分,否则编译器将忽略它。空格可以用来分隔字,但不允许出现在关键字或标识符之间。

2.1.4 关键字和标识符

每个 C 语言中的字要么归为关键字,要么归为标识符。所有关键字都有固定的含义,且其含义不可改变。关键字是程序语句的基本组成成分。所有关键字都必须小写,有些编译器可能还会使用其他关键字。表 2.1 列出了 ANSI C 语言的全部关键字。

表 2.1 ANSI C 语言的所有关键字

auto	double	int	struct
break	else	long	switch
case	enum	register	typedef
char	extern	return	union
const	float	short	unsigned
continue	for	signed	void
default	goto	sizeof	volatile
do	if	static	while

和其他高级语言一样,在 C 语言中用来表示对变量、符号常量、函数、数组、类型等数据对象命名的有效字符序列统称为标识符。简单地说,标识符就是一个自定义的名字。C 语言规定标识符只能由字母、数字、下划线组成,且第一个字符必须为字母或下划线。程序员通常用纯大写的标识符定义符号常量,如 PI,PRICE。

标识符的命名规则:

(1)第一个字符必须是字母或下划线。(首字符是下划线通常被视作系统自定义的标识符)

(2)只能由字母、数字或下划线组成。

(3)标识符的有效长度依具体的 C 编译系统而定。如 Turbo C 规定最长为 32 个字符,而 Visual C++规定最长为 247 个字符。

(4)不能与系统的关键字重名,如 int union;是非法的定义。

(5)标识符中不能包含空格符,如 stu num 是非法的,而 stu_num 是合法的。

例如,下列标识符是合法的:

MyLove、abc、_111、a_b_c、Li_ling、stu_name

下列的符号都不是合法的标识符:

51ab	(不能以数字开头)
$ sum	(不能以符号 $ 开头)
union	(这是关键字,不能做标识符)
a>b	(不允许有">"符号)

2.2 常 量

C 语言的常量是指固定值,在程序运行时其值不能改变,它是 C 语言中使用的基本数据对象之一。在程序中不需要任何说明就可以直接使用的常量称为字面常量,用一个标识符命名的常量的称为符号常量。

按类型分,字面常量分为整型常量、实型常量、字符型常量和字符串常量。

2.2.1 整型常量

整型常量就是整型常数。在 C 语言中,使用的整型常数有八进制、十进制和十六进制数三种。

(1)十进制整型常数。十进制整型常数没有前缀,由数码 0~9 和"-"组成。

以下是合法的十进制整型常数:

237,-568,65535,1627。

以下是不合法的十进制整型常数:

029(不能有前导 0),23D(含有非十进制数码)。

在程序中是根据前缀来区分各种进制数的,因此,在输入字面整型常数时注意不要把前缀写错造成结果不正确。

(2)八进制整型常数。八进制整型常数必须以数字 0 开头,即以 0 作为八进制整数的前缀。八进制整数由数码 0~7 组成。八进制数通常是无符号数。

以下是合法的八进制整型常数:

015(十进制为 13),0101(十进制为 65),0177777(十进制为 65535)。

以下是不合法的八进制整型常数:

256(无前缀 0),03A2(包含了非八进制数码),-0127(出现了负号)。

(3)十六进制整型常数。十六进制整型常数的前缀为 0X 或 0x,由数码 0~9,A~F 或 a~f 组成。

以下各数是合法的十六进制整型常数:

0X2A(十进制为 42),0XA0(十进制为 160),0XFFFF(十进制为 65535)。

以下各数是不合法的十六进制整型常数:

5A(无前缀 0X),0X3H(含有非十六进制数码)。

(4)整型常数的后缀。在 16 位字长的机器上,基本整型的长度也为 16 位,因此表示的数的范围也是有限定的。十进制无符号整型常数的范围为 0~65535,有符号数为-32768~+32767。八进制无符号数的表示范围为 0~0177777。十六进制无符号数的表示范围为 0X0~0XFFFF 或 0x0~0xFFFF。如果使用的数超过了上述范围,就必须用长整型数来表示,长整型数用后缀"L"或"l"表示。

例如:

十进制长整型常数:

158L(十进制为 158),358000L(十进制为 358000)。

八进制长整型常数:

012L(十进制为 10),077L(十进制为 63),0200000L(十进制为 65536)。

十六进制长整型常数:

0X15L(十进制为 21),0XA5L(十进制为 165),0X10000L(十进制为 65536)。

长整数 158L 和基本整型常数 158 在数值上并无区别,但对 158L,因为是长整型量,C

编译系统将为它分配4个字节存储空间。而对158,因为是基本整型,只分配2个字节的存储空间,因此在运算和输出格式上要予以注意,避免出错。

无符号数也可用后缀表示,整型常数的无符号数的后缀为"U"或"u"。

例如:

358u,0x38Au,235Lu 均为无符号数。

前缀、后缀可同时使用以表示各种类型的数。如0XA5Lu 表示十六进制无符号长整数A5,其十进制为165。

表2.2列出了 Turbo C 系列和 Visual C 系列编译器对整数类型分配的字节数和数值范围。表中所列数据类型的方括号表示其中的内容是可选的,可以有,也可以没有,其效果是相同的。

表2.2 各种整数类型的表示范围及占用内存量

类型说明符	Turbo C 2.0/3.0		Visual C++ 6.0/2005/2008	
	数值范围	字节数	数值范围	字节数
[signed]int	$-32768 \sim 32767$ 即 $-2^{15} \sim (2^{15}-1)$	2	$-2147483648 \sim 2147483647$ 即 $-2^{31} \sim (2^{31}-1)$	4
unsigned int	$0 \sim 65535$ 即 $0 \sim (2^{16}-1)$	2	$0 \sim 4294967295$ 即 $0 \sim (2^{32}-1)$	4
[signed]short[int]	$-32768 \sim 32767$ 即 $-2^{15} \sim (2^{15}-1)$	2	$-32768 \sim 32767$ 即 $-2^{15} \sim (2^{15}-1)$	2
unsigned short[int]	$0 \sim 65535$ 即 $0 \sim (2^{16}-1)$	2	$0 \sim 65535$ 即 $0 \sim (2^{16}-1)$	2
long[int]	$-2147483648 \sim 2147483647$ 即 $-2^{31} \sim (2^{31}-1)$	4	$-2147483648 \sim 2147483647$ 即 $-2^{31} \sim (2^{31}-1)$	4
unsigned long[int]	$0 \sim 4294967295$ 即 $0 \sim (2^{32}-1)$	4	$0 \sim 4294967295$ 即 $0 \sim (2^{32}-1)$	4

C 语言的编译器种类很多,不仅有 Turbo C 和 Visual C++,还有 Dev C++等,不同的 C 语言编译系统对变量分配的空间可能不同,ANSI C 标准没有具体规定各类数据在内存中所占的字节数,由各 C 编译系统自行决定。如果在使用某种 C 语言编译系统时不知道其对各数据类型分配的空间,可以用 sizeof 运算符查询,如:

printf("%d,%d,%d\n",sizeof(int),sizeof(short),sizeof(long));

该语句可以查出基本整型、短整型和长整型等各种类型数据占用的存储空间大小(返回字节数)。sizeof 运算符还可用于返回某类型的变量所占的字节数,如 long x;则 sizeof(x)的值为4。

2.2.2 实型常量

实型常量也称为实数或浮点数。在 C 语言中,实型常量一般都作为双精度数来处理,并且只用十进制数表示。实型常量有两种书写形式:十进制小数形式和指数形式。

(1)十进制小数形式。它由符号、整数部分、小数点及小数部分组成。例如,以下都是合法的小数形式实型常量:

12.34,0.123,.123,123.,-12.0,-0.0345,0.0,0.

注意 其中的小数点都是不可缺少的。例如,123.不能写成 123,因为 123 是整型常量,而 123.是实型常量。

(2)指数形式。由十进制小数形式加上指数部分组成,其形式为:十进制小数 e 指数或十进制小数 E 指数。

格式中的 e 或 E 前面的数字表示尾数,e 或 E 表示底数 10,而 e 或 E 后面的指数必须是整数,表示 10 的幂次。例如,25.34e3 表示 $25.34 \times 10^3 = 25340$。以下都是合法的指数形式实型常量:2.5e3、-12.5e-5、0.123E-5、-267.89E-6、0.61256e3。

注意 指数必须是不超过数据表示范围的正负整数,并且在 e 或 E 前后必须有数字。例如:e3、3.0e、E-9、10e3.5、.e8、e 都是不合法的指数形式。

一个实数可以有多种指数表示形式。例如,123.456 可以表示为:123.456e0、12.3456e1、1.23456e2、0.123456e3、0.0123456e4、0.00123456e5 等。其中的 1.23456e2 称为"规范化的指数形式",即在字母 e(或 E)之前的小数部分中,小数点左边应有一位(且只能有一位)非零的数字。例如,2.3478e2、3.0999E5、6.46832e12 都属于规范化的指数形式,而 12.908e10、0.4578e3、756e0 则不属于规范化的指数形式。一个实数在用指数形式输出时,是按规范化的指数形式输出的。例如,若指定将实数 5689.65 按指数形式输出,输出的形式是 5.68965e+003,而不会是 0.568965e+004 或 56.8965e+002。

2.2.3 字符型常量

字符常量是用单引号括起来的一个字符。字符型常量在计算机内采用该字符的 ASCII 编码值来表示,其数据类型为 char。

例如:'a'、'b'、'='、'+'、'?'都是合法字符常量。

""、'\'等都是不合法的字符型常量。其原因是单引号已用做字符常量的定界符,反斜杠字符是转义序列的开始标志。

在 C 语言中,字符常量有以下特点:

(1)字符常量只能用单引号括起来,不能用双引号或其他括号。

(2)字符常量只能是单个字符,不能是字符串。

(3)C 语言对字符和整型是不加区分的。字符常量常被视为 1 个字节的整数,其值就是该字符的 ASCII 码,可以像整数一样参加数值运算。

对于无法用上述方法表示的一些字符常量(主要是控制符),C 语言使用转义字符表示。转义字符是一种特殊的字符常量。转义字符以反斜线"\"开头,后跟一个或几个字符。转义字符具有特定的含义,不同于字符原有的意义,故称"转义"字符。printf 函数的格式串中用到的"\n"就是一个转义字符,其意义是"回车换行"。转义字符主要用来表示那些用一般字符不便于表示的控制代码。常用的转义字符及其含义如表 2.3 所示。

表 2.3 常用的转义字符及其含义

转义字符	转义字符的意义	ASCII 代码
\n	回车换行	10
\t	横向跳到下一制表位置	9
\b	退格	8
\r	回车	13

续表 2.3

转义字符	转义字符的意义	ASCII 代码
\f	走纸换页	12
\\	反斜线符"\"	92
\'	单引号符	39
\"	双引号符	34
\a	鸣铃	7
\ddd	1~3 位八进制数所代表的字符	
\xhh	1~2 位十六进制数所代表的字符	

广义地讲,C 语言字符集中的任何一个字符均可用转义字符来表示。表 2.3 中的\ddd 和\xhh 正是为此而提出的,ddd 和 hh 分别为八进制和十六进制的 ASCII 代码。如\101 表示字母"A",\102 表示字母"B",\134 表示反斜线,\xoa 表示换行等。

2.2.4 字符串常量

字符串常量是由一对双引号括起的字符序列。例如:"CHINA","C program"," $12.5" 等都是合法的字符串常量。

字符串常量和字符常量是不同的量,它们之间主要有以下区别:

(1)字符常量由单引号括起来,字符串常量由双引号括起来。

(2)字符常量只能是单个字符,字符串常量则可以含一个或多个字符。

(3)可以把一个字符常量赋予一个字符变量,但不能把一个字符串常量赋予一个字符变量。在 C 语言中没有相应的字符串变量,但是可以用一个字符数组来存放一个字符串常量,在数组一章予以介绍。

(4)字符常量占用一个字节的内存空间,字符串常量占用的内存字节数等于字符串中字符数加 1。增加的一个字节中存放字符"\0"(ASCII 码为 0),这是字符串结束的标志。

例如:

字符串"C program"在内存中所占的字节为

| C | | p | r | o | g | r | a | m | \0 |

字符常量'a'和字符串常量"a"虽然都只有一个字符,但在内存中的情况是不同的。

'a'在内存中占一个字节,可表示为

| a |

"a"在内存中占二个字节,可表示为

| a | \0 |

2.2.5 符号常量

在 C 程序中,常量除了以自身的存在形式直接表示之外,还可以用标识符来表示常量。因为经常碰到这样的问题:常量本身是一个较长的字符序列,且在程序中重复出现。例如,取常数π的值为3.1415927,如果π在程序中多处出现,直接使用3.1415927的表示形式,势必会使编程工作显得繁琐,而且,当需要把π的值修改为3.1415926536时,就必须逐个查找并修改,这样,会降低程序的可修改性和灵活性。因此,C语言中提供了一种符号常量,即用指定的标识符来表示某个常量,在程序中需要使用该常量时就可直接引用标识符。

C语言中用宏定义命令对符号常量进行定义,其定义形式如下:

#define 标识符 常量

其中,#define 是宏定义命令的专用定义符,标识符是对常量的命名,常量可以是前面介绍的几种类型常量中的任何一种。该命令使用指定的标识符来代表指定的常量,这个被指定的标识符就称为符号常量。例如,在C程序中,要用 PAI 代表实型常量 3.1415927,用 W 代表字符串常量"Windows 98",可用下面两个宏定义命令:

#define PAI 3.1415927

#define W "Windows 98"

宏定义的功能是:在编译预处理时,将程序中宏定义命令之后出现的所有符号常量用宏定义命令中对应的常量一一替代。例如,对于以上两个宏定义命令,编译程序时,编译系统首先将程序中除这两个宏定义命令之外的所有 PAI 替换为 3.1415927,所有 W 替换为 Windows 98。因此,符号常量通常也被称为宏替换名。

习惯上人们把符号常量名用大写字母表示,而把变量名用小写字母表示。例 2.1 是符号常量的一个简单的应用。其中,PI 为定义的符号常量,程序编译时,用 3.1416 替换所有的 PI。

例 2.1 已知圆半径 r,求圆周长 c 和圆面积 s 的值。

```
#define PI 3.1416
#include <stdio.h>
voidmain( )
{ float r,c,s;
scanf("%d",&r);
c=2*PI*r;         /* 编译时用 3.1416 替换 PI */
s=PI*r*r;         /* 编译时用 3.1416 替换 PI */
printf("c=%6.2f,s=%6.2f\n",c,s);
}
```

2.3 变 量

变量是指在程序执行过程中其值可以被改变的量,用于保存程序中的数据。变量有 4 个基本要素,即变量类型、变量名、变量的值和变量的指针(变量在内存中的位置)。在使用变量之前,必须先对其进行定义。

2.3.1 变量的定义及初始化

变量定义指明了变量的类型和变量名。定义变量的语句格式为:

类型名　变量名1,变量名2,…,变量名n;

类型名是变量的数据类型,可以是 C 语言预定义的数据类型,也可以是用户自定义的数据类型;变量名1,变量名2,…,变量名 n 为标识符。例如:

int n;

该语句定义(或者声明)了一个名字为 n 的整型变量。当程序执行到这一行代码时,将为变量 n 分配2字节存储空间。

在一条定义语句中可定义多个变量,各变量名之间用逗号分隔,例如:

int a=3,b=4,c=5;

初始化不是在编译阶段完成的,而是在程序运行时执行本函数时赋初值的,相当于有一个赋值语句。例如:

int a=5;

相当于:

int a;　　　　　　　　/*指定 a 为整型变量*/
a=5;　　　　　　　　/*赋值语句,将3赋给 a*/

又如:

int a,b,c=6;

相当于:

int a,b,c;　　　　　　　/*指定 a,b,c 为整型变量*/
c=6;　　　　　　　　/*将5赋给 c*/

2.3.2 定义变量时应注意的问题

在变量的定义中,应当注意以下几点:

(1)同一变量只能做一次定义,即同一个变量不能进行重复定义;

(2)变量名应尽可能简短,而且便于了解其大概用意;

(3)变量类型关系到该变量占用了多少存储单元,因此,在编程时应当根据变量的取值选择其类型,来满足占用内存少且操作简便的要求。

2.4 运算符与表达式

C 语言的运算符范围很宽,把除了控制语句和输入输出以外的几乎所有的基本操作都作为运算符处理,使用运算符可以对运算对象(包括常量和变量)进行计算以得到计算结果。用运算符将运算对象连接成一个符合 C 语言语法规则的式子称为表达式,C 语言中的表达式是可以嵌套的,即简单表达式经过运算符连接后还可以形成更为复杂的表达式。

根据运算符所连接的运算对象(操作数)的个数,可以将 C 语言中的运算符分为3类:

(1)单目(一元)运算符:只需要一个操作数的运算符。

(2)双目(二元)运算符:需要两个操作数的运算符。

(3)三目(三元)运算符:同时对3个操作数进行计算的运算符,在 C 语言中条件运算符"?:"是唯一的三目运算符。

运算对象可以是常量、变量、函数调用。C 语言中的表达式可以分为以下3类:

(1)单个常量或者单个变量是最简单的表达式。例如:

a

(2) 带有运算符的表达式。例如：
　　a*b/c-1.5+'a'

(3) 函数调用。例如：
　　y=max(a,b);

任何一种运算都是将一定的运算符作用于一定的运算对象上,得到预期的运算结果。所以运算对象、运算符和运算结果是运算的三大要素。本节将详细介绍C语言的基本运算符、表达式,还有各运算符的优先级与结合性。

2.4.1　运算符及其优先级与结合性

运算符(也称为操作)用于描述对数据的操作。C语言中的运算符是编译器能够识别的具有运算意义的符号。编译器把这些符号及其组成的表达式翻译成相应的机器代码,就可以由计算机运行得出正确的结果。这里的数据称为操作数,它们可以是常量和变量,也可以是其他操作符的运算结果。例如,在 m+n 中,称 m 和 n 为操作数,而把字符"+"称为加法运算符。

根据运算符的功能可以把C语言的运算符分为以下几类:

(1) 算术运算符。用于各类数值运算。包括加(+)、减(-)、乘(*)、除(/)、求余(或称模运算,%)、自增(++)、自减(--),共7种。

(2) 关系运算符。用于比较运算。包括大于(>)、小于(<)、等于(==)、大于等于(>=)、小于等于(<=)和不等于(!=),共6种。

(3) 逻辑运算符。用于逻辑运算。包括与(&&)、或(||)、非(!),共3种。

(4) 位操作运算符。将操作数按二进制位进行运算。包括位与(&)、位或(|)、位非(~)、位异或(^)、左移(<<)、右移(>>),共6种。

(5) 赋值运算符。用于赋值运算。包括基本赋值(=)、复合赋值运算符(+=、-=、*=、/=、%=、&=、|=、^=、>>=、<<=),凡是二元(二目)运算符,都可以与赋值符一起组合成复合赋值符。

(6) 条件运算符。这是一个三目运算符,用于条件求值(?:)。

(7) 逗号运算符。用于把若干表达式组合成一个表达式(,)。

(8) 指针和取地址运算符。涉及取内容(*)和取地址(&)两种运算。

(9) 求字节数运算符。用于计算数据所占的字节数(sizeof)。

(10) 特殊运算符。有括号( )、下标[ ]、成员(→,.)等几种。

C语言中运算符数量之多,在高级语言中是少见的,正是丰富的运算符使C语言功能十分强大。大量的运算符可以丰富C语言的功能,同时对于这些运算符的使用也应当遵守一定的规范。C语言的运算符不仅具有不同的优先级,而且还有一个特点,就是它的结合性。

所谓优先级,是指各种运算符的运算优先顺序。在C语言中,运算符的运算优先级共分为15级。1级为最高,15级为最低。在表达式中,优先级较高的运算符先于优先级较低的运算符进行运算。而在一个操作数两侧的运算符优先级相同时,则按运算符的结合性所规定的结合方向处理。

所谓结合性,是指运算符号和运算对象的结合方向。C语言中各运算符的结合性分为两种,即左结合性(自左至右)和右结合性(自右至左)。使用中应先看优先级,次看结合性,因为结合性只有在相同优先级的运算符间才起作用,如表达式 a+b*c,"+"与"*"优先级不同,就谈不上考虑结合性。例如,算术运算符的结合性是自左至右,即先左后右。如有表达式 x-y+z 则 y 应先与"-"号结合,执行 x-y 运算,然后再执行(x-y)+z 的运算。这种自左至右的结合方向就称为"左结合性"。而自右至左的结合方向称为"右结合性"。最典型的右结合性运算符是赋值运算符。如 x=y=z,由于"="的右结合性,应先执行 y=z,再执行 x=(y=z)运算。C 语言运算符中也有不少具有右结合性,应注意区别,以避免理解的偏差。

C 语言中的全部运算符的优先级与结合性如表 2.4 所示。

表 2.4 C 语言的运算符的优先级与结合性

优先级	运算符	含义	操作数个数	结合性
1	( )	圆括号	1	左结合
	. 或 ->	成员访问符	2	
	[ ]	下标运算符	2	
2	*	取变量运算符	1	右结合
	&	取地址运算符	1	
	!	逻辑非运算符	1	
	~	按位取反运算符	1	
	++	增 1 运算符	1	
	--	减 1 运算符	1	
	+、-	正负号运算符	1	
	sizeof	求占用内存字节长度	1	
	(类型名)	强制类型转换	1	
3	*、/、%	乘、除、取余	2	左结合
4	+、-	加、减	2	左结合
5	>>、<<	左移位	2	左结合
6	<、<=、>、>=	小于、小于等于、大于、大于等于	2	左结合
7	==、!=	等于、不等于	2	左结合
8	&	按位与运算符	2	左结合
9	^	按位异或运算符	2	左结合
10	|	按位或运算符	2	左结合
11	&&	逻辑与运算符	2	左结合
12	||	逻辑或运算符	2	左结合
13	?:	条件运算符	3	右结合
14	=、+=、-=、*=、/=、%=、<<=、>>=、&=、^=、|=	赋值运算符,复合赋值运算符	2	右结合
15	,	逗号运算符		左结合

2.4.2 算术运算符

由算术运算符及运算量构成的表达式称为算术表达式。算术运算符有 5 种：

+：加法运算符，或正值运算符，如 2+6、+7。

-：减法运算符，或负值运算符，如 7-4、-5。

*：乘法运算符，如 5*8。

/：除法运算符，如 9/3。

%：模运算符，或称求余运算符，% 两侧的运算量均应为整型数据，如 8%5 的值为 3。

需要说明的是，两个整数相除的结果为整数，如 5/3 的结果值为 1，舍去小数部分。但是，如果除数或被除数中有一个为负值，则舍入的方向是不固定的。例如，-5/3 在有的机器上得到结果-1，有的机器则给出结果-2。多数机器采取"向零取整"的方法，即 5/3 = 1，-5/3 = -1，取整后向零靠拢。

如果参加 +、-、*、/ 双且运算的两个计算量中有一个数据为实数，则结果是 double 型，因为所有实数都按 double 型进行运算。

2.4.3 关系运算符

关系运算符是用来比较两个操作数大小的，运算的结果只能是真或假，如果成立运算结果为逻辑值"真"，用 1 表示；如果不成立，运算结果为逻辑值"假"，用 0 表示。

C 语言所提供的关系运算符有以下 6 种：

    >（大于）

    >=（大于等于）

    <（小于）

    <=（小于等于）

    ==（等于）

    !=（不等于）

关系运算符的优先级低于算术运算符。在关系运算符中前 4 个运算符（>、>=、<、<=）的优先级高于后两个（==、!=）。例如：

    x<y+z   相当于 x<(y+z)

    x+5==y<z   相当于 (x+5)==(y<z)

    x=y>z   相当于 x=(y>z)

用关系运算符将表达式连接起来的式子称为关系表达式。关系表达式的一般形式为：

    表达式 关系运算符 表达式

关系运算符两侧的表达式可以是算术表达式、关系表达式、逻辑表达式（后面介绍）、赋值表达式、字符表达式等。例如，下面的表达式都是合法的关系表达式：

    6>5,a+b<=c+d,a>b!=c,4<100-a,a>=b>=c,'A'>'B'

任何合法的表达式都应该有一个确定的值，关系表达式也不例外。关系表达式的值也可作为操作数参加其他的运算。关系表达式的值是一个逻辑值，即"真"或"假"。例如，关系表达式"5==3"的值为"假"，"5>=0"的值为"真"。在 C 的逻辑运算中，以"1"代表"真"，以"0"代表"假"。

例2.2 阅读程序,分析程序的输出结果。
```
#include<stdio.h>
voidmain()
{ int a,b,c=3,d=4;
a=c>3; b=2<d;
printf("\n%d,%d",a,b);
a=3>c<d; b=20<(d=8);
printf("\n%d,%d",a,b);
}
```
程序的输出是:
0,1
1,0

2.4.4 逻辑运算符

C语言中提供了下面3种逻辑运算符:
- && 与运算
- || 或运算
- ! 非运算

与运算符(&&)和或运算符(||)均为双目运算符,具有左结合性。非运算符(!)为单目运算符,具有右结合性。逻辑运算符和其他运算符优先级的关系可表示如下:

!→&&→||,"&&"和"||"低于关系运算符,"!"高于算术运算符(图2.2)。

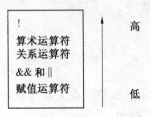

图2.2 逻辑运算符

按照运算符的优先顺序可以得出:

a>b && c>d	等价于	(a>b)&&(c>d)
!b==c||d<a	等价于	((!b)==c)||(d<a)
a+b>c&&x+y<b	等价于	((a+b)>c)&&((x+y)<b)

逻辑运算的值也为"真"和"假"两种,用"1"和"0"来表示。其求值规则如下:

(1)与运算(&&)。当参与运算的两个量都为真时,结果才为真,否则为假。例如:

5>0 && 4>2

由于5>0为真,4>2也为真,相与的结果也为真。

(2)或运算(||)。参与运算的两个操作数只要有一个为真,结果就为真。两个量都为假时,结果为假。例如:

5>0||5>8

由于5>0为真,相或的结果也就为真。

(3)非运算(!)。参与操作数为真时,结果为假;参与操作数为假时,结果为真。例如:

!(5>0)

该结果为假。

三种逻辑运算符的运算规则(真值表)如表2.5所示。

表2.5 逻辑运算的真值表

a	b	!a	!b	a&&b	a||b
真(非0)	真(非0)	假(0)	假(0)	真(1)	真(1)
真(非0)	假(0)	假(0)	真(1)	假(0)	真(1)
假(0)	真(非0)	真(1)	假(0)	假(0)	真(1)
假(0)	假(0)	真(1)	真(1)	假(0)	假(0)

虽然C编译在给出逻辑运算值时,以"1"代表"真","0"代表"假",但反过来在判断一个量是为"真"还是为"假"时,以"0"代表"假",以非"0"的数值作为"真"。

例如,由于5和3均为非"0",因此5&&3的值为"真",即为1。

又如,5||0的值为"真",即为1。

用逻辑表达式可以方便地表达复杂的条件。例如,判断一个年份year(整型变量)是否为闰年。

一个年份是闰年的条件:年份或者能被4整除但不能被100整除;或者能被400整除。这两个条件是或者的关系,第一个条件中的"但"表示的是"并且"的关系,所以年份year是闰年的判断条件可以表示为:

(year能被4整除 并且 year不能被100整除)或者(year能被400整除)

用逻辑表达式可以表示为:

(year%4==0&&year%100!=0)||(year%400==0)

对于变量year的一个给定的整型值时,如果表达的值为1,则表示年份year是闰年;否则如果表达式的值为0,则表示年份year为非闰年。

例2.3 输入年份,判断是否为闰年。

```
#include<stdio.h>
void main()
{ int year;
  scanf("%d",&year);
  printf("\n%d",(year%4==0&&year%100!=0)||(year%400==0));
}
```

执行程序,输入:

2010

程序的输出为:

0

再次执行程序,输入:

2012
程序的输出为：
1

2.4.5 赋值运算符

简单赋值运算符记为"="。由"="连接的式子称为赋值表达式。其一般形式为：
    变量=表达式
例如：
    x=a+b
    w=sin(a)+sin(b)
赋值表达式的功能是计算赋值号"="右侧表达式的值，并赋予给左边的变量。赋值运算符具有右结合性。例如：
    a=b=c=5
可理解为
    a=(b=(c=5))
在其他高级语言中(如 Basic 语言)，赋值不作为运算符，而是作为语句出现，称为赋值语句。但在 C 语言中，把"="定义为运算符，从而组成赋值表达式。凡是表达式可以出现的地方均可出现赋值表达式。
例如，表达式
    x=(a=5)+(b=8)
是合法的。它的意义是把 5 赋予 a,8 赋予 b,再将 a、b 相加的和赋值给 x,故 x 的值为 13。
在 C 语言中也可以通过赋值表达式组成赋值语句，按照 C 语言规定,任何表达式在其末尾加上分号就成为表达式语句。因此如
    x=8;
    a=b=c=5;
都是赋值语句。
复合的赋值运算符，又称为带有运算的赋值运算符，也称为赋值缩写。
例如:i=i+j 与 i+=j 等价,后者的"+="就是复合赋值运算符。
类似的复合运算符有+=(加赋值),-=(减赋值),*=(乘赋值),/=(除赋值),%=(求余赋值),以及位运算赋值等。
构成复合赋值表达式的一般形式是：
    变量 双目运算符=表达式
它等价于
    变量=变量 双目运算符 表达式
例如:x*=y+10 等价于 x=x*(y+10)
    m%=n*p 等价于 m=m%(n*p)

例 2.4 阅读程序,分析程序的输出结果。
#include<stdio.h>
void main()

```
{ int a,b;
  printf("\n%d,%d",a=5,b=6);
  printf("\n%d,%d",a=(b=2)+3,b);
  printf("\n%d,%d",(a=5)+(b=3),a=5+(b=2));
  printf("\n%d,%d",a,b);
}
```

程序的执行结果是什么呢？读者也许会写出如下的运行结果：

5,6
5,2
8,7
7,2

而实际上，程序的正确输出应该是：

5,6
5,6
8,7
5,3

这是为什么呢？因为在一般的编译系统中，对函数参数的求解次序是自右至左的，程序多次调用了该 printf() 函数实现输出，因此对于语句 printf("\n%d,%d",a=(b=2)+3,b);首先求解表达式 b 的值，然后再求解表达式 a=(b=2)+3 的值。

2.4.6 ++、-- 运算符

"++"和"--"是两个单目的算术运算符，其作用是使变量当前的值自增 1 或自减 1。关于这两个算术运算符，特别说明如下：

(1) "++"和"--"两个运算符都是单目运算符，其结合性是自右至左。

(2) 这两个运算符的操作数只能是一个变量，而不可以是其他任何形式的表达式。它们既可以作为前缀运算符放在变量的左侧，也可以作为后缀运算符放在变量的右侧。

例如，下面的用法是正确的：

a++,++a,b--,--b,a+++b,a+b++,a+b--,(int)(x++)。

而下面的用法是错误的：

4++,++5,(x+y)++,++(b+a),++(int)(x),(x)++。

(3) 它们的运算规则是使其操作数(变量)的值自动加 1 或自动减 1。它们在作为前缀运算符和作为后缀运算符时的运算规则是不同的。设 n 为一整型变量，则有下面的规则：

作为后缀运算符：

n++（先使用 n 的值，当使用完成后再让 n 的值自加 1）

n--（先使用 n 的值，当使用完成后再让 n 的值自减 1）

作为前缀运算符：

++n（先让 n 的值自加 1，然后再使用 n 的值）

--n（先让 n 的值自减 1，然后再使用 n 的值）

例如，假设变量 i 的值为 3，那么：

执行 j=i++;后 j 的值为 3,i 的值为 4;
执行 j=i--;后 j 的值为 3,i 的值为 2;
执行 j=++i;后 j 的值为 4,i 的值为 4;
执行 j=--i;后 j 的值为 2,i 的值为 2;
也可以这样来理解：
j=i++;相当于:j=i; i=i+1;或相当于 j=i;i++;
j=++i;相当于:i=i+1;j=i;或相当于 i++;j=i;

当++和--运算符单独使用时放在变量之前和之后是没有区别的。例如,i++和++i 的作用都是使 i 加 1,i--和--i 的作用都是使 i 的值减 1。

例 2.5 阅读程序,分析程序的输出结果。

```c
#include<stdio.h>
void main()
{ int a,b,c,d;    float f1,f2;
  double d1,d2;    char c1,c2;
  a=10; b=34; c=3; d=6;
  d1=6; d2=45.9; c1='A'; c2=97;
  printf("\nb/a=%d",b/a);
  printf("\n-b/a=%d",-b/a);
  printf("\nb%%a=%d",b%a);              /*%%代表一个% */
  printf("\n%d",(int)(d2/6));
  printf("\n%d",a+b++);
  printf("\n%d,%d",a,b);
  printf("\n%d",++a+b);
  printf("\n%d,%d",a,b);
}
```

程序的输出是：
b/a=3
-b/a=-3
b%a=4
7
44
10,35
46
11,35

由于++和--运算符的结合性是自右至左,所以表达式-n--会被理解成-(n--),表达式!n++会被理解成!(n++),而表达式!++n 没有别的选择,只会被理解成!(++n)。那么表达式 m+++n 呢？是理解成 m+(++n),还是(m++)+n？C 语言规定在理解有多个字符的运算符时,尽可能自左至右地将更多的字符组成一个运算符,所以表达式 m+++n 会理解成(m++)+n。

特别的,表达式 m++-++n、m---+--n、++m+--n、--m-++n 是合法的,被理解成什么呢?而表达式 m+++++n、++m+++n、--n++却被认为是非法的表达式,又是因为什么呢?请读者根据本节内容给出合理的解释。

读者在编程时,若能恰当地使用空格和括号,那么表达式将变得更加清晰、易懂,并且不会出错。例如,将表达式 m+++++n 写成 m++　+　++n 或(m++)+(++n)就不会出错了。

2.4.7　逗号运算符

在 C 语言中,逗号",",也是一种运算符,称为逗号运算符。其功能是把两个表达式连接起来组成一个表达式,如"3+6,7+8",称为逗号表达式,逗号运算符也称为顺序求值运算符,其结合性是左结合。

其一般形式为:

表达式 1,表达式 2

其求值过程是自左向右顺序求解两个表达式的值,并以表达式 2 的值作为整个逗号表达式的值。

例 2.6　阅读程序,分析程序的输出结果。

```
#include<stdio.h>
voidmain( )
{ int a=2,b=4,c=6,x,y;
  y=((x=a+b,x+6),b+c);
  printf("y=%d,x=%d",y,x);
}
```

程序的输出是:

10,6

执行语句 y=((x=a+b,x+6),b+c)时,最外层的括号里面是一个逗号表达式,把这个逗号表达式的值赋值给 y,由于是按从左向右的顺序求解,即先执行里面的一层括号,内层括号中依然是一个逗号表达式,按从左向右的顺序执行,先执行 x=a+b,执行后 x 的值为 6,然后执行 x+6,其值为 12,内层括号执行完毕,得到内层括号的值为 12,最后执行 b+c,其值为 10,将 10 作为外层括号中逗号表达式的值赋给 y,得到程序最终结果,x 值为 6,y 值为 10。

对于逗号表达式还要说明两点:

① 逗号表达式的一般形式中的表达式 1 和表达式 2 也可以又是逗号表达式。例如:

表达式 1,(表达式 2,表达式 3)

形成了嵌套形式。因此可以把逗号表达式扩展为以下形式:

表达式 1,表达式 2,…,表达式 n

则整个逗号表达式的值等于表达式 n 的值。

② 程序中使用逗号表达式,通常是要分别求解逗号表达式内各表达式的值,并不一定要求整个逗号表达式的值。

并不是将所有出现逗号的地方都看作逗号表达式,如在变量说明中,函数参数表列中的逗号只是用做各变量之间的间隔符。

2.4.8 条件运算符

条件运算符"？："作为 C 语言中唯一的三目运算符,使用 3 个操作数,前两个操作数之间用问号"？"分隔,第 2 和第 3 个操作数之间用冒号"："分隔。

其一般形式为:

表达式 1？表达式 2:表达式 3

其求值过程为:先求解表达式 1,若其值为真(非 0),则将表达式 2 的值作为整个表达式的取值;否则(表达式 1 的值为假,即为 0)将表达式 3 的值作为整个表达式的值。

例如,表达式 max=(a>b)？a:b,就是将 a 和 b 二者中较大的数据赋值给 max。

条件运算符的优先级高于赋值运算符、逗号运算符,低于其他运算符,如表 2.4 所示。如表达式 x=3a>5？100:300,等价于 x=((3+a>5)？100:300))。

条件运算符具有右结合性。当一个表达式中出现多个条件运算符量,应将位于最右边的问号与其右侧的冒号先配对,并按此原则正确区分各条件运算符的运算对象。

例如:表达式"a<b？b+a:b<c？b:c"与"a<b？b+a:(b<c？b:c)"等价。

2.5 类型转换

C 语言规定,当不同数据类型的操作数参加同一运算时,必须将它们统一成同一数据类型,也就是要将其中一个操作数的数据类型转换成另一个操作数的数据类型。在进行类型转换时,应尽量遵照普通算术类型转换规则,这样才不会丢失运算结果的精度。下面引用 1988 年 C 语言的美国国家信息系统标准中关于这一个规则的详细内容。

如果任何一个操作数为 long double 类型,则将另一个操作数转换为 long double 类型。否则,如果任何一个操作数为 double 类型,则将另一个操作数转换为 double 类型。否则,如果任何一个操作数为 float 类型,则将另一个操作数转换为 float 类型。否则,同时对两个操作数进行整型提升;如果任何一个操作数为 unsigned long int 类型,则将另一个操作数转换为 unsigned long int 类型(注:总能将一个有符号数(补码)理解成一个无符号数,即同一类型的无符号数可以表示有符号数,比如,unsigned long 能表示 long)。否则,如果一个操作数为 long int 类型且另一个操作数为 unsigned int 类型,则结果依赖于 long int 类型是否可以表示所有 unsigned int 类型的值。如果可以,则将 unsigned int 类型的操作数转换为 long int;如果不可以,则将两个操作数都转换为 unsigned long int 类型。否则,如果一个操作数为 long int 类型,则将另一个操作数转换为 long int 类型。否则,如果任何一个操作数为 unsigned int 类型,则将另一个操作数转换为 unsigned int 类型。否则,将两个操作数都转换为 int 类型。

从上述规定不难看出,普通算术类型转换规则的实质,是将能表示数据范围较小的数据类型,向能表示数据范围较大的数据类型转换。

2.5.1 自动转换

C 语言规定,只有类型相同的两个操作数才能出现在一个运算符的两侧。如果运算符两侧的操作数类型不同,系统会按一定的规则自动转换某一方,使得双方的类型一致。系统进行自动类型转换的规则如图 2.3 所示。

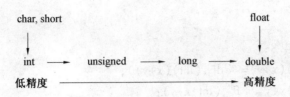

图 2.3　类型转换规则

图 2.3 中纵向的转换是无条件的,也就是说,只要是字符型或短整型都无条件地先转换成基本整型再参加运算,只要是单精度实型数都无条件地转换成双精度实型数再参加运算。图 2.3 中横向的转换是在运算符两边操作对象类型不一致时进行的,精度低的类型自动转换成精度高的类型。

例如,表达式 100+'A'-5.0*8 是合法的表达式。它的运算过程如图 2.4 所示。

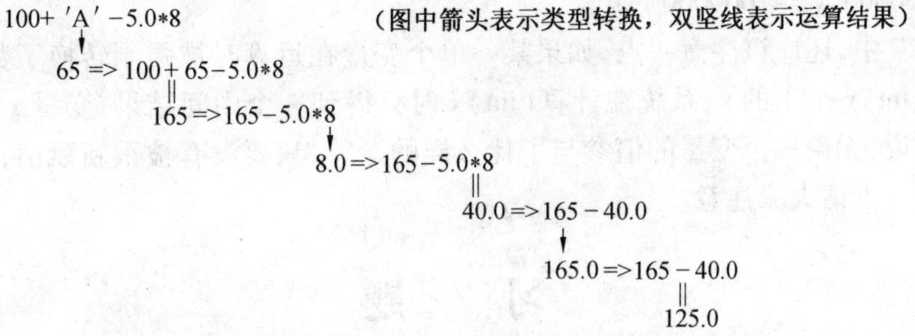

```
      100+ 'A'-5.0*8
          ↓
        65 => 100+65-5.0*8
              ‖
            165 =>165-5.0*8
                      8.0 =>165-5.0*8
                              ‖
                            40.0 =>165-40.0
                                    ↓
                                  165.0 =>165-40.0
                                          ‖
                                        125.0
```
（图中箭头表示类型转换,双坚线表示运算结果）

图 2.4　表达式 100+'A'-5.0*8 的运算过程示意图

系统自左至右扫描表达式至'A'时,首先无条件地将'A'转换成基本整型数据 65,表达式变成了 100+65-5.0*8。继续扫描发现 65 左右的运算符分别为"+"和"-",而它们的优先级相同并且结合性是自左至右,所以 65 和其左侧的"+"号结合,即先计算 100+65,其结果为 165。表达式变成 165-5.0*8,在扫描表达式至 5.0 时发现其左右两端的运算符"-"和"*"优先级别不同,那么 0.5 自然和优先级别高的"*"结合,先计算 5.0*8,系统自动将精度低的整型常量 8 转换成双精度实型 8.0,运算结果为 40.0。表达式最终变成了 165-40.0,这时系统首先将 165 转换成 165.0,然后运算得到结果为 125.0。

2.5.2　强制类型转换

C 语言中除了系统自动进行的类型转换以外,也可以利用强制类型转换运算符将一个表达式值转换成所需的类型。其一般格式为:

　　（类型标识符）表达式　　　或者　　（类型标识符）（表达式）

例如:

　　(int)(5.2+3.3)　　　　将表达式 5.2+3.3 的值转换成 int 类型,转换后的值为 8

　　(double)(5+3)　　　　将表达式 5+3 的值转换成 double 类型,转换后的值为 8.0

　　(float)(x+y)　　　　　将表达式 x+y 的值的类型转换成 float 类型

　　(float)x+y　　　　　　将表达式 x 的值转换成 float 类型后再与 y 相加

请注意(float)(x+y)与(float)x+y 的区别。

例 2.7　阅读程序,分析程序的输出结果。

```
#include<stdio.h>
void main( )
{float x=3.5,y=4.8;
    printf("\n(int)(x+y)=%d",(int)(x+y));
    printf("\n(int)x+y=%f",(int)x+y);
    y=(int)y;
    printf("\nx=%f,y=%f",x,y);
}
```

程序的输出是：

(int)(x+y)=8

(int)x+y=7.800000

x=3.500000,y=4.000000

在例2.7中，还应该注意一点，如果某一单个变量在运算时被强制转换了数据类型，例如，表达式(int)x+y中的x，系统在计算(int)x时只得到一个中间结果，变量x的值并未改变。也就是说，无论一个变量的值参与了什么样的运算，只要没有被重新赋值，它的值就不会改变。这一点请大家注意。

习　题

一、选择题

1. 以下选项中属于C语言的数据类型是(　　)。

　A.复数型　　　　B.逻辑型　　　　C.双精度型　　　　D.集合型

2. 以下所列的C语言常量中，错误的是(　　)。

　A.0xFF　　　　B.1.2e0.5　　　　C.2L　　　　D.'72'

3. 设 int x=1,y=1；表达式(！x||y--)的值是(　　)。

　A.0　　　　B.1　　　　C.2　　　　D.-1

4. 若变量a是int类型，并执行了语句：a='A'+1.6;，则正确的叙述是(　　)。

　A.a的值是字符C　　　　　　　　B.a的值是浮点型

　C.不允许字符型和浮点型相加　　　D.a的值是字符'A'的ASCII值加上1

5. 设x,y,z和k都是int型变量，则执行表达式：x=(y=4,z=16,k=32)后，x的值为(　　)。

　A.4　　　　B.16　　　　C.32　　　　D.52

二、填空题

1. 在C语言中，用"\"开头的字符序列称为转义字符。转义字符"\n"的功能是_____;转义字符"\r"的功能是_____。

2. 运算符"%"两侧运算对象的数据类型必须都是_____;运算符"++"和"--"运算对象的数据类型必须是_____。

3. 表达式8/4*(int)2.5/(int)(1.25*(3.7+2.3))值的数据类型为_____。

4. 表达式(3+10)/2 的值为_____。

5. 设 x=2.5, a=7, y=4.7, 则算术表达式 x+a%3*(int)(x+y)%2/4 的值是_____。

三、写出以下程序运行的结果

1.
```
#include <stdio.h>
void main()
{
char c1 = '6', c2 = '0';
printf("%c,%c,%d\n", c1, c2, c1-c2);
}
```

2.
```
#include <stdio.h>
void main()
{
int x = 010, y = 10, z = 0x10;
printf("%d,%d,%d\n", x, y, z);
}
```

四、编写程序

1. 输入长方形的长和宽,输出长方形的周长和面积。

2. 输入一个字符,输出其 ASCII 代码。

3. 输入 3 个整数,计算并输出它们的平均值。

第 3 章 顺序结构程序设计

3.1 C 语言的语句

在形式上,C 语言中的语句通常由 C 的表达式加分号构成。在 C 程序编译过程中,一条语句通常产生多条与计算机软硬件相关的底层指令。在组织上,多条完成指定任务的 C 语句构成 C 函数。多个相关的 C 函数构成一个 C 的源文件,多个 C 的源文件共同组成为 C 程序。

上述组织关系以文字处理程序举例说明:一个文字处理程序,根据主要操作行为,构建多个不同的源文件,每个源文件负责一项菜单操作,如文件操作、编辑操作等。在文件操作源程序中,包含"打开"函数和"保存"函数,分别用于开启新文档和保存现有操作文档。对应函数中,有一系列执行文件操作的基本语句,如获取用户输入的文件名称等。文字处理程序的组织关系如图 3.1 所示。

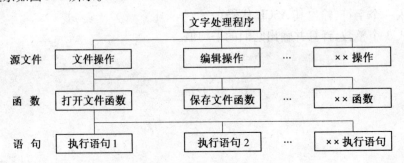

图 3.1 文字处理程序组织关系图

C 语言的语句主要分为以下 6 类:

(1)说明语句。说明语句一般指用来定义变量数据类型等的语句。例如:
int a=5,b;
float f1,f2;

(2)表达式语句。表达式语句是指由一个 C 表达式加上分号构成的语句。例如:
a=b+1;   /*赋值表达式 a=b+1 加上分号*/
1;   /*算术表达式 1 加上分号,此表达式无实际意义*/
2+2;   /*算术表达式 2+2 加上分号,此表达式无实际意义*/
x>y? x:y;   /*条件表达式 x>y? x:y 加上分号,此表达式无实际意义*/
i=1,j=2;   /*逗号表达式 i=1,j=2 加上分号*/

```
i++;                    /*表达式i++加上分号*/
```
(3)函数调用语句。函数调用语句是由一个函数调用加上分号。例如：
```
printf("\n");
cos(6);                 /*无实际意义*/
```
这类语句也可以归属于表达式语句,因为函数调用本身也是一个表达式。

(4)空语句。空语句是仅由一个分号所构成的语句,没有任何动作。例如：
```
;
```
(5)复合语句。复合语句是指将一组语句用大括号({})括起来,从而使整个大括号变成一个整体(复合语句)。从整体上看,复合语句是一个语句。例如：
```
{ a=5;
  b=6;
  c=7;
}
```
复合语句在C语言程序中的用处很大,在以后的学习中会逐渐体会到。有的书中也将复合语句称为分程序。

(6)控制语句。控制语句完成一定的控制功能,实现程序流程的跳转。C语言提供控制语句以下9种：

goto	无条件转向语句
if( )...else...	选择语句
switch	多分支选择语句
while( )	循环语句
for( )	循环语句
do{ }while( )	循环语句
break	循环控制语句
continue	循环控制语句
return	从函数返回语句

在程序书写方面,C语言允许一行写多个语句,也可以将一个语句写在多行上,书写格式无固定的要求。语句中关键字、标识符、运算符、运算量之间可以用任意一个空白字符分隔。这里的空白字符指空格、回车或制表符(Tab键),C语言程序在编译时会自动略过这些多余的空白字符。

3.2 赋值语句

赋值语句是程序设计中使用最多的语句之一。它由赋值表达式加上一个分号组成。
例如：
```
z=x+y;
```
赋值语句形式:变量 = 表达式;
功能:将"="右边表达式的值赋给"="左边的变量。
说明:在赋值语句中,出现在"="左边的是变量。因为在程序中定义变量时,编译程序将为该变量分配存储空间,以变量名代表该存储空间,而在赋值语句里,"="左边是以变量名标识的内存中存储空间。

当一个变量还未获得数据时,通过赋值,把"="右端的表达式的值存入该变量名代表的存储空间中。当一个变量已获得了数据,通过赋值,把"="右端的表达式的值存入该变量名代表的存储空间中,并将原来的值覆盖。而当读取变量的值时,并不会使该变量的值消失。

例如:

i=3;

j=5;

i=j;

这些语句执行之后,i 的值为 5,j 的值为 5。

值得注意的是要严格区分赋值表达式和赋值语句,赋值表达式可以出现在任何允许表达式出现的地方,而赋值语句却不能。

例如:

if((x=y)<10)   x=x+1;

其中 if 语句中的"x=y"不是赋值语句,而是赋值表达式。如果写成:

if((x=y;)<10)   x=x+1;

则不是合法的 C 语言语句,if 的条件中不能包含赋值语句。

3.3 基本输入输出

3.3.1 格式输入与输出

1. printf 函数

printf 函数为格式输出函数,是一个标准库函数,它的函数原型包含在标准输入输出头文件 stdio.h 中。

标准格式输出函数 printf() 一般用于向标准输出设备(显示器)按规定的格式输出信息。

调用 printf() 函数的一般形式为:

printf(格式控制字符串,输出值参数列表);

举例说明,如图 3.2 所示。

图 3.2 printf 函数格式举例

说明 (1)格式控制字符串是一串用双引号括起来的字符,其中包括普通字符和格式说明符。格式说明符是以%开头,后跟一个或几个规定字符,简称格式说明符,如%d 和%f 等。一个格式说明符用来代表一个输出的数据,并规定了该数据的输出格式。

例如:

printf("a=%d,b=%d",a,b);

字符串"a=%d,b=%d"是格式控制字符串。a,b是输出项参数列表。在格式控制字符串"a=%d,b=%d"中,a=、b=是普通字符,直接输出到输出设备中,而%d就是格式说明符,根据变量a和b的数值,按照指定格式转换后输出到输出设备中。

(2)格式控制字符串中的普通字符按原样输出。

(3)一个格式说明符用来代表一个输出的数据,所代表的数据在输出项参数列表中。输出项参数列表是一系列用逗号分开的表达式,表达式的个数和顺序与前面的格式说明符要一一对应。

例如:有整型变量a和b,它们的值分别是3和8,同样执行上述例子中的输出语句:
printf("a=%d,b=%d",a,b);
输出结果是:
a=3,b=8

其中,"a="和"b="被直接输出,%d根据参数列表的顺序,转换为指定格式的输出。

不同类型的数据在输出时应该使用不同的格式说明符。C语言提供的格式说明符及其含义见表3.1。

表3.1 格式说明符

格式说明符	所代表的数据类型	输出形式
%d	int 型	十进制有符号整数,正数符号省略
%ld	long 型	十进制有符号长整数,正数符号省略
%u	int 型	十进制无符号整数
%o	int 型	无符号八进制整数,不输出前导0
%x,%X	int 型	无符号十六进制整数,不输出前导0x
%c	int 型(char 型)	一个字符
%f,%lf	double 型	十进制小数,默认小数位数为6位
%e	double 型	指数形式输出浮点数
%g	double 型	自动在%f和%e之间选择输出域宽小的表示法
%s	字符串	顺序输出字符串的每个字符,不输出'\0'
%%		%本身
%p		指针的值

说明 (1)可以在"%"和字母之间加上一个整数表示最大域宽,即输出数据在输出设备(显示器)所占据的最大域宽(字符个数)。例如:

%3d 表示输出域宽区为3的整数,不够3位右对齐,左补空格。

%8s 表示输出8个字符的字符串,不够8个字符右对齐,左补空格。

(2)可以在"%"和字母之间加上一个由"."分隔的两个整数(如%9.2f),前一个整数表示最大域宽,后一个整数表示小数位数。

例如:%9.2f用于浮点型数据的输出,其具体表示输出域宽为9的浮点数,其中小数位为2,整数部分自然只剩6位,小数点占一位,整数部分不够6位右对齐,左补空格。

如果数据的实际值超过所给的域宽,将按其实际长度输出。但是对于浮点数,若整数部分位数超过了给定的整数位域宽,将按实际整数位输出;若小数部分位数超过了给定的小数位宽度,则按给定的宽度以四舍五入输出。

例如:

a = 1112.25467

printf("a = %9.3f", a);

输出结果:

a = 1112.255

在上述语句中,变量指定输出宽度为9,小数位数为3。由于变量a的原始小数宽度大于指定的小数位数,按照四舍五入,保留小数位3位。整数部分输出宽度为9-1-3=5,变量a的原始整数部分长度为4,小于输出格式宽度要求,故保留原格式,直接输出。

(3)如果想在输出数据前补0来补足域宽,就应在域宽前加0。例如:%04d表示在输出一个小于4位的整数时,将在前面补0使其总宽度为4位。

(4)如果用类似6.9的形式来表示字符串的输出格式(如%6.9s),那么小数点后的数字代表最大宽度,小数点前的数字代表最小宽度。

例如:%6.9s表示输出一个字符串,其输出所占的宽度不小于6且不大于9。若字符个数小于6则左补空格补至6个字符,若字符个数大于9,则第9个字符以后的内容将不被显示。

(5)可以控制输出的数据是左对齐或右对齐,方法是在"%"和字母之间加入一个"-"号说明输出为左对齐,否则为右对齐。例如:

%-7d 表示输出整数占7位域宽,不足左对齐,右补空格。

%-10s 表示输出字符串占10位域宽,不足左对齐,右补空格。

例3.1 阅读程序,分析程序的输出结果。

```
#include<stdio.h>
void main()
{ int a=1234, i; char c;
  float f=3.141592653589;
  double x=0.12345678987654321;
  i=12;   c='\x41';
  printf("\n01. a=%d.", a);
  printf("\n02. a=%6d.", a);
  printf("\n03. a=%06d.", a);
  printf("\n04. a=%2d.", a);
  printf("\n05. a=%-6d.", a);
  printf("\n06. f=%f.", f);
  printf("\n07. f=%6.4f.", f);
  printf("\n08. x=%lf.", x);
  printf("\n09. x=%18.16lf.", x);
```

```
    printf("\n10.c=%c.",c);
    printf("\n11.c=%x.",c);
    printf("\n12.%s.","ABCDEFGHIJK");
    printf("\n13.%4s.","ABCDEFGHIJK");
    printf("\n13.%-14s.","ABCDEFGHIJK");
    printf("\n14.%4.6s.","ABCDEFGHIJK");
}
```

程序的输出为：

01. a=1234.

02. a= 1234.

03. a=001234.

04. a=1234.

05. a=1234 .

06. f=3.141593.

07. f=3.1416.

08. x=0.123457.

09. x=0.1234567898765432.

10. c=A.

11. c=41.

12. ABCDEFGHIJK.

13. ABCDEFGHIJK.

13. ABCDEFGHIJK .

14. ABCDEF.

说明 程序第1行输出语句中，指定变量a的输出方式为整数，即按照a的原始形式输出。

程序第2行输出语句中，指定输出域宽为6，而实际变量a的宽度为4，根据C程序输出格式要求，在输出的左端补充空格使得输出宽度达到指定域宽6，故本次输出中左补充空格数为6-4=2。

程序第3行输出语句中，指定输出域宽为6，同时要求在变量a不足域宽时，左补0直到满足输出格式要求，故本次输出中左补0的数量为6-4=2。

程序第4行输出语句中，指定输出域宽为2，而实际变量a的长度为4，根据C程序输出格式要求，在指定输出宽度小于变量的固有宽度时，变量按照其固有形式直接输出，故输出结果仍为变量a所存储的内容。

程序第5行输出语句中，指定输出域宽为6，同时要求在变量不足6位时，右补空格，故程序输出变量a后继续输出6-4=2个空格。

程序第6行输出语句中，指定变量f的输出方式为浮点型，即按照变量b的原始形式直接输出，由于C语言对浮点数字中小数的默认输出长度为6，故在变量f的小数长度超过6时，对第7位小数进行四舍五入操作。

程序第7行输出语句中，指定变量f的输出域宽为6，小数位数为4，此时，整数位数为

6-4-1=1。当小数位数超过 4 位数字时,对第 5 位小数执行四舍五入操作。

程序第 8 行输出语句中,指定变量 x 的输出方式为双精度浮点型,即按照 x 的原始形式直接输出,由于 C 语言对双精度浮点型变量的默认处理是保留 6 位小数,故对变量 x 的第 7 位小数执行四舍五入操作。

程序第 9 行输出语句中,指定变量 x 的输出域宽为 18,其中小数位数为 16,整数位数为 1。

程序第 10 行输出语句中,指定变量 C 的输出形式为字符型。在赋值过程中,变量 c 存储的是字符的 ASCII 码,故在输出时,将该数转换成对应的字符'A'输出。

程序第 11 行输出语句中,指定变量 c 的输出形式为无符号整数,变量 c 虽然是字符型变量,但其实际存储的是字符对应的 ASCII 整数码,故在输出过程中,根据需要,直接输出该整数数值,而不进行相应字符的转换。

程序第 12 行输出语句中,直接输出指定的字符串。

程序第 13 行输出语句中,指定输出的域宽为 4,但实际字符串的字符长度为 11,大于指定域宽,根据字符串输出规定,按照原字符形式直接输出。

程序第 14 行输出语句中,指定输出的域宽为 14,由于字符串的字符长度为 11,还需在字符串输出完成后,右补充 14-11=3 个空格。

程序第 15 行输出语句中,指定输出域宽最小值为 4,最大值的为 6 位,由于字符串长度为 11,根据输出要求,从左向右截取字符串前 6 个字符进行输出。

2. scanf( )函数

C 语言中的标准格式输入函数是 scanf( ),功能为从标准输入设备(键盘)上读取用户输入的数据,并将输入的数据赋值给相应的变量。

调用格式输入函数 scanf( )的一般形式为:

scanf(格式控制字符串,变量地址列表)

举例说明,如图 3.3 所示。

图 3.3 scanf 函数格式举例

说明 (1)格式控制字符串是用来规定以何种形式从输入设备上接收数据,也就是规定用户以何种格式输入数据。格式控制字符串中包含以下 3 种字符:

①格式说明符。这里的格式说明符与 printf( )函数中的格式说明符基本相同,一个格式说明符代表一个输入的数据,如%d 和%f 等。

②空白字符。空白字符会使 scanf( )函数在读取数据时略去输入数据中的一个或多个空白字符。空白字符包括空格、回车和制表符(Tab 键)。格式控制字符串中的空白字符其实不起作用。无论有没有空白字符,在实际输入数据时,都可以用若干个空白字符将输入的数据隔开。

③普通字符。普通字符会使 scanf( )函数在读入数据时必定要找到与这些普通字符相同的字符,也就是说,在输入数据时普通字符要原样输入。

例如:格式输入语句:

scanf("a=%d",&a);

%d 对应格式说明符,说明接受的格式为十进制数。"a="是普通字符,表示合法的用户输入为"a=10",其中 10 被保存到变量 a 中。如果用户输入为"a = 10",C 程序编译器将会按照空白字符读取规则,忽略到输入过程中的空格。

(2)变量地址列表是用逗号分隔的变量地址,变量地址与格式控制字符串中的格式说明符一一对应。

例如:格式输入语句:

scanf("%d,%d",&a,&b);

其中变量地址中的 &a 和 &b 的顺序,决定了在输入过程中哪个变量先获取用户输入。如用户输入为"3,4",则变量 a 的值为 3,变量 b 的值为 4。如果用户输入为"4,3",则变量 a 的值为 4,变量 b 的值为 3。

(3)取变量地址的运算符为 &,变量 a 的地址用 &a 表示。注意在此处一定不要忘记变量前面应该加上取地址运算符 &。

(4)当所有需要读取的数据都已经正确输入并按下回车键时,函数结束,所有的变量都接收到用户所希望的数据。

(5)系统从前向后依次读取用户所输入的数据,如果最后一个数据读取完以后,还有剩余的数据,系统会忽略它们。

例如:格式输入语句:

scanf("%d,%d",&a,&b);

如果用户输入为"3,4,5",则根据格式输入语句读取要求,变量 a 的值为 3,变量 b 的值为 4,用户输入的 5 由于在变量地址列表中没有与之对应的变量,则该输入被编译器忽略。

(6)系统从前向后依次读取用户所输入的数据,如果读到了非法的数据,函数结束,程序会往下运行并不报错。此时,从非法数据所对应的变量开始(包括非法输入对应变量本身),以后的变量将得不到用户所输入的值。在程序的其他位置,如果使用到这些变量,则它们所存储的数值是随机的。因此,在输入过程中,必须按照格式输入中的要求进行变量的输入,否则程序的执行结果会出现异常。

(7)格式说明中也可以规定域宽,用来表示接收数据的最大位数。

例 3.2 阅读程序,分析程序的输出结果。

```
#include<stdio.h>
void main()
{ int a,b;
  scanf("%d,%d",&a,&b);
  printf("\na=%d,b=%d",a,b);
}
```

本例子的 scanf()调用语句,输入格式控制字符串的意义是:首先读一个整型数赋给变量 a,然后必须要读到一个逗号,最后读入另一个整型数据赋给变量 b。

执行程序,输入:

3,4↙

或者输入:

3,4↙

程序输出：

a=3,b=4

这两种输入方法都是正确的，因为在读取了一个整型数据3以后，都马上读到了逗号，并随后又正确地读取了一个整型数据4。

如果这一特定的原样字符(逗号)没有找到，scanf( )函数就终止。

再次执行程序，输入：

3 4↙

或者输入：

3 ,4↙

程序输出：

a=3,b=1235

这说明以上两种输入数据的方法是不正确的。可以看出第一个整型数据3可以正确接收，但由于紧跟着应该出现的原样字符(逗号)没找到，所以scanf( )函数中止。变量b没有被赋值，它的值是一个随机值(在其他的机器上可能为另一个值)。

例3.3 阅读程序，分析程序的输出结结果。

```
#include<stdio.h>
void main( )
{   scanf("%d%d%d",&a,&b,&c);
    printf("a=%d,b=%d,c=%d",a,b,b);
}
```

在这个例子中，要求用户输入3个整数，分别由变量a,b和c保存，在程序获取用户输入后，将结果输出到显示器中。由于scanf( )函数的格式控制部分并没有指定区分不同整数的空白字符，在输入过程中，用户需自行输入能够标识出不同变量的空白字符，如回车、空格、制表符等。

合法的输入是：

1 0 1↙

此时，程序将根据空格区分不同变量，输出结果为：a=1,b=0,c=1。

或者另一种合法的输入为：

1↙

0↙

1↙

此时，用户每输入一个变量，按回车键换行，程序接收一个变量，当程序接收到与地址列表中指定变量数量相同的数据时，程序接通接收，并进行输出操作。程序运行后的输出结果为：a=1,b=1,c=1。

如果在输入中没有使用空白字符，如：

101↙

程序并不结束，而是将101作为整体保存在变量a中，程序等待用户输入变量b的数值。

常用的scanf函数的格式控制符如表3.2所示。

表 3.2 常用的 scanf 函数格式控制符

输入数据类型	输入要求	格式控制符
整数	带符号十进制整数	%d
	无符号十进制整数	%u
单个字符	—	%c
字符串	—	%s
浮点数	以小数形式活指数形式	%f
		%e
		%g

3.3.2 字符数据的输入与输出

1. putchar 函数

putchar 函数的功能是向标准输出设备输出一个字符,其一般形式为:

putchar(c)

其中,c 为一个字符变量名或字符常量,该函数执行后,将 c 的值显示在屏幕上。

功能说明:

(1)参数表达式可以为字符表达式或整型表达式。表达式的值为将要输出字符的 ASCII 码,或者是字符本身。

(2)函数的功能是在标准输出设备(显示器)上输出一个字符。

(3)如果表达式的值不是整型值,则自动舍弃小数部分取整。

(4) C 语言中 ASCII 码共有 256 个。所以函数 putchar 的参数值应在 0~255 之间,如果超过 255,则系统会自动除以 256 取余数,使之回到 0~255 的范围。

(5) putchar 函数可以输出控制字符,如 putchar('\n')的作用是输出一个换行符,但有些控制字符是不可显示的,例如 ASCII 码为 7 的字符是使计算机的扬声器响一声。

例 3.4 阅读程序,分析程序的输出结果。

```
#include<stdio.h>
void main()
{ char a,b;
  a='h';
  b='i';
  putchar(a);
  putchar(b);
}
```

程序的输出为:

hi

说明 程序首先定义两个字符型变量 a 和 b,并对变量 a 和变量 b 赋值,最后,采用 putchar()函数,读取变量 a 和变量 b 的字符输出到屏幕上。由于 putchar()的输出是连续的,即在输出第一个变量 a 的字符'h'后直接输出变量 b 的字符'i'。

例3.5 阅读程序,分析程序的输出结果。

```c
#include<stdio.h>
void main()
{ char a,b;
  a=72;
  b=73;
  putchar(a);
  putchar('\n');
  putchar(b);
  putchar('\n');
}
```

程序的输出为:

H
I

说明 程序首先定义两个字符变量,并将两个变量分别赋予表示字符的 ASCII 码。在 C 程序中,每个字符型变量实际存储的是该字符对应的 ASCII 码,在输出时,根据该值查找 ASCII 表中唯一对应的字符。本程序直接将变量 a 和 b 赋值为整数,在执行 putchar() 函数输出时,整数转换为对应的字符形式,整数 72 对应 ASCII 表中的大写字母 H,整数 73 对应 ASCII 表中大写字母 I。在输出过程中,由于添加了换行符,执行完 putchar("\n");这条语句后,在输出设备的下一行进行继续输出。

2. getchar 函数

getchar 函数的功能是从键盘输入一个字符,该函数没有参数。其一般形式为:

getchar()

从键盘输入的字符被存储在内存中的键盘输入缓冲区中,执行 getchar 函数时,若该缓冲区中有未读字符时,当前字符即是 getchar 函数的值;当键盘缓冲区没有可读字符时,getchar 函数会请求输入数据,计算机进入等待状态,直到有字符输入,并按回车键后,getchar 函数取输入字符串的第一个字符为函数值;若此时再执行一次 getchar 函数,则 getchar 函数取输入字符串的第二个字符为函数值。

说明 (1)函数 getchar() 没有参数,其功能是从标准输入设备(键盘)上读入一个字符。程序执行到该函数时暂停,光标在屏幕上闪烁,等待用户输入字符,用户输入的字符会依次显示在屏幕上。当用户输入一串字符(可能 1 个,可能多个,也可能没有)并按下回车时,输入完成。函数 getchar() 的返回值为用户所输入(键盘缓冲区)的第一个字符。

(2)如果用户在输入字符时直接输入回车,那么函数 getchar() 的值为字符回车。

(3)函数 getchar() 的值为其获得的字符,为了使用这个值,一般用 getchar() 进行另外的操作(参加运算或赋值),例如:

c=getchar();   或者   c=getchar()+1;   或者   putchar(getchar());

(4)单独使用 getchar(),能使程序暂停,待用户按下回车时继续,但是所输入的字符没有被使用。

例 3.6 阅读程序,分析程序的输出结果。
```
#include<stdio.h>
void main()
{ char c;
  c=getchar();          /*输入字符直到回车结束,接收第一个*/
  putchar(c);           /*显示输入的第一个字符*/
}
```
说明 程序首先定义字符型变量,之后通过 getchar()函数获取用户输入的第一个字符,并用变量 c 保存该字符,最后通过 putchar()函数将变量 c 中存储的字符输出到显示器中。根据 getchar()运行特征,程序执行后,会出现闪动光标提示用户输入字符串,如果用户直接按回车键,则存储在变量 c 中的字符为"\n"。

C 语言还提供了两个字符输入函数 getche()和 getch()。调用它们的一般形式是:
  getche()
  getch()

说明 这两个函数的调用形式与 getchar()完全相同,功能也相同,都是从标准输入设备(键盘)读入一个字符。其主要区别有以下两点:

(1)这两个函数在执行时,要求用户输入字符数据。只要用户输入了一个字符(不需按回车),函数就获得该字符,从而避免在执行 getchar()函数时,输入多个字符而没输入回车导致程序运行异常的情况。

(2)函数 getche()在执行时,用户输入的字符会显示在屏幕上(回显)。而函数 getch()在执行时,用户所输入的字符不在屏幕上显示(不回显)。

3.4 顺序结构程序实例

顺序结构程序是指语句执行的顺序与语句排列的顺序一致的程序。程序从第一条语句开始执行到最后一条语句执行结束,任何一条语句都能被执行而且仅被执行一次。

学习了 C 语言的数据类型、运算符和输入输出函数,就可以设计顺序结构程序。本节通过若干个程序实例来学习 C 语言的顺序结构程序设计。

例 3.7 编程输入 3 个整数,输出这 3 个整数的和及平均值。

这是一个比较简单的问题,但 3 个整数的平均值可能是一个实数,所以在定义变量时,要将代表平均值的变量定义成浮点数。程序如下:
```
#include<stdio.h>
void main()
{ int num1,num2,num3,sum;
  float aver;
  printf("Please input three numbers:");
  scanf("%d%d%d",&num1,&num2,&num3);    /* 输入 3 个整数    */
  sum=num1+num2+num3;  /* 求和                              */
  aver=sum/3.0;       /* 求平均值                          */
```

```
        printf("\nnum1=%d,num2=%d,num3=%d",num1,num2,num3);
                                                        /* 输出结果 */
        printf("\nsum=%d,aver=%7.2f",sum,aver);
}
```

执行程序,输入:
Please input three numbers:11 12 13 ↙
输出:
num1=11,num2=12,num3=13
sum=36,aver= 12.00

说明 程序首先定义了 5 个变量,分别用于存储 3 个原始数据,求和结果 sum 及平均值 aver。之后,程序输出提示语句,提示用户输入 3 个数字,在输入过程中,由于未定义区分不同输入的空白字符,默认将任何空白字符作为间隔不同输入数据。根据用户输入情况,将空格作为区分字符,分别用 num1,num2 和 num3 保存变量 11,12 和 13。其次,程序对 3 个数进行求和操作,并将操作结果赋值给变量 sum,同时,对 sum 进行求平均,将平均值赋值给 aver 变量,最后,程序按照输出格式要求,分别输出用户输入的 3 个数据、3 个数字求和结果及 3 个数字平均值。

例 3.8 输入三角形的三边长 a,b,c,输出其面积 s(假设用户输入的 a,b,c 可以构成三角形)。

根据三角形的三边长可以利用海伦公式来计算它的面积,得到以下程序。

```
#include<math.h>
#include <stdio.h>
void main()
{ double a,b,c,p,s;
  scanf("%lf%lf%lf",&a,&b,&c);
  p=(a+b+c)/2;
  s=sqrt(p*(p-a)*(p-b)*(p-c));
  printf("\ns=%lf",s);
}
```

执行程序,输入:
3 4 5 ↙
输出:
s=6.000000
再次执行程序,输入:
6 8 10 ↙
输出:
s=24.000000

说明 程序首先通过预处理命令引入头文件——math.h,该文件封装了处理数学操作的相关函数。在本程序中,要执行开算数平方者的操作,而在 math 库中提供了对该操作的支持,实际编写程序时,可以直接调用 sqrt() 函数。之后,程序定义计算三角形面积过程中所需要使用的边长 a,b 和 c,面积变量 s 及中间变量 p。其次,通过格式输入函数 scanf(),以双精度浮点变量的形式获取用户输入的三角形三个边长并计算中间变量 p。再次,通过海伦公式计算三角形面积 s。最后,以浮点型格式输出三角形面积。

在程序中,同样没有定义区分不同字符的空白字符,因此,用户在输入中需要选择一定的空白字符,区分不同边长。

例 3.9 输入一元二次方程的 3 个系数 a,b,c 的值,输出其两个实根(假设方程有实根)。

根据一元二次方程的求根公式,程序如下:

```
#include<math.h>
#include<stdio.h>
void main()
{double a,b,c,deta,x1,x2;
  printf("\na,b,c=");
  scanf("%lf %lf %lf",&a,&b,&c);
  deta=b*b-4*a*c;
  x1=(-b+sqrt(deta))/(2*a);
  x2=(-b-sqrt(deta))/(2*a);
  printf("\nX1=%lf\nX2=%lf",x1,x2);
}
```

执行程序,输入:
a,b,c=1 4 3 ↙
输出:
X1=-1.000000
X2=-3.000000
再次执行程序,输入:
a,b,c=1 2 1 ↙
输出:
X1=-1.000000
X2=-1.000000

说明 程序首先通过预处理命令引入 math 和 stdio 头文件,分别提供开算数平方根和标准输入输出函数。之后,在主函数中,程序首先定义变量存储一元二次方程的参数 a、b 和 c,判别式 delta,方程的解 x1 和 x2。其次,提示用户输入 3 个参数的数值,分别以双精度浮点型格式存储。再次,根据求根公式,计算一元二次方程的判别式 delta 及两个解 x1 和 x2。最后,根据计算结果,输出两个根的数值。

在第一次执行程序时,通过制表符区分不同的输入变量。在第二次执行程序时,通过空格区分不同的输入变量。

例 3.10 输入一个 4 位的正整数,倒序输出。

这个问题可以这样考虑:要倒序输出一个整数,必须要知道这个整数的每一位数字是多少,然后将这些数字倒序输出就可以了。可以在输入语句中获得该整数的每一位数字,程序如下：

解法 1
```
#include<stdio.h>
void main()
{ int a,b,c,d;
  scanf("%1d%1d%1d%1d",&a,&b,&c,&d);  /* %1d 中 1 是数字 1,表示域宽为 1,非字母 l */
  printf("\n%d%d%d%d",d,c,b,a);
}
```

执行程序,输入:

1234 ↙

输出:

4321

再次执行程序,输入:

123 4 ↙

输出:

4321

说明　第一种解决方案是利用输入函数的格式说明符来限定编译器每次最多读取的位数。这里使用%1d 来表示每次读入一位整数赋值给指定变量。当用户输入 1234 时,如果没有定义%1d 来限定读取域宽,则当按回车键时,1234 被当做一个整数赋值给变量 a,程序等待用户继续输入其他变量。再次执行程序,输入过程中,由于程序每次读入仍然是一个十进制数,虽然输入中包含空格,但其并非有效整数,程序仍然按照整数出现的顺序,每次读取一个整数赋值给指定变量。因此,两次不同的输入均能获得满足逆序输出要求的输出格式。在实际编程中,第一种解决方式并不常用。由于用户对程序编写未知,可能输入情况很多,会造成程序运行的不可控,通常,采取另一种方式处理该问题。

解法 2
```
#include<stdio.h>
void main()
{ int n,a,b,c,d;
  scanf("%d",&n);              /* 输入整数 */
  a=n/1000;                    /* 取得千位数字 */
  b=n%1000/100;                /* 取得百位数字 */
  c=n%100/10;                  /* 取得十位数字 */
  d=n%10;                      /* 取得个位数字 */
  n=d*1000+c*100+b*10+a;       /* 重新组合成一个新的 4 位数 */
  printf("\n%04d",n);          /* 输出结果,不足 4 位前置 0 */
}
```

执行程序,输入:

1234 ↙

输出:

4321

再次执行程序,输入:

2500↙

输出:

0052

说明 第二种解法是采用整数的基本法则,即任何一个四位正整数可被分解为 a∗1000+b∗100+c∗10+d 的形式。程序运行时,首先一次性获取用户输入的四位数,并根据上述规则,对不同整数位采取取模运算,获取不同进位上的数字,然后重复利用该规则,最高位放置在个位,次高位放置在十位数,其他位依此类推。最后,通过左补 0 的形式,满足逆序输入要求。

例 3.11 输入一个大写字母,输出其对应的小写字母。

```
#include <stdio.h>
void main()
{ char n;
    n=getchar();
    n=n-32
    putchar(n);
}
```

执行程序,输入:

A↙

输出:

a

说明 字符型数据和整型数据可以混合运算。一个字符其实就是一个整数,在数值上等于它的 ASCII 码,而一个大写字母的 ASCII 码和其对应的小写字母的 ASCII 码总是相差 32。输入一个字母后,则输出它加上 32 后的值,即将大写字母转换成小写字母后输出。

习　题

一、选择题

1. 若有定义语句 int a=3, b=2, c=1;,以下选项中错误的赋值表达式是(　　)。
   A. a=(b=4)=3　　　　　　　　B. a=b=c+1
   C. a=(b=4)+3　　　　　　　　D. a=b+(a=b=4)

2. 有以下程序:
```
#include<stdio.h>
void main()
{ int n;
    n=6*4,n+6),n*2;
    printf("n=%d\n",n);
}
```

此程序的输出结果是(　　)。
　　A. 30　　　　B. 24　　　　C. 60　　　　D. 48
3. 设有定义:long x=-123456L,则以下能够正确输出变量 x 值的语句是(　　)。
　　A. printf("x=%d\n",x)　　　　B. printf("x=%ld\n",x)
　　C. printf("x=%8dl\n",x)　　　D. printf("x=%LD\n",x);
4. 下列程序执行后的输出结果是(　　)。
　　A. G　　　　B. H　　　　C. I　　　　D. J
```
#include<stdio.h>
void main()
{  int x='f';
   printf("%c \n",'A'+(x-'a'+1));
}
```
5. 若变量已正确说明为 float 类型,要通过语句 scanf("%f%f%f",&a,&b,&c);给 a 赋予 10.0,b 赋予 22.0,c 赋予 33.0,不正确的输入形式是(　　)。
　　A. 10<回车>22<回车> 33<回车>　　B. 10.0,22.0,33.0<回车>
　　C. 10.0<回车>22.0　33.0<回车>　　D. 10　22<回车> 33<回车>

二、填空题

1. 通常,一个完整的 c 程序通常由 3 个层次组成,包括:源文件、函数和＿＿＿＿。
2. C 语言中语句可分为＿＿＿、＿＿＿、＿＿＿、＿＿＿、＿＿＿、＿＿＿等 6 类。
3. 在 C 语言中,引入标准输入输出预处理指令的是＿＿＿＿。
4. C 语言语句,printf("%4d",34567);的输出结果是＿＿＿＿。
5. C 语言语句,printf("%5.2f",a);输出变量 a 的小数位数为＿＿＿＿,整数位数为＿＿＿＿。

三、阅读程序,写出运行结果

1.
```
#include <stdio.h>
void main()
{  int x=023;
   printf("%d\n",--x);
}
```
输出结果是＿＿＿＿。

2. 若 x 和 y 都是 int 型变量,x=100,y=200,且有下面的程序段:
printf("%d",(x,y));
输出结果是＿＿＿＿。

3. int a=110,b=017;
printf("%x,%d\n",a++,++b);
输出结果是＿＿＿＿。

四、程序填空

1. 用 scanf 函数输入数据，使得 x = 1.23, y = 67.1234。
```
#include <stdio.h>
#include <math.h>
void main( )
{ double x,y,z;
    scanf("_____",_____);
    z=2*x+y/sin(3.1415/4);
    printf("z=%6.2f",z);
}
```

2.
```
#include _____
void main( )
{ int str;
    _____=getchar( );
    putchar(str);
}
```

五、编写程序

1. 用下面的 scanf 函数输入数据，使 a = 10, b = 20, c1 = 'A', c2 = 'a', x = 1.5, y = −3.75, z = 67.8，请问在键盘上如何输入数据？
scanf("%5d%5d%c%c%f%f%*f,%f", &a, &b, &c1, &c2, &x, &y, &z);

2. 编写程序，输入一个正整数，分别输出它的八进制和十六进制数形式。

3. 编写程序，用 getchar 函数读入两个字符给 c1 和 c2，然后分别用 putchar 函数和 printf 函数输出这两个字符。思考以下问题：

(1) 变量 c1 和 c2 应定义为字符型或整型？或两者皆可？

(2) 要求输出 c1 和 c2 值的 ASCII 码，应如何处理？用 putchar 函数还是 printf 函数？

(3) 整型变量与字符变量是否在任何情况下都可以互相代替？如：

char c1, c2; 与 int c1, c2; 是否无条件地等价？

第 4 章

选择结构程序设计

4.1 选择结构

前面讲述了顺序结构程序设计方法,使用顺序结构解决了一些问题,但是在现实生活中还需要对一些问题作出选择判断,这将要使用选择结构。例如,输入一个学生的成绩,如果成绩大于等于 60 分,则输出"及格",如果小于 60 分,则输出"不及格"。

上例的问题,首先需要做出判断。成绩和 60 这个数的比较,采用前面所学的关系表达式可以表示为 score>=60,如果表达式的值为真,执行 printf("及格");如果表达式的值为假,执行 printf("不及格")。由此可知选择结构是根据表达式的值(真或假),选择执行不同的操作。

本例程序部分代码如下:
```
if(score>=60)
    printf("及格");
else
    printf("不及格");
```

4.2 选择结构的实现方法

4.2.1 单分支

例 4.1 输入两个整数,在存入变量 x 和 y 中,若 x<y,则交换变量的两个值。

假设本题中 x 的值是 5,y 的值是 10,x<y 的值为真,执行{t=x; x=y; y=t;}实现交换。本题中根据表达式的结果值,只有一种选择,这种方式则称为单分支。程序代码如下:
```
#include <stdio.h>
void main()
{int x,y,t;
  scanf("%d%d",&x,&y);
  if(x<y)
  { t=x; x=y; y=t;
  }
  printf("%4d%4d",x,y);
```

}

由上面的程序可知,单分支 if 选择结构的一般形式为:
if(表达式)
　　分支语句;
功能说明:
如果表达式的值为真(非 0),那么就执行"分支语句",否则不执行。分支语句必须是一条语句,如果分支语句中有多于一条语句要执行时,则必须使用"{"和"}"把这些语句括在一起构成一条复合语句,如上例的 x 和 y 的交换由 t=x; x=y; y=t;3 条语句组成,则要用{t=x; x=y; y=t;}语句实现(单分支 if 语句的流程图如图 4.1 所示)。下面是分支语句中只包含一条语句的单分支选择结构。
　　if(x<0)　　x=(-x);

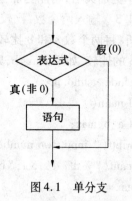

图 4.1　单分支

4.2.2　双分支

例 4.2　输入一个整数,存入变量 x 中,输出它的绝对值。

分析　首先判断 x 的值,如果 x 的值是正数和 0 则直接输出(分支 1),如果是负数,则输出-x(分支 2)。根据表达式的值作选择,选择的分支有两个,则称为双分支。

程序代码实现如下:
```
#include <stdio.h>
void main()
{int x;
    scanf("%d",&x);
    if(x>=0)
        printf("%d\n",x);
    else
        printf("%d\n",-x);
}
```

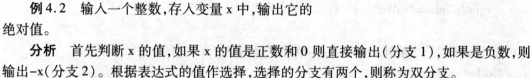

图 4.2　双分支

由上例可知,双分支 if 选择结构的一般形式为:
if(表达式)
　　语句 1;
else
　　语句 2;

说明　如果表达式的值为真(非 0),则执行分支语句 1;否则执行分支语句 2。双分支 if 语句的流程图如图 4.2 所示。

例如:下面的语句

```
if(x>=y) { x++; y--; }
    else  { x--; y++; }
```
请分析以上两个 if 语句的功能及执行过程。

通过对单分支选择结构和双分支选择结构语法功能的了解,可以看出,应用选择结构可以使程序更加灵活,功能更加强大。下面看几个程序。

例 4.3 输入两个数,比较两个数的大小,并把大的输出。

分析:将两个数 a 和 b 比较,先把一个变量 a 赋值给 max,那么 a 和 b 的比较就变成了 max 和 b 的比较,如果 max<b,则 max=b,显然可用单分支选择来完成。

```
#include <stdio.h>
void main()
{ int a,b,max;
  printf(" input two numbers: ");
  scanf("%d%d",&a,&b);
  max=a;
  if (max<b)
    max=b;                        /* 比较 a,b 的大小,并把大值赋给 max */
  printf("max=%d\n",max);
}
```

以上采用的是用单分支来完成,本例还可以用双分支来实现,程序如下:

```
#include <stdio.h>
void main()
{ int a,b;
  printf("input two numbers:");
  scanf("%d%d",&a,&b);
  if(a>b)
    printf("max=%d\n",a);
  else
    printf("max=%d\n",b);
}
```

例 4.4 输入一个年份,判断其是否是闰年。

分析 闰年的年份可以被 4 整除而不能被 100 整除,或者能被 400 整除。以上可用表达式 year%4==0&&year%100!=0)||year%400==0,如果表达式的值为真,则为闰年,否则就不是闰年,采用双分支选择结构来完成。

```
#include <stdio.h>
void main(){
  int year;
  int result;
  printf("请输入所要验证的年份:");
  scanf("%d",&year);
```

```
result = ( year%4 = = 0&&year%100！ =0)||year%400 = = 0;
if( result )
    printf("%d 是闰年",year);
else
    printf("%d 不是闰年", year);
}
```

例 4.5 编程计算车站托运行李时的费用。行李重<=15 千克时,每千克收费 1.5 元;行李重>15 千克时,每增加 1 千克收费 3.0 元。

分析 此问题分为两种情况:行李重 x<=15,收费 y = 1.5 * x;行李重 x>15,收费 y = 1.5 * 15+3.0 * (x−15)。

```
#include <stdio.h>
void main( )
{ float   x,y;
    printf("请输入行李重:");
    scanf("%f",&x);
    if( x>15)
        y=1.5 * 15+3.0 * (x−15);
    else
        y=1.5 * x;
    printf(" \n 行李重为%f 收费:%f ",x,y);
}
```

注意 (1)采用 if 语句比较浮点数值时,要避免使用"= ="或"！ ="运算符,因为无论是 float 还是 double 类型的数据,都有一定的精度,很难有完全相同的两个浮点数,应该设法转化成">="或"<="的形式。假设要判断 double 类型的变量 x 的值是否为 0,可以将 if(x= =0.0)改写为 if(abs(x)<=0.00001)的形式,即判断 x 是否落在一个接近 0 的区间。

(2)真值问题:if 后的表达式值为非 0 即为真。例如:
```
int value  = 80;
if( value )
    printf("ok!")
```
上面 if 语句的含义是如果变量 value 值非 0,则显示输出 ok!,否则跳过输出语句。

(3)体会关系运算符"= ="和赋值运算符"="两者的区别。例如:
```
int x;
scanf("%d",&x);
if( x = 100)
    printf("恭喜你! 满分!");
```
无论 x 赋值为多少,程序运行的结果永远为"恭喜你! 满分!"。因为 x = 100 不是判断 x 是否为 100,而是将 100 赋值给 x,这个表达式的值始终为真,因此无论 x 值为多少,总执行这条输出语句。所以在作判断相等的时候一定要注意两者的区别。

4.2.3 多分支

1. 用 if 语句实现多分支

if 语句一般用于两个分支的情况。当需要作出多次选择判断时,要用多分支选择,可采用 if-else-if 语句,其一般形式为:

if(表达式 1)
　　语句 1;
else　if(表达式 2)
　　语句 2;
else　if(表达式 3)
　　语句 3;
…
else　if(表达式 m)
　　语句 m;
else
　　语句 n;

其语义是:依次判断表达式的值,当某个值为真时,则执行其对应的语句,然后跳到整个 if 语句之外继续执行程序。如果所有的表达式均为假,则执行"语句 n",然后继续执行后续程序。if-else-if 语句的执行过程如图 4.7 所示。

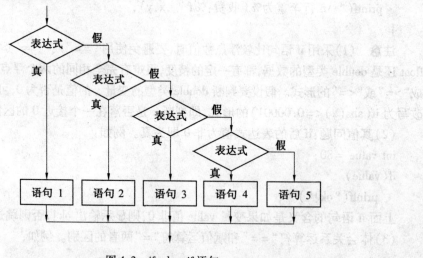

图 4.3　if-else-if 语句

例 4.6　设计一个程序,将百分制的考试分数转化为 A、B、C、D、E 五级计分。转换规则如下:

score>=90　　A
90>score<=80　B
80>score>=70　C
70>score>=60　D
score <60　　E

分析 本题需要就分数是否大于等于 90,80,70 等作出多次判断。解决这个问题的关键是多分支,它有 5 个分支,采用 if-else-if 结构来完成。

```c
#include<tdio.h>
void main()
{ int score;
  printf("input a integer:");
  scanf("%d",&score);
  if(score>=90)
    printf("A\n");
  else if(score>=80)
    printf("B\n");
  else if(score>=70)
    printf("C\n");
  else if(score>=60)
    printf("D\n");
  else
    printf("E\n");
}
```

分析程序的执行过程:当把 98 赋值给 score,首先判断关系表达式 score>=90,表达式的值为真,执行其后的语句 printf("A\n");跳出整个 if-else-if 结构。

例 4.7 随机输入一个字符,判断其是大/小写字母、数字、控制字符还是其他字符。

分析 根据题意可知,输入的字符分 5 种情况,可采用多分支结构来完成。

```c
#include<stdio.h>
void main()
{ char c;
  printf("input a character:    ");
  c=getchar();
  if(c<=32)
    printf("This is a control character\n");
  else if(c>='0'&&c<='9')
    printf("This is a digit\n");
  else if(c>='A'&&c<='Z')
    printf("This is a capital letter\n");
  else if(c>='a'&&c<='z')
    printf("This is a small letter\n");
  else
    printf("This is an other character\n");
}
```

2. 使用 switch 语句实现多分支

C 语言还提供了另一种用于多分支选择的 switch 语句,其一般形式为:
switch(表达式){
case 常量表达式 1: 语句 1;
case 常量表达式 2: 语句 2;
…
case 常量表达式 n: 语句 n;
    default   : 语句 n+1;
}

其语义是:计算表达式的值,并逐个与其后的常量表达式值相比较,当表达式的值与某个常量表达式的值相等时,即执行其后的语句,然后不再进行判断,继续执行后面所有 case 后的语句。如表达式的值与所有 case 后的常量表达式均不相同时,则执行 default 后的语句。根据程序的执行过程,要想程序只执行某个分支后面的语句,需要联合使用 break 语句,使程序执行完相应的语句后强行退出。

例 4.8 从键盘输入一个星期的某一天对应的数字:7 对应星期天,1 对应星期一,…,6 对应星期六,然后输出其相应的中文名字。

分析 这是一个典型的 switch 语句的应用,根据输入的值分成 7 种情况分别处理。程序如下:

```
#include<stdio.h>
void main()
{ int a;                    /*定义变量 a*/
  printf("input integer number: ");
  scanf("%d",&a);
  switch (a)
  { case 1:printf("Monday\n");
    case 2:printf("Tuesday\n");
    case 3:printf("Wednesday\n");
    case 4:printf("Thursday\n");
    case 5:printf("Friday\n");;
    case 6:printf("Saturday\n");;
    case 7:printf("Sunday\n");
    default:printf("error\n");
  }
}
```

运行程序发现,输出结果与设计的结果并不一致,如希望程序执行完某个输出语句后就退出 switch,所以需要强行退出 switch 结构。修改程序如下:

```
#include<stdio.h>
void main()
{ int a;                              /*定义变量 a*/
```

```
    printf("input integer number: ");
    scanf("%d",&a);
    switch(a)
    {
       case 1:printf("Monday\n");break;
       case 2:printf("Tuesday\n"); break;
       case 3:printf("Wednesday\n");break;
       case 4:printf("Thursday\n");break;
       case 5:printf("Friday\n");break;
       case 6:printf("Saturday\n");break;
       case 7:printf("Sunday\n");break;
       default:printf("error\n");
    }
}
```

例4.9 例4.6的多分支结构采用switch语句来完成。

分析 初学者首先会把分数分成5个分支,于是把switch写成如下的形式:

```
switch(score){
    case score>=90: printf("A\n");
    case score>=80: printf("B\n");
    case score>=70: printf("CA\n");
    case score>=60: printf("D\n");
    default: printf("E\n");
}
```

这个switch语句中,case后应为常量表达式,而此程序case后包含了变量。要解决这个问题,switch后的表达式需要改变。根据问题的转换规则,发现分数的档次是和分数的十位数百位数有关。十位数为9或百位数为1,则为A;十位数为8,则为B;十位数为7,则为C;十位数为6,则为D;十位数小于6,则为E。因此只要去掉分数的个位就可以,根据以前所学的整数的除法,使用score/10,就可以得到所要的结果。程序代码如下:

```
#include<stdio.h>
void main()
{  int score;
   printf("input a integer:");
   scanf("%d",&score);
   switch(score/10){
      case 10:
      case 9:   printf("A\n");break;
      case 8:   printf("B\n");break;
      case 7:   printf("C\n");break;
      case 6:   printf("D\n");break;
```

```
        default: printf("E\n");
    }
}
```

例 4.10 编写程序,计算下面分段函数的函数值。

$$y = \begin{cases} x & 0 \leq x < 10 \\ 2x+1 & 10 \leq x < 20 \\ 41 & 20 \leq x < 30 \\ 71-x & 30 \leq x < 40 \\ 0 & x < 0 \text{ 或 } x \geq 40 \end{cases}$$

分析 这是一个典型的选择结构,一共有 5 种情况,即 5 个分支,可以采用多分支结构来完成。

```
#include<stdio.h>
void main()
{ int  x;
  scanf("%d",&x);
  switch(x/10)
    { case  0: printf("y=%d\n", x);      break;
      case  1: printf("y=%d\n", 2*x+1);  break;
      case  2: printf("y=41\n");         break;
      case  3: printf("y=%d\n", 71-x);   break;
      default: printf("y=0\n");
    }
}
```

使用 switch 语句注意如下问题:

(1) switch 后表达式的值只能是整型、字符型、枚举型等离散类型。每个 case 后面的常量表达式类型应与 switch 后括号内表达式类型一致。

(2) csae 后面的常量表达式不能用一个区间表示,也不能出现任何运算符。

例:csae 90<=score<=100:语句;
　　case 90~100:语句;

(3) 各 case 和 default 子句的先后顺序可随意。从执行效率的角度出发,通常将发生频率较高的情况放在前面。default 子句可以省略。

(4) 每个 case 分支可以有多条语句,但不必用{ }括起来。

(5) 每个 case 语句只是一个入口标号,并不能确定执行的终止点,因此每个 case 分支的最后应该加 break 语句,用来结束整个 switch 结构,否则会从入口点开始一直执行到 switch 结构的结束点。

(6) 当若干个分支要执行相同操作时,可以使用多个 case 分支共用一组语句。

(7) 常量表达式仅起一个语句标号作用。

(8) switch 语句和 break 语句配合才能构成真正意义上的分支,break 语句的作用是跳出 switch 结构。

4.2.4 选择结构的嵌套

多分支结构除了可以采用 if-else-if 和 switch 形式外,也可以采用嵌套的选择结构,其一般形式可表示如下:
  if(表达式)
    if 语句;
或者为
  if(表达式)
    if 语句;
  else
    if 语句;

在嵌套内的 if 语句可能又是 if-else 型的,这将会出现多个 if 和多个 else 重叠的情况,这时要特别注意 if 和 else 的配对问题。

例如:
  if(表达式1)
    if(表达式2)
      语句1;
    else
      语句2;

其中的 else 究竟是与哪一个 if 配对呢?
应该理解为:
  if(表达式1)
    {if(表达式2)
      语句1;
    else
      语句2;}

还是应理解为:
  if(表达式1)
    {if(表达式2)
      语句1;}
  else
    语句2;

为了避免这种二义性,C 语言规定,else 总是与它前面的,最近的在统一的复合语句中的,且没有与其他的 else 匹配过的 if 配对,因此对上述例子应按前一种情况理解。

例 4.11 编写程序,实现下列函数的功能。

$$y = \begin{cases} 2x+1 & x<0 \\ 1 & x=0 \\ x/2 & x>0 \end{cases}$$

分析 本题需要对 x 的值进行判断,有 3 种可能,即 x<0,x=0,x>0,应该采用多分支结构来完成,本题采用嵌套的选择结构。

```c
#include<stdio.h>
void main()
{ int x;
    printf("input a integer:   ");
    scanf("%d",&x);
    if (x<0)
        printf("y=%d",2*x+1);
    else
        if(x==0)
        printf("y=%d",1);
    else
        printf("y=%d",x/2);
}
```

4.3 选择结构的分析与使用时的问题

1. 结构的分析与设计方法

首先根据题意,找出属于几路分支,如果是一路和二路分支,可以采用简单的 if-else 语句;如果是多路分支,要根据题的情况和多种多路分支的注意事项,选择合适的多路分支语句。

2. 在使用中需要注意的问题

if-else-if 和 switch 的比较:

(1) if-else-if 比 switch 的条件控制更强大一些;

(2) if-else-if 可以依照各种逻辑运算的结果进行流程控制;

(3) switch 只能进行==判断,并且只能是整数判断;

(4) switch 比 else-if 更清晰。

两者都要尽量避免用得过多、过长,尤其不要嵌套得太多。

每种语句的注意事项已在相应位置做了说明,这里需要补充的是,如果分支语句是两条及两条以上语句要采用复合语句,只有 swtich 结构除外。

如果是多路分支结构,尽量采用 if-else-if 和 switch 来实现,使程序更清晰。

习 题

一、选择题

1. 对 if 语句表达式的类型,下面描述正确的是(   )。

   A. 必须是关系表达式

   B. 必须是关系表达式或逻辑表达式

C. 必须是关系表达式或算术表达式

D. 可以是任意表达式

2. 以下错误的 if 语句是(　　)。

A. if (x>y) printf("%d",x);

B. if (x<y) printf("%d",y);

C. if (x==y) printf("%d",x)

D. if (x!=y) printf("%d",x);else (x==y) printf("%d",y);

3. 关于 switch 语句描述错误的是(　　)。

A. 分支的顺序可以随意写

B. 可以多个分支共用一个语句

C. swicth 语句后的表达式只能是算术表达式

D. 从 switch 语句中强行退出得用 break 语句

二、读程序写结果

试检验以下两个程序的运行结果,并说出异同。

1.
```
#include<stdio.h>
void main( ){
int x;
printf("input a integer：　");
scanf("%d",&x);
if(x==5)
   printf("x=%d",x);
}
```

2.
```
#include<stdio.h>
void main( )
{int a=20,b=30,c=40;
if(a>b) a=b=c,c=a;
printf("a=%d,b=%d,c=%d",a,b,c);
}
```

三、程序填空题

1. 下列程序接受从键盘输入两个整数及"+"、"-"运算符,将两个数进行加减运算,输出运算结果。

```
#include<stdio.h>
void mian( )
{char c;
scanf("%c",&c);
int a,b,result;
```

```
   scanf("%d%d",_____);
   switch(c){
      case _____: result=a+b;printf("%d",result);break;
      case '-': result=a-b;printf("%d",result);break;
   }
}
```

2. 某公司有若干职员,输入任意一个职员的信息并计算工资。从标准输入读入某职员的工作时间(以小时计)和每小时的工资。若职员工作时间超过40小时,则超过部分按原工资的1.5倍来计算。

```
#include<stdio.h>
void main()
{float n,m,s,rs;
   printf("输入工作小时:");
   scanf("%d",&n);
   printf"输入每小时工资:");
   scanf("%d",&m);
   if(n>40)
        s=40*m+_____;
   else
        s=_____;
   printf("工资总数:%d",s);
}
```

四、程序改错

1. 从键盘输入三角形的三边长,判断出这三边能否构成三角形。找出程序的错误并改正。

```
#include<stdio.h>
void main()
{int a,b,c;
   scanf("%d",&a);
   scanf("%d",&b);
   scanf("%d",&c);
   if ((a+b>c)&& (a+c)>b)|| (b+c)>a )
       printf("这三边能构成三角形!");
   else
       printf("这三边不能构成三角形!");
}
```

2. 从键盘输入2个整数,求出最大值。找出程序的错误并改正。
```
#include<stdio.h>
void main()
```

```
{int a,b;
  scanf("%d",&a);
  scanf("%d",&b);
  if (a<b)
    temp=a;
  else
    temp=b;
  printf("这2个整数最大值为%d",temp);
}
```

五、编程题

1. 编写程序,实现下列函数的功能:

$$y = \begin{cases} 0 & (x=0) \\ 2x+20 & (x>0) \\ 3x & (x<0) \end{cases}$$

2. 编写一个简单的显示菜单功能的程序,运行时显示:MENU: A D S Q,select one: 提示用户输入:A 代表增加,D 表示删除,S 表示排序,Q 表示退出,输入为 A,D,S 时分别提示"数据已经增加,删除,排序",输入 Q 时程序结束。

3. 编写一个程序,键盘输入一个年和月份,显示输出该月的天数。

第 5 章

循环结构程序设计

5.1 循环结构

第 4 章编程实现了判断某一年是否为闰年,这个程序先输入年份,然后判断,最后输出。从整体来说,语句的数量较少。但是当需要把 1000 年至 2000 年之间所有的闰年都输出的时候,就需要反复把这段代码执行 1 000 遍。需要重复执行一些语句可以使用循环结构。C 提供了 3 种循环结构:for 循环、while 循环和 do-while 循环。

例 5.1 计算 1+2+3+…+100 的和。

利用以前的知识可以设定一个中间变量 int sum =0;让它作为累加器,存放每一项与累加器相加的和。即

sum = sum+1;

sum = sum+2;

⋮

sum = sum+100;

程序执行到 sum = sum+100 时,sum 的值为前 100 个数的和。转化一下思想,把 1, 2,…,100 看成变量 n(n 依次为 1,2,…,100),这样以上语句变成了 sum = sum+n;n++;这样两条语句,这两条语句重复执行直到 n=101 时截止,恰为以上的 100 条语句,这样把它转化成了本章要讲的循环结构。具体代码如下:

```
#include<stdio.h>
void main( )
{int i,sum=0;
   for(i=1;i<=100;i++){
   sum=sum+i;
}
printf("%d\n",sum);
}
```

5.2 循环结构实现方法

5.2.1 for 循环语句

由上例分析可知,for 循环的一般形式为:

for(表达式1;表达式2;表达式3)
　　语句

它的执行过程如下:

(1)先求解表达式1。

(2)求解表达式2,若其值为真(非0),则执行for语句中指定的内嵌语句,然后执行第(3)步;若其值为假(0),则结束循环,转到第(5)步。

(3)求解表达式3。

(4)转回第(2)步继续执行。

(5)循环结束,执行for语句下面的语句。

其执行过程如图5.1所示。

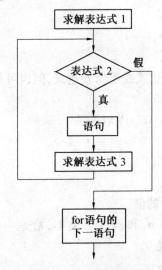

图5.1　for语句执行流程

for语句最简单的应用形式也是最容易理解的形式如下:

　　for(循环变量赋初值;循环条件;循环变量增量)
　　　　语句

循环变量赋初值总是一个赋值表达式,用来给循环控制变量赋初值;循环条件是一个表达式,决定什么时候退出循环;循环变量增量,定义循环控制变量每循环一次后按什么方式变化。这三个部分之间用";"间隔。

注意　(1)for循环中的"表达式1(循环变量赋初值)"、"表达式2(循环条件)"和"表达式3(循环变量增量)"都是可选项,即可以省略,但";"不能省略。

(2)省略"表达式1(循环变量赋初值)",表示不对循环控制变量赋初值。

(3)省略"表达式2(循环条件)",无条件执行循环体,若循环体中不作其他处理时便成为死循环。

例如:

　　for(i=1;;i++) sum=sum+i;

(4)省略"表达式3(循环变量增量)",则不对循环控制变量进行操作,这时可在语句体中加入修改循环控制变量的语句。

例如：
```
for(i=1;i<=100;)
{sum=sum+i;
  i++;}
```

(5) 3 个表达式都可以省略。例如：
```
for(;;)
    语句
```

(6) 表达式 1 和表达式 3 可以是一个简单表达式，也可以是逗号表达式。例如：
```
for(sum=0,i=1;i<=100;i++)
    sum=sum+i;
```
或
```
for(i=0,j=100;i<=100;i++,j--)
    k=i+j;
```

(7) 表达式 2 一般是关系表达式或逻辑表达式，但也可是数值表达式或字符表达式，只要其值非零，就执行循环体。例如：
```
for(i=0;(c=getchar())!='\n';i+=c);
```
又如：
```
for(;(c=getchar())!='\n';)
    printf("%c",c);
```

例 5.2 编写程序，计算 n! 的值。

分析 n! = 1*2*3*…*n，和例 5.1 类似，恰是一个累乘的问题，设一个累乘器 mul=1，注意初值一定为 1 而不是 0。

```c
#include<stdio.h>
void main()
{ int i,n,mul=1;
  scanf("%d", &n);
  for(i=1;i<=n;i++){
    mul=mul*i;                      /*实现累乘*/
  }
  printf("%d\n",mul);
}
```

例 5.3 Fibonacci 数列的递推公式如下：

$$fib(n) = \begin{cases} 1 & n=1 \\ 1 & n=2 \\ fib(n-1)+fib(n-2) & n>2 \end{cases}$$

编写程序，输出该数列的前 24 项。

分析 由这个数列的递推公式可知，已知数列的前两项，可得后一项，直到求第 24 项，可以采用循环结构来完成。

```c
#include<stdio.h>
```

```
void main( )
{ long int f1,f2;
   int i;
   f1=1; f2=1;
   printf("%ld,%ld", f1, f2);
   for(i=1;i<=12;i++)
   { printf(",%ld,%ld ", f1,f2);
     f1=f1+f2;
     f2 =f2+f1;
   }
}
```

例5.4 输入一个整数,求出它所有的因子。

分析 求一个整数 n 的所有因子,可以对[1,n]所有整数进行判断,凡是能够整除 n 的均为 n 的因子。这是一个已知循环次数的循环,可以采用 for 语句。

```
#include<stdio.h>
void main( )
{ int n,k;
   printf("Enter a positive ingeger:");
   scanf("%d",&n);
   printf("Number %d Factors ",n);
   for(k=1;k<=n;k++)
   { if(n%k==0)
      printf("%d ",k);
   }
}
```

5.2.2 while 循环

while 循环也称当型循环,语句的一般形式为:
　　while(表达式)
　　　循环体语句

其中表达式是循环条件,语句为循环体,可以是一条语句,也可以是复合语句。其流程图如图 5.2 所示。

while 语句执行过程为:先求解表达式,如果表达式的值非 0,则执行循环体语句;否则退出循环,而执行循环语句后面的语句。也就是说,当循环条件为真时反复执行循环体。

例 5.5 使用 while 语句计算 s=1+2+3+…+100 的和。

分析 本题是一个累加算法,累加是一个循环过程。

```
#include<stdio.h>
void main( )
{ int i=1,sum=0;
```

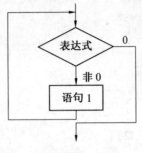

图 5.2 while 循环

```
while(i<=100)
{ sum=sum+i;
  i++;
}
printf("%d\n",sum);
}
```

注意 (1)循环体无论是几条语句,最好用大括号括起来,这是一个很好的编程习惯。当循环体是一条语句时,花括号是不需要的,但为了你的好习惯,可以保留。

(2)循环体当中一定要有一个使循环趋向于结束的语句,否则死循环。如上面的程序循环体只有 sum=sum+i;那么 i 的值永远为 1,表达式"i<=100"的值永远为真,循环永远执行。

上例中程序部分代码改为如下:
```
while(i<=100);
{sum=sum+i;
  i++;
}
```
也就是在判断表达式后加了分号,代表循环体为空,这也是一个死循环。

(3)尽量不要写一些晦涩难懂的语句。
```
int i=1,sum=0;
while(i++<=100)
{sum=sum+i;
}
printf("%d\n",sum);
```
表达式综合了后置的"++"和比较,先判断 i 是否小于等于 100,但无论是否成立,i 都要自增 1。你知道本程序的输出结果么?

例 5.6 输入一个整数,将各位数字反转后输出。例如,若输出为 567,输出为 765。

分析 将一个整数反转后输出,即先输出个位,然后十位、百位等。可以采用不断除以 10 取余数的方法,直到商数等于 0 为止。每次输出的余数即为所要求的。从上可以看出这是一个循环结构的问题,因此可以使用 while 循环来完成。

```
#include<stdio.h>
void main()
```

```
{int n,remainder;
    printf("Enter the number:");
    scanf("%d",&n);
    printf("The number in reverse order is:");
    while(n!=0)
    { remainder=n%10;
        printf("%d",remainder);
        n/=10;
    }
}
```

5.2.3 do-wile 循环

do-while 循环,语句的一般形式为:
  do
    循环体语句;
  while(表达式);

这个循环与 while 循环的不同在于:它先执行循环中的语句,然后再判断表达式是否为真。如果为真则继续循环;如果为假,则终止循环。因此,do-while 循环至少要执行一次循环语句。其执行过程如图 5.3 所示。

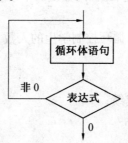

图 5.3 do-while 语句执行流程

例 5.7 使用 do-while 计算 s=1+2+3+…+100 的和。
```
#include<stdio.h>
void main()
{int i,sum=0;
    i=1;
    do
    { sum=sum+i;
        i++;
    }while(i<=100);
    printf("%d\n",sum);
}
```
例 5.8 执行下面的程序,比较 while 和 do-while 循环的区别。

```
#include <stdio.h>
void main( )
{ int x = 1;
    while(x<0)
        printf("%d\n",x);
}
#include"stdio.h"
void main( )
{ int x = 1;
    do{ printf("%d\n",x);
    }while(x<0);
}
```

注意 do-while 循环必须在表达式圆括号的后面加分号。

5.2.4 嵌套的循环

在一个循环中包含着其他的循环称为嵌套循环。嵌套循环包含着一个外层循环和一个或多个内层循环。每次外层循环执行时,都会再次进入内层循环,执行内层循环的相关操作。

例5.9 从键盘输入学生的数量、课程门数及每个学生每门课程的分数,计算每个学生的平均分和全班的总平均分。

分析 采用双重循环结构,外层循环控制学生的人数,内层循环控制课程门数。

内层循环伪代码如下:

```
for( int j=1;j<=课程门数;j++)
{输入当前学生的该门课程的成绩;
    成绩累加;
}
```

外循环:

```
for( int i=1;i<=学生人数;i++)
{调用内循环;
    计算第i个学生的平均分;
    累加当前学生的平均分;
}
```

细化代码如下:

```
#include<stdio.h>
void main( )
{int nStudents,nTests;            /*分别存放学生人数和课程门数*/
    double aver,score,subTotal,total = 0;  /*subTotal 保存每个学生的总成绩,total 总平均分*/
    printf("请输入学生的个数:");
```

```
    scanf("%d",&nStudents);
    printf("请输入学生的课程门数:");
    scanf("%d",&nTests);
    for(int i=1;i<=nStudents;i++)
    { subTotal=0;
        for(int j=1;j<=nTests;j++){
        printf("请输入第%d个学生的第%d门成绩\n",i,j);
        scanf("%d",&score);         /*输入第i个学生的第j门成绩*/
        subTotal=subTotal+score;
        }
        aver=subTotal/nTests;
        total=total+aver;
        printf("平均分%d\n",aver);
    }
    printf("全班平均分%d",total/nStudents);
}
```

例5.10 用嵌套 for 循环完成乘法九九表。

分析 九九表是一个9行9列的二维表,外层循环代表行,内层循环代表列。

```
#include<stdio.h>
void main()
{int line=9;
 int i,j;
 for(i=1;i<=line;i++){
 for(j=1;j<=i;j++)
    printf("%d*%d=%2d ",j,i,i*j);
 printf("\n");
 }
}
```

例5.11 输出杨辉三角形。

分析 找出图5.4的规律。每个位置的值为上一行上一列对应位置的值加上本列上一行的值(每行的第一个值和最后一个值除外),每一行的第一个值都为1。很显然这是一个嵌套的 for 循环。

```
#include<stdio.h>
voidmain()
{int  n, i, j, k, i1, j1, k1;
    printf("输入输出的行数:");
    scanf("%d",&n);
    for(i=0;  i<n;  i++)
    {for(j=0; j<=i; j++)
```

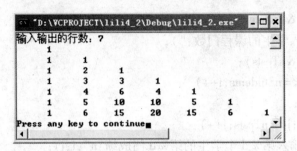

图 5.4 例 5.11 的运行结果

```
    { i1=j1=1;
      for(k=j+1; k<=i; k++)
        i1 *= k;
      for(k=1; k<=i-j; k++)
        j1 *= k;
      printf("%7d",i1/j1);   }
    printf("\n");   }
}
```

使用多层循环应注意:
(1) 内层循环必须完全包含在外层循环中,不得交叉。
(2) 并列循环可以使用相同的循环变量,而嵌套时,内、外循环不能使用相同的循环变量。

5.2.5 几种循环结构的比较及使用中注意的问题

(1) 三种循环都可以用来处理同一个问题,一般可以互相代替,但 do-while 最不常用。
for 语句可由 while 语句替换。
  for(表达式1;表达式2;表达式3)语句
等价于:表达式1;
   while(表达式2)
    {语句;
    表达式3;
    }

(2) while 和 do-while 循环,循环体中应包含使循环趋于结束的语句。for 语句使用最灵活。

(3) for 循环可在表达式3中包含使循环趋于结束的操作(修改循环变量),甚至可将循环体全部放入表达式3中。用 for 语句可以实现的 while 也可以实现!

(4) while 和 do-while 语句的循环初始化应在 while 和 do-while 语句前完成;for 循环的循环初始化可以在表达式1中实现。

例 5.1 的程序,原语句如下:
int i,sum=0
for(i=1;i<=100;i++)

　　　　sum=sum+i;
可改为
for(int i=1,sum=0;i<=100;i++)
　　　　sum=sum+i;

(5) 在 for 和 while 语句之后一般没有分号,有分号表示循环体,就是分号之前的内容(空循环体)。例如:
while (i < 100);
i++;
for (i = 0; i < 100; i++);
　　printf("%d", i);

(6) 三种循环结构的使用习惯。
如果循环次数已知,用 for 循环;
如果循环次数未知,用 while 循环;
如果循环体至少要执行一次,用 do-while 循环。

5.3　流程的转移语句

5.3.1　break 语句

break 语句只能用在 switch 和循环语句中,break 语句使得程序的流程跳出 switch 和循环语句。

当 break 语句用于 do-while、for、while 循环语句中时,可使程序终止循环而执行循环后面的语句。通常 break 语句总是与 if 语句连在一起,即满足条件时便跳出循环。

修改例 5.1 的程序,原语句如下:
int i,sum=0
for(i=1;i<=100;i++)
　　sum=sum+i;
采用 break 语句,可将 for 语句中的条件部分省略,改成如下代码:
for(i=1; ;i++){
　　if(i>100)
　　　　break;
　　sum=sum+i;
}
当 i=101 时,执行到 for 循环内部的 if 语句,由于满足 i>100 条件,将执行 break 语句,使程序的流程立即转到 for 语句的外面执行。

注意　在嵌套循环中,break 语句只能终止它所在的内层循环,对外层循环不起作用。

5.3.2　continue 语句

continue 语句的作用是跳过循环体中剩余的语句而强行执行下一次循环,continue 语句只用在 for、while、do-while 等循环体中,常与 if 语句一起使用,用来加速循环。

例 5.12 把 100~200 之间不能被 3 整除的数输出。

分析 判断某一个数能不能被 3 整除,结果有两种:能整除和不能整除,采用双分支语句。但题意要求这个数的范围是 100~200,那就要重复进行判断,是一个循环的过程,可以采用 for 语句实现。

```
#include<stdio.h>
void main( )
{for( int i=100;i<=200;i++)
   {if(i%3==0)
      continue;
   printf(" %d",i);}
}
```

注意 (1)break 语句可用于 switch 语句结构中,也可用于循环中。
(2)continue 语句只可用于循环中。
(3)在循环嵌套中 break 与 continue 都只影响包含它的那层循环。
(4)break 和 continue 少用为妙。

5.3.3 应用程序举例

例 5.13 编程输出以下图形。

```
        *
       * *
      * * *
     * * * *
    * * * * *
```

分析 这与例 5.10 中的九九表有些相似,属于图形问题,可以采用嵌套 for 循环来完成:外层 for 循环代表的是行,循环体是输出一行的 * ,由于每行输出的 * 个数不同,但是有一定的关系,可以采用 for 循环来完成,即嵌套的 for 循环。从上面的分析可知行数为 5,外层循环的次数是 5 次,内层循环的次数和行数 i 有关,即 $2*i-1$。

```
#include<stdio.h>
void main( )
{ int i,j,k;
  for(i=1;i<=5;i++){
  for(k=1;k<=5-i;k++)          /*输出每行的空格*/
     printf(" ");
  for(j=1;j<=2*i-1;j++)        /*输出每行的内容*/
     printf(" * ");
     printf("\n");}
}
```

例 5.14 判断自然数 m 是否是素数。

分析 素数是只能被 1 和自身整除的数,因此可以用试探法判断素数。判断自然数 m

是否为素数,可以试探用[2,m-1]区间内的所有数去除 m,如果没有一个数可以整除 m,则 m 是素数,否则 m 不是素数。假设 a 可以除尽 m,定有 a*b=m,且 a 和 b 都在[2,m-1]范围内,是 m 的两个约数,假设 a 是两个约数中较小的一个则可推出 $(\sqrt{m})^2 = a*b \geq a^2 \geq 2^2$,可得 $\sqrt{m} \geq a \geq 2$。故可以得到结论:若整数 m 不是一个素数,那么在 $2 \sim \sqrt{m}$ 之间必有一个约数。

```c
#include<math.h>
#include <stdio.h>
void main()
{ int m,i,k;
  scanf("%d",&m);
  k=sqrt(m);
  for(i=2;i<=k;i++)
    if(m%i==0)   break;
  if(i>=k+1)
    printf("%d is a prime number\n",m);
  else
    printf("%d is not a prime number\n",m);
}
```

例 5.15 用 $\frac{\pi}{4} = 1 - \frac{1}{3} + \frac{1}{5} - \frac{1}{7} + \cdots$ 公式求 π。

分析 上述公式是一个具有符号变换的多项式的累加,累加问题可采用循环语句。若取前 n 项为 $\frac{\pi}{4}$ 的值,那么第 n+1 项的绝对值就是误差,若公式的第一项作为累加的初值,那么第二项就是误差,如果误差不小于 1e-6,则将该项累加起来,进而第 3 项、第 4 项……依次判断和 1e-6 的关系,直到累加到满足误差大于 1e-6 为止。

```c
#include<math.h>
#include <stdio.h>
void main()
{ int s;
  float n,t,pi;
  t=1,pi=0;n=1.0;s=1;
  while(fabs(t)>1e-6)
  { pi=pi+t;
    n=n+2;
    s=-s;
    t=s/n;
  }
  pi=pi*4;
  printf("pi=%10.6f\n",pi);
}
```

例5.16 求数值积分 $\int_a^b f(x)dx$。

分析 函数 f(x) 从 a 到 b 的积分即是 f(x) 在 x 轴上从 a 到 b 的投影所包围的面积。数学上求解积分的方法很多,这里采用梯形法。求解积分的步骤如下:

如图5.5所示,把曲线 f(x) 从 a 到 b 的积分近似看成求梯形的面积,当把区间[a,b]划分成 n 个等分,则其中每一个小梯形的高为 h=(b-a)/n,第一个梯形面积 s1=(f(a)+(f(a+h))h/2

依此类推

第2个梯形的面积 s2=(f(a+h)+f(a+2h))h/2

……

最后一个梯形的面积 sn=(f(a+(n-1)h)+f(b))h/2 函数 f(x) 积分可以近似看成 n 个小梯形面积的和。即

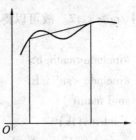

图5.5 函数的曲线图

s=(f(a)+2f(a+2h)+…+2f(a+(n-1)h)+f(b))h/2=
　(f(a)+f(b))h/2+(f(a+h)+f(a+2h)+…+
　f(a+(n-1)h))h

恰好可以用循环结构来完成。
部分代码如下:
h=(b-a)/n;
s=(f(a)+f(b))/2;
for(int i=1;i<n;i++)
s=s+f(a+i*h);
s=s*h;
求积分 $\int_0^1 \sin(x)dx$ 的代码如下:
```
#include <stdio.h>
#include<math.h>
void main( )
{ int   n, i;
  float  S, h, a, b;
  scanf("%f, %f, %d", &a, &b, &n);
  h=(b-a)/n;
  S=(sin(a)+sin(b))/2;
  for (i=1; i<n; ++i)
    S=S+sin(a+i*h);
  S=S*h;
  printf("S=%f\n", S);
}
```

例5.17 求两个数的最大公约数。

分析 对于 x 和 y,设 x=km,y=kn,其中 k 为最大公约数;当 x>y 时 x-y=(m-n)k,即 x-y 含与 y 相同的公约数;因此,计算 x 和 y 的公约数就相当于计算 y 与 x-y 的公约数,反复使用这个性质,使用 x-y 代替 x,直到 x 与 y 相等为止,这时 x 或 y 就是它们的最大公约数。

```c
#include <stdio.h>
void main( )
{int x,y;
   printf("请输入 x 和 y:");
   scanf("%d%d",&x,&y);
   while(x!=y){
   if(x>y)
     x=x-y;
   else if(y>x)
     y=y-x;
}
printf("最大公约数是%d\n",y);
}
```

5.4 常用算法

1. 枚举法

循环控制结构可以实现一种典型的解决问题的方法——枚举法。枚举法就是对可能解的众多候选者按某一种顺序逐一枚举和检验,从中找出符合要求的候选解作为问题的解。

例 5.18 百钱买百鸡的问题:雄鸡 7 元一只,母鸡 5 元一只,小鸡 1 元 3 只,如果雄鸡、母鸡和小鸡都必须有,则 100 元钱能各买多少只?

分析 问题的约束条件为:

cock+hen+chick=100

7*cock+5*hen+chick/3=100

cock>=1 hen>=1 chick>=1

chick%3=0

按照其中某一个或两个约束条件列出所有可能的情况,然后对每个可能解检查是否满足其他约束条件。

按 2、3 条件雄鸡数范围 1~13,同理可得母鸡数的范围 1~18,当雄鸡和母鸡数确定后,小鸡的数量 chick=(100-7*cock-5*hen)*3。

```c
#include <stdio.h>
void main( )
{int  cock,hen,chick;              /*分别表示雄鸡母鸡小鸡数*/
   for(cock=1;cock<=13;++cock)     /*每种可能雄鸡数*/
     for(hen=1;hen<18;++hen)       /*可能母鸡数*/
      {chick=3*(100-7*cock-5*hen); /*可能小鸡数*/
        if(cock+hen+chick == 100){
          printf("雄鸡%d,母鸡%d,小鸡%d\n",cock,hen,chick);
       }
```

上述程序也可采用单层的 for 循环来实现：

```c
#include <stdio.h>
void main( )
{ int x, y, n;
  long m=100;
  int z;
  for(x=0; x<=20; x++)
  {y=(100-7*x)/4;
    z=100-x-y;
    m=x+y+z;
    n=5*x+3*y+(int)(z/3);
    if(y>=0 && z>=0 && n==100)
      printf("%5d,%5d, %5d\n",x,y,z);
  }
}
```

例 5.19　编程输出所有水仙花数。

分析　所谓"水仙花数"是指一个三位数，其各位数字立方和等于该数本身。例如：$153=1^3+5^3+3^3$，153 是一个"水仙花"数。

```c
#include <stdio.h>
void main( )
{ int  a, b, c, d;
  for (a=1; a<=9; a++)              /*百位*/
    for (b=0; b<=9;b++)             /*十位*/
      for (c=0; c<=9; c++){         /*个位*/
        d=a*100+b*10+c;
        if (d==a*a*a+b*b*b+c*c*c)
          printf("%d\n",d);
      }
}
```

上述程序也可采用单层的 for 循环来实现：

```c
#include <stdio.h>
void main( )
{ int  l1, l2, l3, l4;
  for (l4=100; l4<=999; l4++)
  { l1=l4%10;                                    /*个位*/
    l2=(l4%100)/10;                              /*十位*/
    l3=l4/100;                                   /*百位*/
    if (l4==l1*l1*l1+l2*l2*l2+l3*l3*l3)
      printf("水仙花数是%d\n",l4);
```

    }
}

2. 贪婪法

贪婪法是一种不追求最优解,只追求较为满意解的方法。因为它省去了为找最优解而穷尽所有可能所需要的时间,所以贪婪法一般可以快速得到满意的解。贪婪法每一步都选取一个局部最优的策略,把问题规模缩小,最后把每一步的结果合并起来形成一个全局解。

求解的基本步骤:

(1)从某个初始解出发。

(2)采用迭代的过程,当可以向目标前进一步时,就根据局部最优策略,得到一个部分解,缩小问题规模。

(3)把所有解综合起来。

例 5.20 贪婪法求硬币找零。

假设硬币面值为 1 角、5 分、2 分、1 分,最少需要多少个硬币找出 K 分钱的零钱。

```c
#include <stdio.h>
void main()
{int money;
    int onefen=0,twofen=0,fivefen=0,onejiao=0;
    printf("输入需要找零的钱(分为单位):");
    scanf("%d",&money);              /*不断尝试每一种硬币*/
    while(money>=10){onejiao++;money-=10;}
    while(money>=5){fivefen++;money-=5;}
    while(money>=2){twofen++;money-=2;}
    while(money>=1){onefen++;money-=1;}
    printf("1角%d,5分%d,2分%d,1分%d",onejiao,fivefen,twofen,onefen);
}
```

习 题

一、单选题

1. 下述关于循环体的描述中,错误的是(   )。

    A. 循环体中可以出现 break 语句和 continue 语句

    B. 循环体中还可以出现循环语句

    C. 循环体中不能出现 if 语句

    D. 循环体中可以出现开关语句

2. 下列关于 do-while 语句叙述中,正确的是(   )。

    A. do-while 语句所构成的循环不能用其他语句构成的循环来代替

    B. do-while 语句所构成的循环可以用 break 语句跳出

    C. do-while 语句所构成的循环只有在 while 后面的表达式非零时才结束

    D. do-while 语句所构成的循环只有在 while 后面的表达式为零时才结束

3. 下述关于 break 语句的描述中,错误的是(   )。

A. break 语句可用于循环体内，它将退出该重循环
B. break 语句可用于 switch 语句中，它将退出 switch 语句
C. break 语句可用于 if 语句体内，它将退出 if 语句
D. break 语句在一个循环体内可以出现多次

二、读程序写结果

1.
```
#include <stdio.h>
void main( )
{ for( int i=0;i<26;i++)
    printf("%c", 'A'+i);
}
```

2.
```
#include <stdio.h>
void main( )
{ int a=1,b=1;
  for( ;a<=100;a++){
  if(b>=10)break;
  if(b%3==1){b=b+3; continue;}
}
printf("%d",a);
}
```

三、程序填空题

1. 用"辗转"相除法求两个数的最大公约数。
```
#include <stdio.h>
void main( )
{ int m,n,k;
  scanf("%d%d",&m,&n);
  k=_____;
  while(_____)
  {m=n;
    _____;
    k=_____;
  }
  printf("%d",n);
}
```

2. 求 1~100 的和。
```
#include<stdio.h>
void main( )
{ int i=1,s=_____;
  do
```

```
    { s = _____;
      i++;
    }while (i<=100);
    printf(" \ns= %d",s);
}
```

四、程序改错题

1. 求 8 的阶乘。有一处错误,请指正。
```
#include<stdio.h>
void main( )
{ int   i ;
  long   p=0;
  for (i=1;i<9;i++)
  p=p*i;
  printf(" \n8 的阶乘值为:%ld",p);
}
```

2. 统计 100~300 之间能同时被 3 和 7 整除,但不能被 5 整除的数的个数 N,输出这些数及 N 的值。有两处错误,请指正。
```
#include<stdio.h>
void main( )
{int cnt;
  cnt=1;
  for(k=100;k<=300;k++)
  { if(k%7==0 && k%3==0 || k%5!=0)
    { cnt++;
      printf("%d",k); }
    }
  printf(" \n");
}
```

五、编程题

1. 10 个评委打分,去掉最高分和最低分,求平均得分。

2. 键盘输入正整数 n,求出 n 与其反序数之和并输出。例如,输入 2038,输出应为2038+8302=10340。

3. 输入正整数 i 和 n,由程序负责从 i 开始找起,连续找出 n 个素数并显示在屏幕上。如输入 10 和 8 后,输出的 8 个素数应为:11,13,17,19,23,29,31,37。

第 6 章

数　组

数组是程序设计中常用的数据结构,用来存储批量数据,如一组成绩、一个数列。使用循环结构可以方便地处理数组中的数据。

6.1　数组的引入

例 6.1　输入 10 个学生的成绩,计算平均成绩,并统计成绩高于平均成绩的人数。

分析　输入 10 个学生的成绩并统计平均成绩可以用如下的程序段完成:

```
int i;
float m,ave,s=0;
for(i=1;i<=10;i++)
{ scanf("%f",&m);
   s+=m;}
  ave=s/10;
```

在此程序段中,平均成绩统计完后,内存中只保留了最后一名学生的成绩,无法统计高于平均成绩的人数。根据目前所学的知识,若要保留已输入的成绩,必须使用 10 个变量记录每个学生的成绩,求出平均成绩后再与平均成绩比较,统计高于平均成绩的人数。可以用以下程序完成本例的功能。

```
#include <stdio.h>
void main()
{ int k=0;
  float j1,j2,j3,j4,j5,j6,j7,j8,j9,j10, s=0,a;
  scanf("%f",&j1); scanf("%f", &j2); scanf("%f", &j3);
  scanf("%f", &j4); scanf("%f", &j5); scanf("%f", &j6);
  scanf("%f", &j7); scanf("%f", &j8); scanf("%f", &j9);
  scanf("%f", &j10);
  s=j1+j2+j3+j4+j5+j6+j7+j8+j9+j10;
  a=s/10;
  if(j1>=a)k++; if(j2>=a)k++; if(j3>=a)k++;
  if(j4>=a)k++; if(j5>=a)k++; if(j6>=a)k++;
  if(j7>=a)k++; if(j8>=a)k++; if(j9>=a)k++;
  if(j10>=a)k++;
```

```
      printf("%d\n",k);
}
```

通过阅读程序可以发现,随着数据规模(成绩数量)的增加,程序代码的规模也将增加。很明显,这不是一种好的方法。

本例的处理对象是一组相关联的数据,用变量存储不能体现数据间的关联性,不能使用循环结构处理数据。使用 C 语言提供的数组存储类似这样的批量数据,可以简化程序的编写。下面的程序是使用数组解决本例的问题。

```
#include <stdio.h>
#define N 10
void main()
{ int i,k=0;
   float a[N],s=0,ave;
   for(i=0;i<N;i++)
   {  scanf("%f",&a[i]);
      s=s+a[i];}
   ave=s/n;
   for(i=0;i<N;i++)
      if(a[i]>=ave)k++;
   printf("%d\n",k);
}
```

若要计算 50 个学生的平均成绩并统计高于平均成绩的人数,只需要将"#define N 10"改写为"#define N 50"即可,程序主体不需作任何修改。

使用数组可以高效存储批量数据,通过使用循环结构提高编程效率。

数组是一组具有相同类型的变量的集合。这组同类型的变量使用一个统一的名字标识,这个名字称为数组名。数组中的每个变量称为数组元素。例如,例 6.1 中使用了有 10 个元素的 float 型数组存储 10 个学生的成绩。

数组根据元素的组织方式不同可以分为一维数组、二维数组和多维数组。一维数组的各元素按线性结构排列;二维数组的各元素按行列式方式组织,二维数组有若干行,每行有若干个元素;多维数组的下标个数大于 2,可表示更为复杂的数据组织形式。按数组元素的数据类型分,可分为数值数组和字符数组等。字符数组在处理方法上与数值数组有些不同,这将在"字符数组"一节中讲解。

数组元素在数组中的序号或位置称为数组元素的下标。一维数组的元素有一个下标,二维数组的元素有两个下标。数组的下标是非负整数,从 0 开始。例如,有 5 个元素的数组,各元素的下标分别是 0,1,2,3,4。

6.2 数组的定义与使用

数组与变量相似,必须先定义再使用。定义数组要给出数据类型、数组名和数组的大小。

6.2.1 数组的定义及初始化

1. 数组的定义

(1)一维数组的定义。定义一维数组时要指定数组类型、数组名及数组的大小。定义形式如下：

　　　类型　数组名[长度]；

例如：int　a1[10]；

　　　float　b1[5]；

类型：可以是任意基本数据类型或构造数据类型。

数组名：符合 C 语言命名规则的合法标识符。

长度：整型常量表达式。

(2)二维数组的定义。定义二维数组时,要指定数组类型、数组名及数组的行、列数,定义形式如下：

　　　类型　数组名[行数][列数]；

例如：int　a[3][4]；

　　　float　b[10][4]；

类型：可以是任意基本数据类型或构造数据类型。

数组名：符合 C 语言命名规则的标识符。

行数：整型常量表达式。

列数：整型常量表达式。

2. 数组元素的表示方法

程序对数组的操作是通过对数组元素的操作来完成的。

一维数组元素的表示：数组名[下标]

二维数组元素的表示：数组名[行下标][列下标]

下标可以是整型的常量、变量或表达式,例如有定义语句"int a[10],b[10][10],i=3, j=4;",下面的描述都是正确的：

　　a[3]、a[i]、a[i+5]、a[i+j]、b[0][0]、b[i][j]、b[i+2][j+3]

而这些表述都是错误的：a[10]=3,b[10][0],a[i][j]

使用数组元素时要注意数组下标的取值,不能超出取值范围,如果超范围,将使用一个不确定的值。

3. 数组的存储

与变量一样,数组定义后在计算机的内存占用一定的存储空间。一个数组在内存中占用一片连续的存储空间。例如,有定义语句"int a[6],b[2][3];",数组 a 和 b 在内存占用的存储空间如图 6.1 及图 6.2 所示。

| a[0] | a[1] | a[2] | a[3] | a[4] | a[5] |

图 6.1　一维数组内存分配示意图

| b[0][0] | b[0][1] | b[0][2] | b[1][0] | b[1][1] | b[1][2] |

图 6.2　二维数组内存分配示意图

数组 a 是整型的一维数组,每个元素占用 2 个字节的内存空间,6 个元素共占用连续的 12 个字节的存储空间,数组各元素按下标顺序依次排列。

数组 b 是整型的二维数组,每个元素占用 2 个字节的存储空间,6 个元素共占用连续的 12 个字节的存储空间,数组各元素按行序排列,一行内再按列序排列。

4. 数组的初始化

在定义数组时为数组的所有元素或部分元素指定初始值称为数组的初始化。

(1)一维数组的初始化。

一维数组初始化的一般形式如下:

　　类型　数组名[长度]={常量表达式列表};

例如:int a[6]={2,3+4,0,5};

数组各元素的值如图 6.3 所示。

a[0]	a[1]	a[2]	a[3]	a[4]	a[5]
2	7	0	5	0	0

图 6.3　一维数组的初始化结果

其中 a[1]的值是常量表达式 3+4 值。由于"常量表达式列表"中只有 4 个值,这 4 个值分别被指定为元素 a[0]~a[3]的初始值,元素 a[4]、a[5]被初始化为 0。

说明　①"常量表达式列表"中"常量表达式"的数量应不大于数组的长度;

②"常量表达式列表"中"常量表达式"的数量与数组长度相同时,为所有数组元素初始化;

③"常量表达式列表"中"常量表达式"的数量小于数组长度时,只为前面若干元素初始化,后面元素被初始化为 0;

④ 若为数组所有元素初始化时,可以省略数组长度,例如,定义一个有 4 个元素的一维数组并将各元素分别初始化为 1,2,3,4,可用下列两种方法:

int a[4]={1,2,3,4};

int a[ ]={1,2,3,4};

(2)二维数组的初始化。

二维数组初始化的一般形式如下:

　　类型　数组名[行数][列数]={常量表达式列表};

例如:int　b[2][3]={1,2,3,4,5,6};

该语句执行后,数组 b 各元素的值如图 6.4 所示。

b[0][0]	b[0][1]	b[0][2]	b[1][0]	b[1][1]	b[1][2]
1	2	3	4	5	6

图 6.4　二维数组初始化结果

将常量表达式写在一对大括号中间时,将按行序为数组各元素初始化。下面的语句与"int　b[2][3]={1,2,3,4,5,6};"等价。

int　b[2][3]={{1,2,3},{4,5,6}};

int　b[ ][3]={{1,2,3},{4,5,6}};

可以只对数组的部分元素初始化。

例如:int b[3][3]={1,2,3,4};

int c[ ][3]={{1},{1,2},{1,2,3}};

语句执行后,数组 b 和数组 c 各元素的值如图 6.5 和图 6.6 所示。

b[0][0]	b[0][1]	b[0][2]	b[1][0]	b[1][1]	b[1][2]	b[2][0]	b[2][1]	b[2][2]
1	2	3	4	0	0	0	0	0

图 6.5 二维数组 b 初始化结果

c[0][0]	c[0][1]	c[0][2]	c[1][0]	c[1][1]	c[1][2]	c[2][0]	c[2][1]	c[2][2]
1	0	0	1	2	0	1	2	3

图 6.6 二维数组 c 初始化结果

说明 ① 给所有元素初始化时可以省略二维数组的行数,也就是省略第一维的下标,但列数不能省略。

② 可将初始化一行的常量用一对大括号括起来,称为按行初始化。

6.2.2 数组的使用

C 语言中程序对数组的操作是通过对数组元素操作实现的,一个数组元素的地位和作用等同于一个同类型的变量。例如,有定义语句"int a[6],x;",则下面的操作都是合法的。

```
a[0]=5;                          /*给数组元素赋值*/
x=a[0]+3;                        /*数组元素参加算术运算*/
scanf("%d",&a[1]);               /*使用输入函数给数组元素读入数据*/
if(a[0]>a[1])                    /*数组元素参加关系运算*/
   printf("%4d%4d\n",a[1],a[0]); /*输出数组元素的值*/
else
   printf("%4d%4d\n",a[0],a[1]);
```

对数组的所有元素或部分排列有规律的元素操作时,一般使用循环结构控制完成,提高编程效率。

例 6.2 定义一个有 10 个元素的一维数组,从键盘读入 10 个数据,依次存储到数组各元素中,然后反序输出该数组各元素值,每行输出 5 个。

分析 读入 10 个数,可以使用循环结构控制完成,由于数组元素下标可以使用变量,可以用循环控制变量作数组元素的下标,每次读入一个数据存入一个数组元素中;输出也使用循环结构控制输出,每次输出一个数组元素;换行可根据循环控制变量的值控制。

数据结构 定义长度为 10 的整型数组 a 存储输入的 10 个数据定义循环控制变量 i。

算法 如图 6.7 所示。

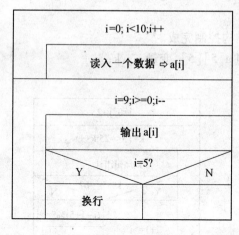

图6.7 例6.2框图

程序代码：
```c
#include<stdio.h>
void main()
{int a[10],i;
  for(i=0;i<10;i++)
    scanf("%d",&a[i]);
  for(i=9;i>=0;i--)
  {printf("%4d",a[i]);
    if(i==5)
      printf("\n");
  }
}
```

注意 有 n 元素的数组，下标的取值范围是 0~n-1，使用 for 循环控制操作时要注意循环控制变量的取值。

例6.3 打印输出如下的"魔方"矩阵。

17	24	1	8	15
23	5	7	14	16
4	6	13	20	22
10	12	19	21	3
11	18	25	2	9

分析 要完成题干要求的功能，必须先将矩阵置于一个 5×5 的二维数组中，然后输出二维数组的各元素。

分析矩阵的特点可知，数组各元素值分别是 1~25；数值分布规律是：

(1)数值 1 在数组的 0 行、2 列。

(2)若 k 在 i 行、j 列，当 k%5<>0 时，k+1 在 (i-1+5)%5 行、(j+1)%5 列；当 k%5=0

时,k+1 在 i+1 行、j 列。

上述过程可用循环结构控制完成。

数据结构 二维数组 a[5][5],变量 i,j,k;

算法 如图 6.8 所示。

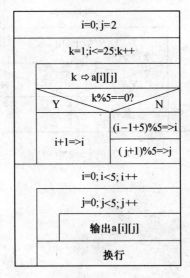

图 6.8 例 6.3 框图

程序代码:
```c
#include<stdio.h>
void main()
{int a[5][5],i,j,k;
  i=0;j=2;
  for(k=1;k<=25;k++)
  { a[i][j]=k;
    if(k%5==0)
    i=i+1;
    else
    { i=(i-1+5)%5;
      j=(j+1)%5;
    }
  }
  for(i=0;i<5;i++)
  {for(j=0;j<5;j++)
    printf("%-4d",a[i][j]);
    printf("\n");
  }
}
```

说明 对二维数组操作时,一般用嵌套的循环控制完成。

6.2.3 字符数组

字符数组是指数据类型为 char 类型的数组,每个元素占用一个字节的存储空间,存储一个字符的 ASCII 码。一个字符数组可以存储一组字符。

1. 字符串与字符数组

在第 2 章中介绍过字符串常量,但 C 语言没有提供字符串类型变量。如何存储一个字符串数据?通常使用一维字符数组存储一个字符串,使用二维字符数组存储一组字符串。

2. 字符数组的定义与初始化

字符数组的定义与整型数组或实型数组的定义相似,形式如下:

  char 数组名[长度];

  char 数组名[行数][列数];

例如:char　s1[20],s2[10][40];

其中数组 s1 可以存储一组字符或一个字符串;数组 s2 可以存储多组字符或多个字符串。

在定义字符数组的同时可以为数组指定初始值,有两种方法。

(1)使用字符常量初始化字符数组。

用字符常量初始化字符数组的一般形式:

  char 数组名[长度]={字符常量列表};

例如:char s1[10]={'c','h','i','n','a'};

数组各元素的值如图 6.9 所示。

s1[0]	s1[1]	s1[2]	s1[3]	s1[4]	s1[5]	s1[6]	s1[7]	s1[8]	s1[9]
c	h	i	n	a	\0	\0	\0	\0	\0

图 6.9　字符数组 s1 初始化结果

字符'c'、'h'、'i'、'n'和'a'被存储到数组元素 s1[0]~s1[4]中,s1[5]~数组元素 s1[9]被初始化为'\0'。

初始化数组时还可以省略数组的长度,此时数组的长度是字符常量的个数。例如:
char s2[ ]={'c','h','i','n','a'};

此处定义的数组 s2 的长度为 5,各元素的值如图 6.10 所示。

s2[0]	s2[1]	s2[2]	s2[3]	s2[4]
c	h	i	n	a

图 6.10　字符数组 s2 初始化结果

(2)使用字符串常量初始化。

使用字符串常量初始化的一般形式:

  char 数组名［长度］={字符串常量};

或

  char 数组名［长度］=字符串常量;

例如:char s3[10]={"china"};

　　　　char s3[10]="china";

两条语句的功能相同,语句执行后,数组 s2 各元素的值如图 6.11 所示。

s3[0]	s3[1]	s3[2]	s3[3]	s3[4]	s3[5]	s3[6]	s3[7]	s3[8]	s3[9]
c	h	i	n	a	\0	\0	\0	\0	\0

图 6.11　字符数组 s3 初始化结果

字符串"china"的各个字符及结束标记'\0'被存储到数组元素 s3[0]~s3[5]中,数组元素 s3[6]~s3[9]被初始化为'\0'。

用字符串常量初始化字符数组时也可以省略数组长度。例如:
　　　　char s4[]={"china"};
　　　　char s4[]="china";
此处定义的数组 s4 的各元素值如图 6.12 所示。

s4[0]	s4[1]	s4[2]	s4[3]	s4[4]	s4[5]
c	h	i	n	a	\0

图 6.12　字符数组 s4 初始化结果

从图 6.12 可以看出,数组 s4 的长度是字符串"china"的长度加 1,多出的一个元素存储字符串的结束标记'\0'。

字符数组可以存储一个字符串,也可以存储一组字符。存储的是字符串还是一组字符,主要看数组中有没有字符'\0'。图 6.10 所示的数组存储的是一组字符,图 6.9、6.11、6.12 所示的数组存储的是一个字符串,因为数组都有字符'\0'。

3. 字符数组的输入、输出

字符数组输入、输出可以按字符输入、输出,也可以整体进行输入、输出。

(1)按字符输入、输出。字符数组可以像整型数组或实型数组一样,按元素输入、输出。使用 getchar()函数,或者 scanf()和"%c"输入字符数组元素,使用 putchar()函数或者 printf()和"%c"输出字符数组元素。使用循环结构控制输入、输出所有元素。

例 6.4　从键盘上读入 10 个字符,将其中的大写字母转换为小写字母,然后输出该组字符。

分析　读入的 10 个字符存储在字符数组中;依次处理数组中的每个字符,如果是大写字母,将其转换为小写字母。大写字母转换为小写字母的方法是:将大写字母的 ASCII 码加 32 得到对应的小写字母的 ACSII 码。

数据结构　字义由 10 个元素组成的字符数组 s,循环控制变量 i。

算法　如图 6.13 所示。

程序代码:
```
#include<stdio.h>
void main()
{ char s[10];
　int i;
　for(i=0;i<10;i++)
```

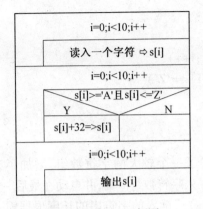

图 6.13 例 6.4 框图

```
    scanf("%c",&s[i]);
  for(i=0;i<10;i++)
    if(s[i]>='A'&&s[i]<='Z')
      s[i]=s[i]+32;
  for(i=0;i<10;i++)
    printf("%c",s[i]);
}
```

该程序可以改写为以下的程序代码：

```
#include<stdio.h>
void main()
{ char s[10];
  int i;
  for(i=0;i<10;i++)
    s[i]=getchar();
  for(i=0;i<10;i++)
    if(s[i]>='A'&&s[i]<='Z')
      s[i]=s[i]+32;
  for(i=0;i<10;i++)
    putchar(s[i]);
}
```

(2) 字符数组整体输入、输出。整体输入是指从键盘上一次读入一组字符，将其存储到一个一维字符数组中，使用 gets() 函数，或者 scanf() 和 "%s" 完成；整体输出是指将一维字符数组各元素的值作为一个字符串一次输出，使用 puts() 函数，或者 printf() 和 "%s" 完成。注意：整体输出时，字符数组中存储的必须是一个字符串，不能是一组字符。

例 6.4 也可以用以下的程序实现。

```
#include<stdio.h>
void main()
{ char s[80];
```

```
    int i;
    scanf("%s",s);
    for(i=0;s[i]! ='\0';i++)
      if(s[i]>='A'&&s[i]<='Z')
        s[i]=s[i]+32;
    printf("%s",s);
}
```

语句"char s[80];"定义了一个较大的字符数组,增加了程序的通用性。"scanf("%s",s);"一次读入一组字符存入字符数组 s 中,并自动在最后一个字符的后面增加字符串结束标记'\0'。"scanf("%s",s);"读入的字符串的长度根据输入实际确定,因此,处理字符数组时循环次数不确定,循环条件更改为"s[i]! ='\0'",表示还没有访问到字符串尾部。"printf("%s",s);"从字符数组的第一个元素开始输出整个字符串,直到'\0'为止,'\0'不输出。

注意 ① 在 scanf( )函数的"地址列表"中只需写数组名,不加取地址运算符"&",也不必加下标。

② 使用"scanf("%s",s);"读入字符串时,输入的字符串中不能含有空格字符,空格字符是字符串的间隔符。若在执行该语句时输入:Thank you!,则字符数组 S 中只存了"Thank"。

函数 puts( )和 gets( )是一对专用于字符串输入、输出的函数。两函数的使用形式如下:

puts(字符串数据);
gets(字符数组名);

其中 puts( )中的"字符串数据"可以是字符串常量,也可以是存储一个字符串的字符数组名或字符数组指针(第 8 章介绍)。

例 6.4 还可以用下面的程序实现。

```
#include<stdio.h>
void main()
{ char s[80];
    int i;
    gets(s);
    for(i=0;s[i]! ='\0';i++)
      if(s[i]>='A'&&s[i]<='Z')
        s[i]=s[i]+32;
    puts(s);
}
```

语句"gets(s);"的功能是:从键盘读入一组字符写入数组 s 中,并在最后一个字符后面自动增加字符串结束标记'\0'。"puts(s)"从数组的第一个元素开始输出字符,直到'\0'为止。

注意 使用 gets( )函数读入字符串,输入的字符串中可以有空格字符。例如:在执行语句"gets(s);"时,若输入 Thank you!,则字符数组中存储"Thank you!"。

4. 字符串处理函数

C语言提供了很多专门用于处理字符串的函数,极大地方便了程序的编写。这些函数的声明在头文件<string.h>中,在程序中使用字符串处理函数时,必须在程序的开始部分将该文件包含到源程序文件中。常用的字符串处理函数如表 6.1 所示。

表 6.1　常用字符串处理函数

函数功能	函数调用一般形式	函数值	功能描述及其说明
字符串复制	strcpy(str1,str2)	str1	将字符串 str2 复制到字符数组 str1 中。str2 可以是字符串常量,也可以是存储字符串的一维字符数组。str1 必须是一维字符数组名,而且长度必须大于或等于 str2 的长度
字符串连接	strcat(str1,str2)	str1	将字符串 str2 接到字符数组 str1 中存储的字符串后面。字符数组 str1 中字符串的结束标记′\0′被字符串 str2 的第一个字符覆盖。str2 可以是字符串常量,也可以是存储字符串的一维字符数组。str1 必须是一维字符数组名,而且长度必须大于或等于两个字符串的长度和
字符串比较	strcmp(str1,str2)	str1>str2:正整数 str1=str2:0 str1<str2:负整数	比较两个字符串的大小。str1,str2 可以是字符串常量,也可以是存储字符串的字符数组名。字符串比较方法:从两个字符串的第 1 个对应字符开始比较字符的 ASCII 码,直到出现第 1 对不等字符或遇到′\0′为止,以第 1 对不等字符比较结果为准。ASCII 大的字符大,ASCII 码小的字符小
求字符串长度	strlen(str1)	字符个数	求字符串 str1 的长度。str1 可以是字符串常量,也可以是存储字符串的字符数组名。若 str1 是字符数组名时,求的是字符串的长度,不是字符数组的长度

例 6.5　输入3个字符串,按字典顺序输出3个字符串。(假定用户输入的3个字符串均为大写字母或均为小写字母)

分析　本例是排序问题,3 个数据的排序方法在前面章节已经介绍过,不再赘述。与前面不同的是,本例的数据是字符串,对字符串的比较、互换,应该使用字符串处理函数。

数据结构　4 个字符数组,其中 3 个存储原始字符串,一个存储中间数据。

算法　如图 6.14 所示。

程序代码:
```
#include<stdio.h>
#include <string.h>
void main()
```

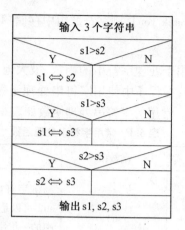

图6.14 例6.5框图

```
{char s1[80],s2[80],s3[80],t[80];
    scanf("%s%s%s",s1,s2,s3);
    if(strcmp(s1,s2)>0)
    {strcpy(t,s1);
        strcpy(s1,s2);
        strcpy(s2,t);
    }
    if(strcmp(s1,s3)>0)
    {strcpy(t,s1);
        strcpy(s1,s3);
        strcpy(s3,t);
    }
    if(strcmp(s2,s3)>0)
    { strcpy(t,s2);
        strcpy(s2,s3);
        strcpy(s3,t);
    }
    printf("%s\n%s\n%s\n",s1,s2,s3);
}
```

5. 字符数组的使用

例6.6 编写程序,实现字符串处理函数strcat( )的功能。

分析 函数strcat( )的功能是完成两个字符串的连接。两字符串输入后,必须先找到第1个字符串的结束标记'\0',并用第2个字符串的首个字符覆盖'\0',然后将第2个字符串的其他字符依次复制到第一个字符串中,实现第2个字符串连接到第一个字符串的尾部。

数据结构 两个字符数组,存储两个字符串;循环控制变量i。

算法 如图6.15所示。

程序代码:

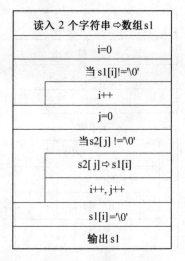

图 6.15 例 6.6 框图

```
#include<stdio.h>
void main( )
{ char s1[80],s2[40];
   int i,j;
   gets(s1);
   gets(s2);
   i=0;
   while(s1[i]!='\0')
      i++;
   j=0;
   while(s2[j]!='\0')
   {s1[i]=s2[j];
      i++;
      j++;
   }
   s1[i]='\0';
   puts(s1);
}
```

例 6.7 输入一个字符串,删除其中包含的某个指定字符。例如:输入字符串"abcdbc-dadfega",删除其中的字符 a,则输出字符串"bcdbcddfeg"。

分析 将字符串存储到字符数组中,从第 1 个字符开始比较,若与指定字符相同,则将其后的所有字符前移 1 位。

数据结构 字符数组 s[80]存储字符串,字符变量 ch 存储指定的字符,整型变量 i,j 用于控制循环,整型变量 n 存储字符串长度。

算法 如图 6.16 所示。

程序代码:

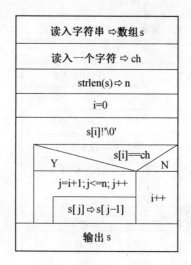

图 6.16　例 6.7 框图

```
#include<stdio.h>
#include<string.h>
void main()
{char s[80],ch;
  int i,n,j;
  gets(s);
  ch=getchar();
  n=strlen(s);
  i=0;
  while(s[i]!='\0')
  {if(s[i]==ch)
    for(j=i+1;j<=n;j++)
      s[j-1]=s[j];
    else
    i++;
  }
  puts(s);
}
```

6.2.4　程序举例

例 6.8　在一组数中找出最小数及位置。

分析　用 1 个一维数组存储一组数,假设第 1 个数是最小的,将其下标存储在变量 m 中;用下标为 m 的数组元素与第 2 个……最后一个元素比较,若其中某个元素值小于下标为 m 的元素,则将其下标存入变量 m 中,比较结束后,下标为 m 的元素是一组数中最小的元素。

数据结构　一维数组 a,存储一组数;变量 m 存储最小数下标,变量 j 控制循环。

算法 如图 6.17 所示。

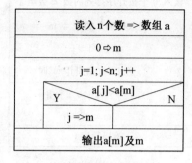

图 6.17 例 6.8 框图

程序代码：
```
#include<stdio.h>
void main()
{ int a[100],n,m,j;
  scanf("%d",&n);
  for(j=0;j<n;j++)
    scanf("%d",&a[j]);
  m=0;
  for(j=1;j<n;j++)
    if(a[j]<a[m])
      m=j;
  printf("%d,%d\n",a[m],m);
}
```

例 6.9 在一组按升序排列的数组中插入一个数，使其仍然有序。

分析 将按升序排列的 n 个数存储在一维数组中。插入操作分两步：第一步找插入位置，从最后一个元素开始，向前依次与待插入数据 m 比较，若 a[j]>m 且 j>=0，则将 a[j] 赋值给 a[j+1]；第二步插入，将 k 存入 a[j+1] 中。

数据结构 数组 a 存储一组按升序排列的数；变量 m 存储待插入的数；变量 j 控制循环。

算法 如图 6.18 所示。

程序代码：
```
#include<stdio.h>
void main()
{ int a[100],n,m,j;
  scanf("%d",&n);
  scanf("%d",&a[0]);
  j=1;
  while(j<n)
  { scanf("%d",&a[j]);
```

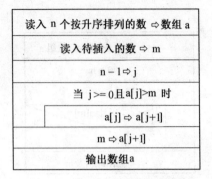

图6.18 例6.9框图

```
        if(a[j]>=a[j-1])
            j++;
    }
    scanf("%d",&m);
    j=n-1;
    while(j>=0&&a[j]>m)
    {a[j+1]=a[j];
      j--;}
    a[j+1]=m;
    for(j=0;j<=n;j++)
        printf("%4d",a[j]);
}
```

例6.10 将一个方阵转置。例如,一个四阶方阵转置前、转置后的状态如图6.19所示。

1	2	3	4
5	6	7	8
9	10	11	12
13	14	15	16

原方阵

1	5	9	13
2	6	10	14
3	7	11	15
4	8	12	16

转置后方阵

图6.19 矩阵转置

分析 方阵转置是将一个矩阵的行列互换。用一个二维数组存储方阵的数据。分析转置前和转置后的方阵可知,方阵主对角线上的元素没变,以主对角线为对称轴对称的元素互换,即第i行第j列的元素与第j行第i列的元素互换。

数据结构 二维数组a存储矩阵的数据;变量i,j用于控制循环;变量t是交换用的中间变量。

算法 如图6.20所示。

程序代码:

```
#include<stdio.h>
void main()
{int a[4][4],i,j,t;
  for(i=0;i<4;i++)
  for(j=0;j<4;j++)
    scanf("%d",&a[i][j]);
  for(i=1;i<4;i++)
  for(j=0;j<i;j++)
  { t=a[i][j];
    a[i][j]=a[j][i];
    a[j][i]=t;}
  for(i=0;i<4;i++)
  {for(j=0;j<4;j++)
     printf("%4d",a[i][j]);
   printf("\n"); }
}
```

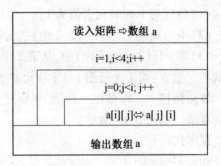

图 6.20　例 6.10 框图

例 6.11　打印输出如图 6.21 所示的 10 行"杨辉三角形"。

```
                    1
                  1   1
                1   2   1
              1   3   3   1
            1   4   6   4   1
          1   5  10  10   5   1
        1   6  15  20  15   6   1
      1   7  21  35  35  21   7   1
    1   8  28  56  70  56  28   8   1
  1   9  36  84 126 126  84  36   9   1
```

图 6.21　杨辉三角形

分析　打印"杨辉三角形"可以用一维数组完成,也可用二维数组实现,这里采用二维数组的方法。按"杨辉三角形"各项产生的规律,生成各项值并存储在一个 10 行 10 列的二维数组中,存储时不必按题中给出的输出样式,可以按图 6.22 所示的样式存储。输出时按图 6.21 给出的样式输出。

1									
1	1								
1	2	1							
1	3	3	1						
1	4	6	4	1					
1	5	10	10	5	1				
1	6	15	20	15	6	1			
1	7	21	35	35	21	7	1		
1	8	28	56	70	56	28	8	1	
1	9	36	84	126	126	84	36	9	1

图 6.22　存储"杨辉三角形"的二维数组示意图

分析数组中各元素,可以得出下列规律:

(1)每行第1列的元素值为1;
(2)主对角线上(第i行第i列)的元素值为1;
(3)第i行(3<i=<=10)中,从第2个到第i-1个元素的值为:正上方(第i-1行第j列)元素与左上方(第i-1行第j-1列)元素值之和。

数据结构 二维数组a存储"杨辉三角形"各元素值,整型变量i,j控制循环。

算法 如图6.23所示。

程序代码:
```
#include<stdio.h>
void main( )
{int a[10][10],i,j;
  for(i=0;i<10;i++)
  { a[i][0]=1;
    a[i][i]=1;}
  for(i=2;i<10;i++)
    for(j=1;j<i;j++)
      a[i][j]=a[i-1][j-1]+a[i-1][j];
  for(i=0;i<10;i++)
    { for(j=1;j<=9-i;j++)
      printf("   ");
      for(j=0;j<=i;j++)
      printf("%4d",a[i][j]);
      printf("\n");
    }
}
```

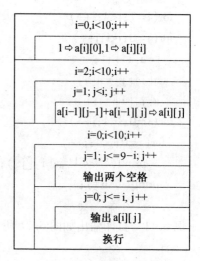

图6.23 例6.11框图

6.3 常用算法

6.3.1 排序

排序是数组的典型应用之一,也是数据处理中常用的方法。常用的排序方法很多,本节主要介绍基本的3种,即选择法、冒泡法和插入法。本节的排序算法均是按升序排列n个整数。

1.选择法排序

基本思想:n个数排序,首先在第1到第n个数中找一个最小的,将其与第一个数互换,完成第1次排序;然后在第2个数到第n个数中找一个最小的,将其与第2个数互换,完成第2次排序……在第i个数到第n个数中找一个最小的,将其与第i个数互换,完成第i次排序……在第n-1个数至第n个数中找一个最小的,将其与第n-1个数互换,完成第n-1次排序,至此,n个数全部排好。根据上述过程,选择法可以总结如下几点:

(1)n个数排序需要进行n-1次排序。

（2）每次排序：在第 i 个数到第 n 个数中找最小的；将最小的数与第 i 个数互换。

例 6.8 给出了在一组中找出最小数的方法,在一组数的 a[i]~a[n-1]元素中找最小的数的下标方法可以用下面的程序段：

```
m=i;
for(j=i+1;j<n;j++)
   if(a[j]<a[m])
      m=j;                        /*m 为最小数码下标*/
```

数据结构 数组 a 存储待排序的一组数；变量 m 记录最小数的位置；变量 t 作为两个数据互换时的中间变量；变量 i,j 控制循环。

算法 如图 6.24 所示。

程序代码：
```
#include<stdio.h>
void main()
{ int a[100],i,j,m,n,t;
   scanf("%d",&n);
   for(i=0;i<n;i++)
   scanf("%d",&a[i]);
   for(i=0;i<n-1;i++)
   { m=i;
      for(j=i+1;j<n;j++)
      if(a[j]<a[m])
      m=j;
      t=a[i];
      a[i]=a[m];
      a[m]=t;
   }
   for(i=0;i<n;i++)
   printf("%4d",a[i]);
}
```

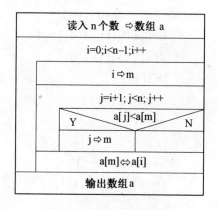

图 6.24 选择法排序框图

2.冒泡法排序

基本思想 首先在第 1 个数和第 n 个数之间,比较相邻的两个(第 j 个与第 j+1 个)数据,若前者比后者大,则交换两个数据,经过 n-1 次比较后,使几个数中最大的数被移到最后,即第 n 个数的位置上,完成第 1 趟排序；然后在第 1 个数和第 n-1 个数之间比较相邻的两个数据,若前面的较大,后面的较小,交换两个数据,使 n 个数中次大的数被移到第 n-1 个数的位置上,完成第 2 趟排序……在第 1 个和第 n-i+1 个数之间比较相邻的两个数据,若前面的较大,后面的较小,交换两个数据,使 n 个数第 i 大的数被移到第 n-i+1 个数的位置上……最后比较第 1 个数和第 2 个数,若前面的较大,后面的较小,交换两个数据,使第 n-1 大的数移到第 2 个数的位置上,最小的数在第一个数的位置上,至此,n 个数完全按升序排列好。根据上述过程,冒泡法排序可以总结如下几点：

(1) n 个数需要进行 n-1 趟排序。
(2) 每趟排序是在第 1 个数到第 n-i+1 个数之间两两相邻比较,将小的数调到前面。

算法 如图 6.25 所示。

程序代码:

```
#include<stdio.h>
void main()
{int a[100],i,j,n,t;
  scanf("%d",&n);
  for(i=0;i<n;i++)
    scanf("%d",&a[i]);
  for(i=0;i<n-1;i++)
    for(j=0;j<n-1-i;j++)
    if(a[j]>a[j+1])
    { t=a[j];
      a[j]=a[j+1];
      a[j+1]=t;
    }
  for(i=0;i<n;i++)
    printf("%4d",a[i]);
}
```

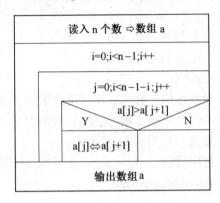

图 6.25 冒泡法排序框图

3. 插入法排序

基本思想 n 个数存储在一个一维数组中,首先将第 2 个数插入到由第一个数构成的有序序列中,使由第 1 个和第 2 个数据构成的数列有序,完成第一次排序;将第 3 个数据插入由第 1 个和第 2 个数据构成的有序序列,使第 1 个到第 3 个数据有序,完成第 2 次排序……将第 i 个数据插入由第 1 个到第 i-1 个数构成的有序序列,使第 1 个到第 i 个数据有序,完成第 i 次排序……将第 n 个数插入到由第 1 个到第 n-1 个数构成的有序序列,使 n 个数有序。将一个数插入到一个有序序列中的算法在例 6.9 已经给出。根据上述过程,插入法排序可总结如下几点:

(1) n 个数需要 n-1 次排序。
(2) 每次排序,将第 i 个数插入由第 1 个到第 i-1 个数构成的有序序列中。

算法 如图 6.26 所示。

程序代码:

```
#include<stdio.h>
void main()
{ int a[100],i,j,n,t;
  scanf("%d",&n);
  for(i=0;i<n;i++)
    scanf("%d",&a[i]);
  for(i=1;i<n;i++)
```

```
    { t=a[i];
      j=i-1;                  /*j是
有序数列中最后一个元素的下标*/
      while(t<a[j]&&j>=0)
      { a[j+1]=a[j];
        j--;
      }
      a[j+1]=t;}
  for(i=0;i<n;i++)
      printf("%4d",a[i]);
}
```

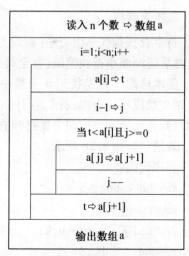

图 6.26 "插入"法排序框图

6.3.2 查 找

查找是指在一组数据中查找某个数据 k,若 k 在这组数据中,则查找成功,否则查找不成功。在实际应用中,根据查找成功与否做相应的操作。查找的算法很多,本节只介绍常用的顺序查找和折半查找两种方法。

1. 顺序查找

顺序查找是指在一组任意的数据集合中查找一个数据。

基本思想 从第 1 个数开始与待查数据比较,若相等则查找成功,否则继续与下一个数据比较,直到最后 1 个数,若与最后一个数据也不等,则查找不成功。上述过程是个循环过程,循环的条件:k 与第 i 个数不相等且 i<=n;循环体:将 i 的值增 1,即下一个数据的序号。

算法 如图 6.27 所示。

程序代码:
```
#include<stdio.h>
void main()
{ int a[100],i,n,k;
  scanf("%d",&n);
  for(i=0;i<n;i++)
      scanf("%d",&a[i]);
  scanf("%d",&k);
  i=0;
  while(a[i]!=k&&i<=n)
      i++;
  if(i<=n)
      printf("Yes\n");
  else
      printf("N0\n");
}
```

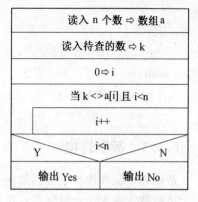

图 6.27 顺序查找框图

2. 折半查找

折半查找是在一组有序(假设为升序)数据中查找一个数据,关键要确定每次的查找范围,然后逐渐缩小查找范围,直至得到查找结果。

基本思想 首先找到 n 个数中处于中间位置的数据,将待查找数据 k 与之比较,若相等,则查找成功。否则,若 k 小于中间的数,在前半部分按照上述的过程查找;若 k 大于中间的数,则在后半部分按照上述过程查找。当查找范围内没有数据时,查找失败。

算法 如图 6.28 所示。

程序代码:

```
#include<stdio.h>
void main()
{int a[100],i,j,m,n,k;
  scanf("%d",&n);
  for(i=0;i<n;i++)
    scanf("%d",&a[i]);
  scanf("%d",&k);
  i=0;
  j=n-1;
  m=(i+j)/2;
  while(k!=a[m]&&i<=j)
  { if(a[m]>k)   j=m-1;
    if(a[m]<k)   i=m+1;
    m=(i+j)/2;
  }
  if(i<=j)
    printf("Yes\n");
  else
    printf("No\n");
}
```

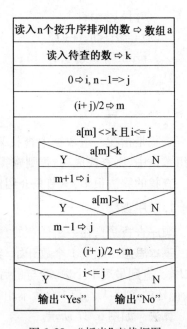

图 6.28 "折半"查找框图

6.3.3 数制转换

常见的数制转换有十进制数向非十进制数转换和非十进制数向十进制数转换。本小节以十进制数转换为十六进制和八进制数转换为十进制为例给出相应的算法。

1. 将十进制整数 n 转换为十六进制整数

基本思想 根据十进制整数向非十进制整数的转换方法,用待转换的十进制整数 n 除以 16 取余,直到商为 0。问题的关键是如何保存转换过程中产生的各级余数。整数 n 与 16 的余数有 0,1,2,…,15,其中 10~15 需转换成十六进制符号 A~F。为了保持数据类型一致性,将余数 0~9 也转换成字符 0~9,将对应的十六进制的各位保存在一个字符数组中。整数 0~9 转换成字符 0~9 的方法是:m+48,其中 m 是 0~9 的整数;整数 10~15 转换成字符

A~F 的方法是：m+55，其中 m 是 10~15 的整数。各级余数是按产生的先后保存在字符数组中的，一个十进制数据对应的十六进制数是其逐次除以 16 产生的各级余数的反序，所以输出时要将后产生的余数先输出。

算法 如图 6.29 所示。

程序代码：

```c
#include<stdio.h>
void main()
{ int n,i=0,m;
  char c[10];
  scanf("%d",&n);
  while(n)        /* 与 while(n!=0) 等价 */
  { m=n%16;
    if(m<10)
      c[i]=m+48;
    else
      c[i]=m+55;
    i++;
    n=n/16;
  }
  for(m=i-1;m>=0;m--)
    printf("%c",c[m]);
}
```

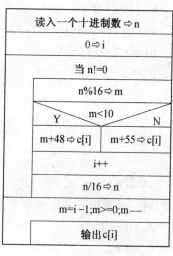

图 6.29 数制转换框图 1

2. 将八进制整数转换为十进制整数

从键盘上输入以字符串形式表示的八进制数，将其转换成十进制整数并输出。例如，输入字符串"567"，输出为 375。

基本思想 非十制数转换为十进制的基本方法是将非十进制数按位权展开成多项式，然后计算多项式的和，多项式的值就是对应的十进制整数。例如，八进制整数 567 的转换过程如下：

$$(567)_8 = 5 \times 8^2 + 6 \times 8 + 7 = 320 + 48 + 7 = 375$$

上述过程还可以写成下列表达式：

$$(567)_8 = 5 \times 8^2 + 6 \times 8 + 7 = (5 \times 8 + 6) \times 8 + 7 = 46 \times 8 + 7 = (375)_{10}$$

本节中的算法是根据表达式 $(5 \times 8 + 6) \times 8 + 7$ 设计的。将用字符串表示的八进制输入到字符数组 s 中，先将表示第 1 位八进制的字符转换成相应的整数，并赋值给表示对应十进制数的变量 n，然后依次将每位八进制数转换为相应的整数 m，将 $n \times 8 + m$ 重新赋值给变量 n，最后 n 的值是对应的十进制整数。

算法 如图 6.30 所示。

程序代码：

```c
#include <stdio.h>
#include <string.h>
```

```
void main()
{ char s[6];
  int n,i;
  scanf("%s",s);
  n=s[0]-'0';
  for(i=1;i<strlen(s);i++)
  n=n*8+s[i]-'0';
  printf("%d\n",n);
}
```

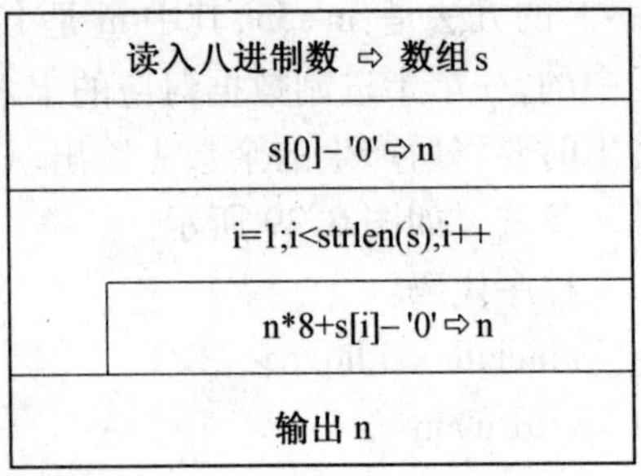

读入八进制数 ⇨ 数组s
s[0]-'0'⇨n
i=1;i<strlen(s);i++
n*8+s[i]-'0'⇨n
输出 n

图 6.30 数制转换框图 2

习 题

一、选择题

1. 对一维数组 a 的正确定义是(　　)。
   A. int a(10);
   B. int n=10,a[n];
   C. int n;
      scanf("%d",&n);
      int a[n];
   D. #define SIZE 10
      int a[SIZE];

2. 以下数组定义中不正确的是(　　)。
   A. int a[2][3];
   B. int b[][3]={0,1,2,3};
   C. int c[100][100]={0};
   D. int d[3][]={{1,2},{1,2,3},{1,2,3,4}};

3. 以下语句输出的结果是(　　)。
   char sp[]=" \t\v\\\0will\n";
   printf("%d",strlen(sp));
   A. 14
   B. 3
   C. 9
   D. 字符串中有非法字符

二、阅读程序写结果

1.
```
#include "stdio.h"
void main()
{ int i,k,a[10],p[3];
  k=5;
  for(i=0;i<10;i++)
    a[i]=i;
  for(i=0;i<3;i++)
    p[i]=a[i*(i+1)];
```

```
    for(i=0;i<3;i++)
      k+=p[i]*2;
    printf("%d\n",k);
}
```

2.
```
#include <stdio.h>
void main()
{ int n[3],i,j,k;
    for(i=0;i<3;i++)
      n[i]=0;
    k=2;
    for(i=0;i<k;i++)
      for (j=0;j<k;j++)
        n[j]=n[i]+1;
    printf("%d\n",n[1]);
}
```

三、程序填空

1. 以下程序的功能是将一个字符串中的前 n 个字符复制到另一个字符数组中去,不允许使用 strcpy 函数。

```
#include <stdio.h>
void  main ()
{ char str1[80],str2[80];
    int i,n;
    gets(_____);
    scanf("%d",&n);
    for (i=0; _____;i++)
    _____;
    _____;
    printf("%s\n",str2);
}
```

2. 以下程序分别在数组 a 和数组 b 中放入 an+1 和 bn+1 个由小到大排列的有序数,程序的功能是将两个数组中的数按由小到大的顺序归并到数组 c 中。

```
#include <stdio.h>
void main()
{ int a[10]={1,2,5,8,9,10},an=5;
    int b[10]={1,3,4,8,12,18},bn=5;
    int i, j, k, c[20], max=32767;
    a[an+1]=b[bn+1]=max;
    i=j=k=0;
```

```
        while ((a[i]!=max)||(b[j]!=max))
        if (a[i]<b[j])
           { c[k]=_____; k++;【2】}
        else
           { c[k]=【2】; k++;【2】}
        for(i=0;i<k;i++)
           printf("%4d",c[i]);
        printf("\n");
    }
```

四、程序改错

1. 先从键盘上输入一个3行3列矩阵的各个元素的值,然后输出主对角线上的元素之和。

```
    #include <stdio.h>
    void main()
    { int a[3][3],sum;
      int i,j;
      a=0;                          /****错误语句****/
      for(i=0;i<3;i++)
      for(j=0;j<3;j++)
         scanf("%d",a[i][j]);       /****错误语句****/
      for(i=0;i<3;i++)
         sum=sum+a[i][j];           /****错误语句****/
      printf("sum=%f\n",sum);       /****错误语句****/
    }
```

2. 将数组s存储的字符串的反序和正序进行连接形成一个新串放在数组t中。

```
    #include  <stdio.h>
    #include  <string.h>
    void main()
    {char s[100],t[100];
     int i,d;
     scanf("%s",s);
     d=len(s);                      /****错误语句****/
     for(i=1; i<d;i++)              /****错误语句****/
        t[i]=s[d-1-i];
     for (i=0; i<d; i++)
        t[d+i]=s[i];
     t[2*d] = '/0';                 /****错误语句****/
     printf("\nThe result is:%s\n", t);
    }
```

五、编写程序

1. 将一维数组的各元素按逆序存储。即若数组原来存储的数据依次为:4 1 2 5 7 3,处理后,数据存储的数据依次为:3 7 5 2 1 4。

2. 统计某字符在一个字符串中出现的次数。

3. 在一个二维数组中找出值最大的元素的位置。

4. 删除一个数组中第一次出现的某个指定数据。例如,一个数组中各元素的值为:4 1 6 2 1 5 3,指定删除第一个 1,则处理后数组的值为:4 6 2 1 5 3。

5. 读入 10 个学生的 3 科成绩,计算出每个学生的总成绩,并根据总成绩从高到低排列 10 个学生的成绩。

6. 编写程序,实现函数 strcmp(s1,s2)的功能。若 s1>s2,输出 1;若 s1=s2,输出 0;若 s1<s2,输出 -1。

7. 计算两个矩阵的乘积。

8. 求两个集合的并集。

9. 将两个按升序排列的数组合并为一个按升序排列的数组(归并排序)。

第7章

函 数

模块化程序设计的原则是将一个较大的程序分为若干个小模块,每个模块实现一个比较简单的功能。C语言是模块化程序设计语言,函数是一个基本的程序模块。

为了提高程序设计的质量和效率,C系统提供了大量的标准库函数,供程序设计人员使用。根据实际需要,程序设计人员也可以自己定义一些函数来完成特定的功能。

本章主要介绍函数的定义、声明和调用等。

7.1 定义函数的原因

下面举一个简单的函数调用例子。

例7.1 编写求 x^3 的函数。

```
#include <stdio.h>
long cube( int x)
{ return x * x * x;
}
void main( )
{ int x,y;
   scanf( "% d% d" ,&x,&y) ;
   printf( "The cube of % d is % ld. \n" ,x,cube( x) ) ;
   printf( "The cube of % d is % ld. \n" ,y,cube( y) ) ;
}
```

第一次调用函数 cube(x),参数 x=3,即求 3^3 的值;第二次调用函数 cube(y),参数 y=6,即求 6^3 的值。

由此可以看出函数功能独立明确,结构和逻辑关系清晰,使用函数极有好处。例如:

(1)可读性好;

(2)易于查错和修改;

(3)便于分工编写,分阶段调试;

(4)各个函数之间接口清晰,便于相互间交换信息和使用;

(5)节省程序代码和存储空间;

(6)减少用户总的工作量;

(7)实现结构程序设计思想的重要工具;

(8)扩充语言和计算机的原设计能力;

(9) 便于验证程序正确性。

说明 (1) 函数是按规定格式书写的能完成特定功能的一段程序。

(2) C 语言以源文件为单位进行编译,一个源文件可由一个或多个函数组成。

(3) 一个 C 程序由一个或多个源文件组成,可以利用 C 语言分别编译的特点,将源文件分别编译成目标文件,然后将这些目标文件链接在一起,形成一个可执行文件。

(4) 函数与函数之间是相对独立的,没有从属关系,不能嵌套定义,即在一个函数的函数体内不能再定义另一个函数,但可以互相调用,习惯上把调用者称为主调函数,被调用者称为被调函数。main 函数是主函数,它可以调用其他函数,其他函数之间可以相互调用,但不能调用 main 主函数。因此,C 程序的执行总是从 main 函数开始,完成对其他函数的调用后再返回到 main 函数,最后由 main 函数结束整个程序。一个 C 源程序必须有且仅有一个 main 主函数。函数之间的调用关系如图 7.1 所示。

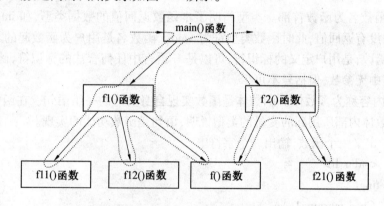

图 7.1 函数之间的调用关系

在 C 语言中可从不同的角度对函数分类。

(1) 从函数定义的角度看,函数可分为库函数和用户自定义函数两种。

① 库函数。由 C 系统提供,用户无需定义,只需在程序前包含有该函数原型的头文件即可在程序中直接调用。C 语言提供了极为丰富的库函数(如 Turbo C,MS C 都提供了 300 多个库函数),printf,scanf,gets,puts,strcat,fabs,sqrt 等函数均属此类。

② 用户自定义函数。由用户按需要写的函数。对于用户自定义函数,不仅要在程序中定义函数本身,而且在主调函数模块中必须对该被调函数进行说明,然后才能使用。

(2) 从主调函数和被调函数之间数据传送的角度看又可分为无参函数和有参函数两种。

① 无参函数。函数定义、函数说明及函数调用中均不带参数。主调函数和被调函数之间不进行参数传送。此类函数通常用来完成一组指定的功能,可以返回或不返回函数值。

② 有参函数。在函数定义及函数说明时都有参数,称为形式参数(简称为形参)。在函数调用时也必须给出参数,称为实际参数(简称为实参)。进行函数调用时,主调函数把实参的值传送给形参,供被调函数使用。

在 C 语言中,所有的函数定义,包括主函数 main 在内,都是平行的。也就是说,在一个函数的函数体内,不能再定义另一个函数,即不能嵌套定义。但是函数之间允许相互调用,也允许嵌套调用。函数还可以自己调用自己,称为递归调用。

7.2 函数的定义

用户自定义函数在使用函数前,先需要对其进行定义。函数定义通常由两部分组成:函数首部与函数体。

7.2.1 无参函数的定义

```
类型 函数名( )                    /* 函数首部 */
{ 声明部分
   语句                           /* 函数体 */
}
```

类型和函数名为函数首部。类型指明了本函数返回值的数据类型,如 int,float,double 等,如果函数没有返回值,此时函数类型符为 void。函数名是用户为函数起的名字,用来唯一标识一个函数,是用户定义的标识符,可以是 C 语言中任何合法的标识符,函数名后有一个空括号,其中无参数,但括号不可少。

{ }中的内容称为函数体。函数体是函数实现自身功能的一组语句。在函数体中,声明部分是对函数体内部所用到的变量的类型说明;语句是函数功能的实现。

例 7.2 定义一个函数,输出一个字符串。

```
#include <stdio.h>
void greeting( )
{printf("Good morning! \n");
}
void main( )
{ greeting( );
}
```

7.2.2 有参函数的定义

```
类型 函数名(形式参数表列)         /* 函数首部 */
{ 声明部分
   语句                           /* 函数体 */
}
```

形式参数,简称为形参,它是用于主调函数与被调用函数之间进行数据交换的。形参可以是各种类型的变量,形参之间用逗号间隔。在进行函数调用时,主调函数将赋予这些形式参数实际的值。

例 7.3 定义一个函数,用来计算两个整数之和。

```
#include <stdio.h>
int add(int x,int y)              /* 形参 x,y */
{
    int result;
```

```
    result=x+y;
    return(result);
}
void main()
{
    int sum,a,b;
    scanf("%d%d",&a,&b);
    sum=add(a,b);                    /*实参a,b*/
    printf("%d\n",sum);
}
```

说明 (1)类型。类型指的是函数类型,它规定了函数返回值的类型。它可以为任何的数据类型,通常它与本函数的 return 语句中表达式的值的类型是一致的,如果不一致,则以函数类型为准,自动进行类型转换。

(2)形式参数。形参表列的语法方式:

　　类型　函数名(类型标示符1 变量名1　类型标识符2　变量名2,…)

其中每个形参前都需要指定一个数据类型,如例 7.3,add 函数中使用两个形参 x 和 y 作为参与加法运算的两个加数,都是整型。

(3)返回值。return 语句的作用是将计算结果返回调用函数,此外,return 语句中的括号可以省略,如"return　result;"。

7.3　函数的执行过程

要想使函数运行,完成函数所实现的功能就必须对函数进行调用。

7.3.1　函数的调用

所谓函数调用,是指一个函数(主调函数)暂时中断函数的运行,转去执行另一个函数(被调函数)的过程。被调函数执行完后,返回到主调函数中断处继续函数的运行。

在 C 语言中,函数调用的一般形式为:

　　函数名(实参1,实参2,…,实参n)

对无参函数调用时则无实际参数,但括号不能省略。实际参数表中的参数可以是常数、变量或其他构造类型数据及表达式。

实参与形参的个数应相等,类型应一致或兼容,实参与形参按顺序对应,一一传递数据。当主调函数调用被调函数时,首先计算主调函数的各个实参的值,并将控制转到被调函数。被调函数接到控制后,将每一个实参值分别赋予相应的形参,然后被调函数开始运行,直到遇到 return 语句或函数体的右花括号时结束被调函数的执行,将控制交还给主调函数。

例 7.4　定义一个函数,求两个数中的最大值。

```
#include <stdio.h>
int max(int a,int b)
{   int m;
```

```
        if(a>b)
           m=a;
        else
           m=b;
        return  m;
    }
    void main( )
    {
       int x,y,r;
       printf("input two numbers:\n");
       scanf("%d%d",&x,&y);
       r=max(x,y);
       printf("max num=%d",r);
    }
```

本例首先执行主函数(main),当执行到"r=max(x,y);"语句时,发生函数调用,暂时中断主调函数(main)的执行,转去执行被调函数(max),将实参 x,y 的值赋给 max 函数的形参 a,b,然后执行 max 函数体内各语句的运算或操作,将 a 和 b 中的大者赋值给变量 m,当执行到语句"return m;"时,将变量 m 的值作为函数返回值带回到主调函数中,被调函数(max)执行完毕,返回到主调函数(main)继续执行,将函数返回值赋值给变量 r 并输出。

说明 (1)函数调用时被调函数如果是库函数,应在本程序文件开头用#include 命令将调用该函数所需要的头文件包含到本文件中;被调函数如果是用户自定义的函数,被调函数必须已经存在。

(2)函数调用方式有 3 种:

① 函数表达式。函数作为表达式中的一项,出现在表达式中,以函数返回值参与表达式的运算。这种方式要求函数是有返回值的。例如:r=max(x,y)是一个赋值表达式,把 max 的返回值赋予变量 r。

② 函数语句。函数调用的一般形式加上分号即构成函数语句。

例如: printf ("%d",a);
　　　 scanf ("%d",&b);

都是以函数语句的方式调用函数。无返回值函数应以函数语句形式调用。

③ 函数实参。函数作为另一个函数调用的实际参数出现。这种情况是把该函数的返回值作为实参进行传送,因此要求该函数必须是有返回值的。

例如:r=max(x,max(y,z));

即把 max 调用的返回值又作为 max 函数的实参来使用的。

(3)在函数调用中还应该注意的一个问题是求值顺序的问题。

所谓求值顺序是指对实参表中各量的求解顺序是自左至右,还是自右至左? 对此,各系统的规定不一定相同。

例 7.5 实参求解顺序的影响。
```
#include <stdio.h>
```

```
int sum(int x,int y)
{ return x+y;
}
void main()
{ int a=6,b;
  b=sum(a,a+=4);
  printf("b=%d\n",b);
}
```

如按照从左至右的顺序求值,运行结果应为:b=16。
如按照从右至左的顺序求值,运行结果应为:b=20。
由于 Turbo C 规定自右至左求值,所以运行结果如图 7.2 所示。因此,在实际应用中应避免这种不确定性。

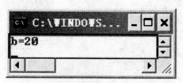

图 7.2　例 7.5 运行结果

7.3.2　函数的原型声明

函数的原型声明就是在主调函数中调用某函数之前应对该被调函数进行声明,目的是把函数类型、函数名、形参类型、形参个数、形参顺序通知编译系统,便于编译系统进行检错。这与使用变量之前要先进行变量说明是一样的。

函数声明的一般形式为:

　　　　函数类型　被调函数名(类型　形参,类型　形参……);

或

　　　　函数类型　被调函数名(类型,类型……);

例 7.6　定义一个函数求两个数中的最大值。

```
#include <stdio.h>
void main()
{ int x,y,r;
  int max(int a,int b);              /*对被调函数的声明*/
  printf("input two numbers:\n");
  scanf("%d%d",&x,&y);
  r=max(x,y);
  printf("max num=%d",r);
}
int max(int a,int b)
{ return  a>b? a:b;  }
```

说明　(1)函数定义和函数声明是不一样的。函数定义包括函数类型、函数名、形参及类型、函数体等,是函数功能的确定;函数声明则是通知编译系统函数名、函数类型、形参类型、形参个数和顺序,以便在调用函数时编译系统按照函数原型对函数调用的合法性进行检查,和函数原型不匹配的函数调用会导致编译出错,属于语法错误。

(2) 如果被调函数的定义出现在主调函数之前,可以不必声明,即在多函数程序中如果函数在程序清单中出现的顺序遵循"先定义后引用"的原则,则不需要使用函数声明,例7.5中被调函数 sum 的定义出现在主调函数 main 之前,所以不用函数声明。

(3) 如果在所有函数定义之前,在函数的外部已做了函数声明,则在各主调函数中不必对所调函数再做声明,见例7.7。

例 7.7 在函数外部做函数声明。

```
float f1(float,float);              /*函数声明*/
float f2(float,float);              /*函数声明*/
void main()
{ float m,n;
   …
   k=f1(m,n);
   …
}
float f1(float a,float b)
{
   float z;
   …
   z=f2(a,b);
   …
}
float f2(float x,float y)
{
   …
}
```

7.3.3 函数的参数

函数的参数分为形参和实参两种。在定义函数时函数名后面括号中的变量为形参,在主调函数中调用函数时函数名后面括号中的变量是实参。在调用函数时,主调函数和被调函数之间通过实参和形参进行数据传递。参数的传递有两种不同的方式,即值传递和地址传递。

1. 值传递

在函数调用时,实参变量将其值传递给形参变量,这种传递方式即为"值传递"。值传递是单向传递,只能由实参传递给形参,而不能由形参传递给实参。因为当发生函数调用,给形参分配存储单元,并将实参的值传递给对应的形参,当函数调用结束后,形参所占的存储单元被释放,实参仍保留并维持原值。因此,在执行一个被调函数时,形参的值如果发生变化,并不会改变主调函数中实参的值。

例7.8 试分析以下程序的输出结果。

```
#include <stdio.h>
void add(int,int);
void main()
{ int x=1,y=2;
  add(x,y);
  printf("x=%d,y=%d\n",x,y);
}
void add(int a,int b)
{ a+=3;
  b+=6;
  printf("a=%d,b=%d\n",a,b);
}
```

首先执行 main 主函数,当执行到"add(x,y);"语句时,调用 add 函数,给形参 a 和 b 分配存储单元,并将实参 x 和 y 的值分别赋给形参 a 和 b,然后利用 a 和 b 的值进行 add 函数体内各语句的运算,经过运算后形参 a 和 b 的值分别为 4 和 8,并输出。当执行到 add 函数体的右花括弧"}"时,函数调用结束,形参 a 和 b 所占存储单元释放。程序返回到主调函数(main)的调用位置,继续在主调函数中执行,输出 x 和 y 的值,如图7.3 所示。

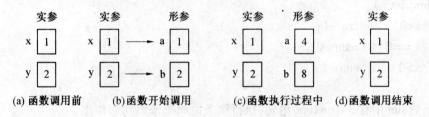

图7.3 函数调用过程中实参、形参状态示意图

由此可知,形参 a 和 b 的值变化对实参 x 和 y 没有影响。

2. 地址传递

地址传递是指函数调用时,实参将某些量(如变量、字符串、数组等)的地址传递给形参。这样实参和形参指向同一内存空间,在执行被调函数的过程中,形参对所指向内存空间中的内容改变,能够直接影响到主调函数中相对应的实参。

在地址传递方式下,形参和实参可以是变量地址、指针变量或数组名。

7.3.4 函数的返回值

有时,通过函数调用希望得到一个确定的值,如调用正弦函数得到正弦值。在 C 语言中是通过 return 语句来实现的。

return 语句的一般形式:

return 表达式;

或

return（表达式）；

说明 （1）return 语句有双重作用：从函数中退出；返回到调用函数中并向调用函数返回一个确定的值。

（2）一个函数中可以有多个 return 语句，但每次调用只能有一个 return 语句被执行，因此只能返回一个函数值。

例 7.9 有一个函数

$$y = \begin{cases} -1 & x<0 \\ 0 & x=0 \\ 1 & x>0 \end{cases}$$

编程输入 x 值，输出 y 值。

```
#include <stdio.h>
void main()
{ int m,n,k;
  int fun(int);
  scanf("%d%d%d",&m,&n,&k);
  printf("fun(%d)=%d\n",m,fun(m));
  printf("fun(%d)=%d\n",n,fun(n));
  printf("fun(%d)=%d\n",k,fun(k));
}
int fun(int x)
{ if(x<0)      return -1;
  if(x==0)     return 0;
  if(x>0)      return 1;
}
```

在函数 fun 中有 3 条 return 语句，执行哪条语句哪条语句起作用。

如果 x<0，执行语句"return -1;"，将函数 fun 的返回值-1 带回到主调函数，被调函数 fun 执行结束，返回主调函数(main)中断处继续执行；如果 x=0，执行语句"return 0;"，将函数 fun 的返回值 0 带回到主调函数，被调函数 fun 执行结束，返回主调函数(main)中断处继续执行；如果 x>0，执行语句"return 1;"，将函数 fun 的返回值 1 带回到主调函数，被调函数 fun 执行结束，返回主调函数(main)中断处继续执行。

（3）在定义函数时应当指定函数值的类型，并且函数的类型一般应与 return 语句中表达式的类型相一致，当二者不一致时，应以函数的类型为准，即函数的类型决定返回值的类型。对于数值型数据，可以自动进行类型转换。

例 7.10 试分析以下程序的运行结果。

```
#include <stdio.h>
int max(float a,float b)
{
  float c;
  c=a>b? a:b;
```

```
    return c;
}
void main( )
{
    float x,y;
    scanf("%f%f",&x,&y);
    printf("max=%d\n",max(x,y));
}
```

程序运行结果如图 7.4 所示。

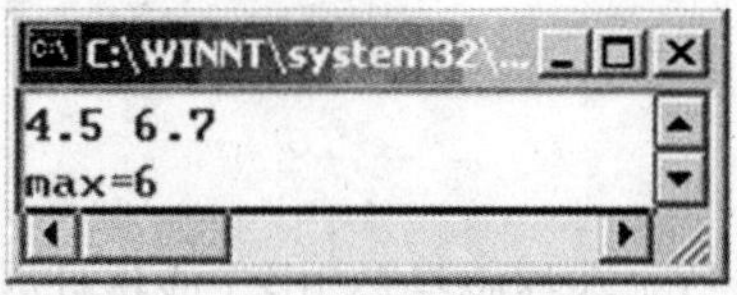

图 7.4　例 7.10 运行结果

函数 max 的类型是 int，return 语句中的 c 是 float 类型，二者不一致，以函数类型为准，系统自动进行类型转换，将 c 的值 6.7 转换为整型 6，然后 max 函数带回整型值 6 返回主调函数(main)。

(4) 若函数中无 return 语句，函数带回一个不确定的值，而不是没有返回值。为了明确表示函数没有返回值，将函数类型定义为 void(空类型)。例如：

```
void output(int x,int y)
{
    printf("%d,%d",x,y);
}
```

7.4　数组与函数

数组可以作为函数的参数使用，进行数据传送。数组用做函数参数有两种形式：一种是把数组元素作为函数参数，这与简单变量做函数参数一样，即"值传递"；另一种是把数组名作为函数参数，传递的是数组的首地址。

7.4.1　一维数组与函数传递

1. 数组元素做函数参数

数组元素做函数参数，和变量做函数参数一样，是单向传递，即"值传递"。数组元素只能做函数的实参，对应的形参是变量。

例 7.11　判别一个整数数组中各元素的值，将大于 0 的数组元素输出。
```
#include <stdio.h>
void fun(int v)
{ if(v>0)
```

```
      printf("%d",v);
   }
   void main()
   { int a[5],i;
      printf("input 5 numbers\n");
      for(i=0;i<5;i++)
         scanf("%d",&a[i]);
      printf("output numbers(>0)is:\n");
      for(i=0;i<5;i++)
         fun(a[i]);
   }
```

2. 数组名作函数参数

数组名作函数参数,形参与实参都应是数组名(或指针变量),传递的是数组的首地址。一维数组做函数参数,形参的一般形式为:

   类型说明符 形参数组名[数组长度]

或

   类型说明符 形参数组名[ ]

例7.12 编写函数,计算数组的平均值。

```
#include <stdio.h>
double aver(int b[10])
{ int i;
   double sum=0;
   for(i=0;i<10;i++)
      sum=sum+b[i];
   return sum/10;
}
void main()
{ int a[10],i;
   double average;
   for(i=0;i<10;i++)
      scanf("%d",&a[i]);
   average=aver(a);
   printf("average score is %f\n",average);
}
```

说明 (1)数组名做函数参数,形参与实参都应是数组名(或指针变量)。因此应在主调函数和被调函数中分别定义数组,在例7.12中主调函数(main)定义了实参数组a,在被调函数中(aver)定义了形参数组b。

(2)实参数组和形参数组必须类型一致,否则结果出错。

(3)例7.12在被调函数aver中声明了形参数组b,长度为10,但其长度不起任何作用。

因为 C 语言对形参数组大小不做检查,只是将实参数组的首地址传递给形参数组。因此对形参数组声明时可以不指定数组长度,但方括号不能省略。为了提高程序的通用性,可以另外设一个参数,传递需要处理的数组元素的个数。

例 7.13 编写函数,计算 n 元数组的平均值。

```c
#include <stdio.h>
double aver(int c[ ],int n)
{ int i;
  double sum=0;
  for(i=0;i<n;i++)
    sum=sum+c[i];
  return sum/n;
}
void main( )
{ int a[10]={1,2,3,4,5,6,7,8,9,0},b[5]={1,2,3,4,5},i;
  double average1,average2;
  average1=aver(a,10);
  average2=aver(b,5);
  printf("average1 score is %f\n",average1);
  printf("average2 score is %f\n",average2);
}
```

由本例可以看出,两次调用函数 aver 时需要处理的数组元素的个数是不同的。第一次调用时将实参 10 传递给形参 n,表示求 10 个数的平均值;第二次调用时将实参 5 传递给形参 n,求 5 个数的平均值。

(4)数组名作函数实参,是将实参数组的首地址传递给形参数组,那么实参数组和形参数组共同占有同一段内存单元,也就是说,实参数组第 i 个数组元素和形参数组第 i 个数组元素占有相同内存单元。因此,形参数组中的各个元素的值如果改变,实参数组中的各个元素的值也会改变。

例 7.14 编写函数,将给定的字符串逆序。

```c
#include <stdio.h>
void rever(char b[ ],int n)
{ int i,t;
  for(i=0;i<=n/2-1;i++)
  { t=b[i];b[i]=b[n-1-i];b[n-1-i]=t;}
}
void main( )
{ char a[100];
  int i,n=0;
  printf("Please input string:");
  gets(a);
```

```
    printf("Original character: ");
    puts(a);
    for(i=0;a[i]! = '\0';i++)
        n++;
    rever(a,n);
    printf("Reverse order string:");
    puts(a);
}
```

在执行函数调用语句"rever(c,n);"前后 c 数组中的值是不同的。说明通过调用函数使形参数组逆序,实参数组也随之改变。程序执行过程如图 7.5 所示。

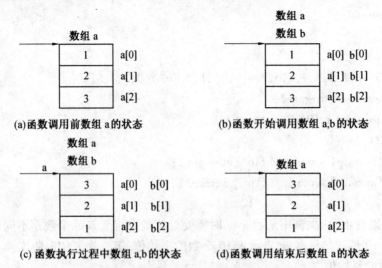

图 7.5　程序执行过程中数组的状态示意图

7.4.2　二维数组与函数的传递

二维数组作函数参数,形参的一般形式为:
类型说明符　形参数组名[行数][列数]

或

类型说明符　形参数组名[ ][列数]

二维数组作为实参和形参,在被调函数中对形参数组定义时可以指定每一维的大小,也可以省略第一维的大小,但不能省略第二维的大小。例如:

int array[3][4];
int array[ ][4];　} 是合法的

int array[3][ ];　　 是不合法的

因为实参是数组名,传递过来的是数组的首地址,二维数组在内存中是按行存放的,即在内存中先顺序存放第一行的元素,再存放第二行的元素……如果在形参中不指定列数,系统则无法确定二维数组是多少行多少列,因此不能省略第二维的大小。

例 7.15　编写函数,交换二维数组中的 i,j 两行。

```c
#include <stdio.h>
void exchange(int b[ ][10],int i,int j)
{ int k,t;
  for(k=0;k<10;k++)
  { t=b[i][k];
    b[i][k]=b[j][k];
    b[j][k]=t;}
}
void main( )
{ int a[10][10],i,j;
  for(i=0;i<10;i++)
    for(j=0;j<10;j++)
      a[i][j]=i*10+j;
  printf("original array is:\n");
  for(i=0;i<10;i++)
  { for(j=0;j<10;j++)
     printf("%4d",a[i][j]);
    printf("\n");}
  printf("Please input i,j:");
  scanf("%d%d",&i,&j);
  exchange(a,i,j);
  printf("exchange array is:\n");
  for(i=0;i<10;i++)
  {for(j=0;j<10;j++)
    printf("%4d",a[i][j]);
   printf("\n");
  }
}
```

7.5 程序举例

例7.16 编写两个函数,分别求两个数的最大公约数和最小公倍数,用主函数调用这两个函数来实现,并输出结果,两个整数由键盘输入。

```c
#include "stdio.h"
int gcd(int,int);
int gcm(int,int);
void main( )
{ int m,n,l,k;
  printf("Please input m,n:\n");
```

```
    scanf("%d%d",&m,&n);
    l=gcd(m,n);
    k=gcm(m,n);
    printf("gcd=%d\ngcm=%d\n",l,k);
}
int gcd(int a,int b)
{ int r;
    r=a%b;
    while(r>0)
    { a=b;b=r;r=a%b;}
    return b;
}
int gcm(int a,int b)
{ int k;
    k=gcd(a,b);
    return a*b/k;
}
```

程序首先在主函数(main)中执行,当执行到语句"l=gcd(m,n);"时,暂停主函数的执行,开始执行被调函数 gcd,并将实参 m、n 的值传递给形参 a,b,即 a=45,b=27,然后执行 gcd 函数体内各语句的运算或操作,如图 7.6 所示。

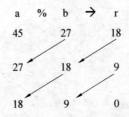

图 7.6　变量值的变化过程

当 r=0 时,将 b 的值 9 作为函数返回值带回到主调函数中,即为最大公约数并赋值给变量 l。执行语句"k=gcm(m,n);"求最小公倍数,两数相乘除以最大公约数即为最小公倍数。

例 7.17　编写判断素数的函数,在主函数中调用。要求输出 100~200 之间的全部素数。

```
#include <stdio.h>
#include <math.h>
int prime(int m)
{ int flag,i,n;
    n=sqrt(m+1);
    for(i=2;i<=n;i++)
        if(m%i==0)
```

```
            break;
    if(i==n+1)
        flag=1;
    else
        flag=0;
    return flag;
}
void main()
{ int m,r,n=0;
  for(m=100;m<=200;m++)
  { r=prime(m);
    if(r==1)
    { printf("%5d",m);
      n++;
      if(n%7==0)                    /*控制每行输出7个数据*/
        printf("\n");
    }
  }
}
```

函数 prime 的功能是判断一个数是不是素数,如果是素数,则返回值是 1;如果不是素数,则返回值是 0。

例 7.18 写一个函数,将给定的一个二维数组(3×3)转置,即行列互换。

```
#include <stdio.h>
void fun(int b[ ][3])
{ int i,j,t;
  for(i=0;i<3;i++)
    for(j=0;j<i;j++)
    { t=b[i][j];b[i][j]=b[j][i];b[j][i]=t;}
}
void main()
{
  int a[3][3]={{1,2,3},{4,5,6},{7,8,9}},i,j;
  printf("original array is:\n");
  for(i=0;i<3;i++)
  { for(j=0;j<3;j++)
      printf("%4d",a[i][j]);
    printf("\n");
  }
  fun(a);
```

```
        printf("exchange array is:\n");
        for(i=0;i<3;i++)
        { for(j=0;j<3;j++)
            printf("%4d",a[i][j]);
          printf("\n");
        }
    }
```

在执行函数调用语句"fun(a);"前后 a 数组中个元素的值是不同的。调用前的值为

$$\begin{matrix} 1 & 2 & 3 \\ 4 & 5 & 6 \\ 7 & 8 & 9 \end{matrix}$$

调用后行列互换。

例 7.19 编写函数,判断字符串是否"回文"。(提示:回文是指正反序相同的字符串,如 13531)

```
#include <stdio.h>
int fun(char str[])
{ int n,k,flag=1;
  for(n=0;str[n]!='\0';n++);
  for(k=0;k<n/2;k++)
    if(str[k]!=str[n-1-k])
      {flag=0;break;}
  return flag;
}
void main()
{ char s[80];
  printf("Please enter string:");
  gets(s);
  if(fun(s)==1)
    printf("Yes!\n");
  else
    printf("No!\n");
}
```

例 7.20 编写函数,功能是从字符串 s 中删除从第 i 个字符开始的 n 个字符。

```
#include <stdio.h>
void del(char s[],int i,int n)
{ int k,length=0;
  while(s[length]!='\0')
    length++;
  --i;
```

```
    k=i+n;
    while(k<length)
        s[i++]=s[k++];
    s[i]='\0';
}
void main()
{   char str[80];
    int i,n;
    printf("Please input str:");
    gets(str);
    printf("Please input i , n :");
    scanf("%d%d",&i,&n);
    del(str,i,n);
    printf("The new string is : %s",str);
}
```

例 7.21 编写程序,求 s=s1+s2+s3+s4 的值,其中

$$s1 = 1+\frac{1}{2}+\frac{1}{3}+\cdots+\frac{1}{50}$$

$$s2 = 1+\frac{1}{2}+\frac{1}{3}+\cdots+\frac{1}{100}$$

$$s3 = 1+\frac{1}{2}+\frac{1}{3}+\cdots+\frac{1}{150}$$

$$s4 = 1+\frac{1}{2}+\frac{1}{3}+\cdots+\frac{1}{200}$$

```
#include <stdio.h>
double count(int n)
{  double s=0;
   int i;
   for(i=1;i<=n;i++)
       s=s+1.0/i;
   return s;
}
void main()
{  double s;
   s=count(50)+count(100)+count(150)+count(200);
   printf("s=%8.2f\n",s);
}
```

函数 count 的功能是计算 $1+\frac{1}{2}+\frac{1}{3}+\cdots+\frac{1}{n}$ 的值,通过调用该函数来计算 s 的值。

习 题

一、选择题

1. 以下函数调用语句中含有_____个实参。
   fun((exp1,exp2),(exp3,exp4,exp5));
   A. 1　　　　　　B. 2　　　　　　C. 4　　　　　　D. 5

2. 若有以下调用语句,则不正确的 fun 函数的首部是_____。
   ```
   void main()
   { …
     int a[50],n;
     …
     fun(n, &a[9]);
     …
   }
   ```
   A. void fun(int m, int x[])　　　　　B. void fun(int s, int h[10])
   C. void fun(int p, int *s)　　　　　 D. void fun(int n, int a)

3. 以下程序的输出结果是_____。
   ```
   #include<stdio.h>
   void main()
   { int i=010,j=10;
     printf("%d,%d\n",++i,j--);
   }
   ```
   A. 11,10　　　　B. 9,10　　　　C. 010,9　　　　D. 10,9

二、填空题

1. 以下函数的功能是计算 s=1+1/2! +1/3! +…+1/n!。
   ```
   double fun(int n)
   { double s=0.0,fac=1.0; int i;
     for(i=1,i<=n;i++)
       { fac=fac_____;
         s=s+fac; }
     return s;
   }
   ```

2. 下面 invert 函数的功能是将一个字符串 str 的内容颠倒过来。
   ```
   #include <stdio.h>
   void invert(char str[])
   { int i,j,_____;
     for (i=0,j=strlen(str)_____;i<j;i++,j--)
   ```

```
    { k=str[i]; str[i]=str[j]; str[j]=k; }
}
```

三、阅读程序写结果

1.
```
#include<stdio.h>
void main( )
{ void fun(int i,int j);
  int i=2,x=5,j=7;
  fun(j,6);
  printf("i=%d,j=%d,x=%d\n",i,j,x);
}
void fun(int i,int j)
{ int x=7;
  printf("i=%d,j=%d,x=%d\n",i,j,x);
}
```

2.
```
#include<stdio.h>
void main( )
{ void ming( );
  ming( );  ming( );  ming( );
}
void ming( )
{ int x=0;
  x+=1;
  printf("%d",x);
}
```

四、编程题

1. 分别编写函数,检测:
（1）一个字符是否为空格;
（2）一个字符是否为数字;
（3）一个字符是否为元音。

2. 编一个函数 fun(n),求任意 4 位正整数 n 的逆序数。例如,当 n=2345 时,函数值为 5432。

3. 编一个函数,用选择法对数组中的 10 个整数降序排列。

4. 编一个函数,输入一个十六进制数,输出其相应的十进制数。

5. 输入 10 名学生 5 门课的成绩,分别用函数求:
（1）每门课的平均分;
（2）找出最高的分数所对应的学生和课程。

第8章 指　针

指针是 C 语言中的一个重要概念,也有人把它称为 C 语言的灵魂,使用指针可以通过地址访问内存空间,可以有效地表示复杂的数据结构,可将指针用于函数参数传递以达到更加灵活使用函数的目的。

8.1 指针的概念

例8.1 阅读下面的程序,分析程序的功能。
```
#include <stdio.h>
void exch(int x,int y)
{ int t;
  t=x;
  x=y;
  y=t;
}
void main( )
{ int a,b;
  scanf("%d%d",&a,&b);
  exch(a,b);
  printf("%d,%d\n",a,b);
}
```

有的人认为这个程序的功能是交换主函数中变量 a,b 的值,但通过运行程序可知,这个程序并不能交换变量 a 和 b 的值,为什么? 先分析一下程序的执行过程,程序从主函数开始执行:

(1)执行语句"scanf("%d%d",&a,&b);",从键盘读入两个整数并存入变量 a 和 b 对应的存储空间。

(2)执行语句"exch(a,b);",调用函数,为形参 x 和 y 分配存储空间,并将实参变量 a 和 b 的值传递给形参,即把实参 a 和 b 的值保存到形参 x 和 y 的存储空间中,然后开始执行被调函数。

(3)执行语句"int t;",声明临时变量 t,并为其分配存储空间。

(4)执行语句"t=x;",将形参 x 的值保存到变量 t 的存储空间中。

(5)执行语句"x=y;",将形参 y 的值保存到形参 x 的存储空间中。

(6)执行语句"y=t;",将变量 t 的值保存到形参 y 的存储空间中。

(7)结束函数执行,释放形参 x,y,变量 t 的存储空间,形参 x,y 的值不复存在,返回主调函数。

(8)执行语句"printf("%d,%d\n",a,b);",输出变量 a 和 b 的值,变量 a 和 b 仍然是它们的原值。

(9)结束程序的运行。

从上面的叙述可以看出,调用函数时只是把实参 a 和 b 的值传给形参,被调函数交换的是形参 x 和 y 的值,没有对变量 a 和 b 的存储空间进行操作,对主函数中变量 a 和 b 的值没有任何影响。

要在被调函数中交换变量 a 和 b 的值,必须对变量 a 和 b 的存储空间操作。到目前为止,都是使用变量名访问变量的存储空间,但变量 a 和 b 是主调函数中的变量,根据变量的作用域,在被调函数中不能使用主调函数中的变量。能不能不用变量名访问变量的存储空间? 能,可以用变量的地址访问变量的存储空间。上面的程序改成如下的程序,就可以交换主调函数中变量 a 和 b 的值。

```c
#include <stdio.h>
void exch(int * x,int * y)
{ int t;
    t= * x;
    * x= * y;
    * y=t;
}
void main( )
{int a,b;
    scanf("%d%d",&a,&b);
    exch(&a,&b);
    printf("%d,%d\n",a,b);
}
```

两个程序有以下几点不同。

(1)形参的形式不同:第一个程序是普通变量做函数形参,第二个程序是指针变量做形参。

(2)调用函数时用的实参不同:第一个程序是用变量 a 和 b 的值做实参,第二个程序是用变量 a 和 b 的地址做实参。

(3)被调函数的操作对象不同:第一个程序交换的是形参 x 和 y 的值,第二程序交换的是形参 x 和 y 所指变量的值。

由于是把变量 a 和 b 的地址传给了作为形参的指针变量 x 和 y,x 和 y 所指向的变量就是变量 a 和 b,所以第二个程序交换的是变量 a 和 b 的值。

8.1.1 地址和内存的访问方式

第 2 章讨论过,程序中的每个变量在计算机内存中都占用一定的连续存储空间(不同类型的变量、同类型的变量在不同的编译系统中占用的空间大小可能不同),用于存储变量的值。例如,在 Turbo C 编译系统中,int 类型变量占用连续 2 个字节的存储空间、float 类型变量占用连续 4 个字节的存储空间、char 类型变量占用 1 个字节的存储空间。

内存中一个字节的存储空间称为一个存储单元,每个存储单元都有一个编号,称为地址。一个变量占用的第一个存储单元的地址称为变量的地址。例如,有变量定义语句:

  int a=4;
  float b=3.75;

变量 a 和 b 占用的空间如图 8.1 所示。如果变量 a 占用存储空间的地址是 2001 和 2002,变量 b 占用存储空间的地址是 2051～2054,那么变量 a 的地址就是 2001,变量 b 的地址是 2051。

有了上述定义,在程序中可以有如下的语句:

  a=a+4;

这条语句通过变量名两次访问变量 a 的内存空间,一次是读其中的数据,一次是向其中写数据。这种访问方法称直接访问方式。

变量的存储空间还可以按地址访问,这种方式不是直接用变量地址访问变量的存储空间,而是将变量地址存储到一个称为指针变量的变量中,使用时,先按指针变量找到变量的地址,再按变量地址找到变量的存储空间,称为内存的间接访问方式。

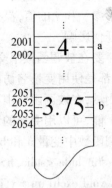

图 8.1 内存分配示意图

8.1.2 指针和指针变量

在 C 语言中,指针是对地址的形象化描述,指针就是地址,更准确地说,指针是存储特定类型数据的存储单元的地址。变量的地址称为变量的指针,函数的入口地址称为函数指针,数组的首地址称为数组的指针。

若将一个地址存储到一个变量中,则这个变量称为指针变量。指针变量是一种特殊的变量,它的值是所在程序中的一个地址(变量地址、函数地址、数组地址等),不能是普通数据。指针变量也占用存储空间,也有自己的地址。指针变量有时也简称"指针"。

在程序中,若将某个变量 x 的地址存储到一个指针变量 p 中,则变量 x 称为指针变量所指变量。对变量 x 操作既可以通过变量名来完成,也可以通过指针变量 p 来完成。

8.2 指针的定义与使用

像普通变量一样,指针变量在使用前也需要定义,由编译系统为其分配相应的存储空间,然后才能对指针变量操作,或通过指针变量访问它所指变量。

8.2.1 指针的定义与初始化

8.1 节说过,指针是存储特定类型数据的存储单元的地址。为了便于正确地描述指针的操作,限制指针的滥用和误用,便于编译系统正确地处理涉及指针的操作,C 语言中每个指针都必须有特定的类型,存储指针的指针变量也必须有特定的类型,所以定义指针变量

时,要说明指针变量所存地址的类型和指针变量名。指针变量的定义形式如下:

  基类型 *指针变量名;

例如,下面的语句:

int *p1;

float *p2,*p3;

char *p4;

分别定义了指向 int 类型数据的指针 p1、指向 float 类型数据的指针 p2 和 p3、指向字符型数据的指针 p4。

基类型是指针变量所指对象的类型。指针变量定义语句中的符号"*"是指针声明符,表示其后的变量是指针变量,不是普通变量。符号"*"在本章中还会讲到,那时它的功能是访问指针所指对象。

指针定义后,必须将其与所在程序中的某个特定的地址关联后才可以使用,也就是说,必须先为指针变量指定一个值,然后才能通过指针操作所指对象。为指针变量指定值的方法有两种,一是初始化,即在定义时为其指定值;二是赋值,使用赋值语句完成。

指针初始化是在定义指针变量时,为指针变量指定一个已经定义的变量的地址,使其有所指。例如,下面的语句:

int a,b;

int *pa=&a,*pb=&b;

定义了两个整型变量 a,b 和两个指向整型数据的指针变量 pa,pb,并用 a,b 的地址分别初始化指针变量 pa,pb,使 pa 指向变量 a,pb 指向变量 b。语句中的表达式"&a"和"&b"分别表示取变量 a 和变量 b 的地址,运算符"&"用在指针操作中表示"取地址"。

若定义指针变量时不初始化,指针变量的值是一个不确定的数据,即一个不确定的地址,使用前必须使用赋值语句为其指定一个地址。

8.2.2 指针操作

1. 给指针变量赋值

一般形式:

  指针变量名=地址;

"地址"可以是:

(1)变量的地址、数组名、数组元素的地址等。

(2)指针变量。

(3)常量:NULL。

例如,下面的语句:

int a,b,*p1,*p2;

p1=&a;

p2=p1;

p1=NULL;

说明 (1)赋值号右侧地址空间中存储数据的类型必须与指针变量所指对象的类型相同,例如,下面的语句是错误的。

```
float    x;
int    *p;
p=&x;
```
因为变量 x 的存储空间存放的是单精度实型数据,而指针变量 p 所指对象要求是整型的。

(2)不能将整型常量赋值给一个指针变量,例如,下面的语句:
```
int    *p;
p=2001;
```
语句中的"2001"是一个整型常量,不是程序中的一个确定地址。

(3)当不确定指针变量指向什么数据时,可以将指针变量指定为 NULL。NULL 用于给指针变量赋值时,意思是"空",即指针不指向任何内存空间。

2. 通过指针变量访问所指变量

通过指针变量访问所指变量需使用运算符"*",表示访问指针变量所指对象。在指针运算中,运算符"*"是一个单目运算,运算量必须是指针变量。通过指针变量访问所指变量的一般形式是:

　　*指针变量名

例如,有定义语句"int   a,*p=&a;",则在程序中出现*p时,*p表示变量a,"*p"与变量名"a"等价。

例 8.2 分析下面的程序,若输入 6,给出程序的输出结果。
```
#include <stdio.h>
void main()
{ int    a,b,c,*p1=&a,*p2=&b,*p3=&c;
  scanf("%d",p1);
  *p2=3;
  *p3=*p1-*p2+6;
  printf("%d,%d,%d",*p1,*p2,*p3);
}
```

分析 (1)int   a,b,c,*p1=&a,*p2=&b,*p3=&c;:定义了三个整变量和三个整型指针,并将三个指针分别指向了三个变量。

(2)scanf("%d",p1);:从键盘读入一个整型数据,存储指针 p1 所指向的存储空间,即存入变量 a 的存储空间,若输入为 6,则变量 a 的值是 6。

(3)*p2=3;:将常量 3 赋值给指针 p2 所指的变量,因为 p2 指向变量 b,所以将 3 赋值给变量 b,语句"*p2=3;"的功能与"b=3"是等价的。

(4)*p3=*p1-*p2+6;:首先求解表达式"*p1-*p2+6"的值,根据*p1 和*p2,取出*p1,*p2 所指对象的值,即变量 a 和 b 的值 6 和 3,计算 6-3+7;将表达式"*p1-*p2+6"的值 10 赋值给指针 p3 所指变量,也就是将 10 赋值给变量 c,变量 c 的值是 10。

(5)printf("%d,%d,%d",*p1,*p2,*p3);:输出指针 p1,p2,p3 所指变量的值,即输出变量 a,b,c 的值,输出结果是:6,3,10。

说明 语句"scanf("%d",p1);"不能写成"scanf("%d",&p1);",前一条语句是将读

入的数据存入指针 p 所指的存储空间中,后一条语句是将读入的数据存入指针变量 p 自己的存储空间中,因为读入的数据是任意的整型数据,不是一个确定的地址,语句 scanf("%d",&p1);"执行时会产生错误。

8.3 指针做函数参数

在 C 语言中,指针被广泛地用做函数参数,指针做函数参数的作用有两点:一是使用指针方式传递数组、结构体等数据,避免直接传递大量的数据;二是通过指针操作,在函数内部对本函数之外的变量进行操作。8.1 节的第二个程序就是用指针做函数参数,在函数 exch() 中间接地对主调函数中的变量 a 和 b 进行互换操作。

什么情况下使用指针做函数参数? 如果要在函数中修改主调函数的某些变量的值,就需要用指针变量做函数参数,调用函数时将这些变量的地址传递函数的指针形参,在函数中通过指针参数对其所指变量进行操作。

例 8.3 编写函数,计算两个整数的和值与平均值,并直接保存到主函数的变量中。在主函数中读入两整数,调用函数计算和值及平均值,然后输出和值及平均值。

分析 函数的算法很简单,关键是如何设置函数的参数。要完成题干中要求的功能,函数需要两个原始数据,数值需要从主调函数传递过来,所以函数需要有两个普通变量的形参。函数的处理结果有两个,如果用函数返回值,只能将其中之一反馈给主调函数,不能完成要求的功能。怎样将两个计算结果都反馈给主调函数? 可以将主调函数保存和值与平均值变量的地址传递给函数,在函数中通过指针间接地将两计算结果保存到主调函数中相应的变量中,因此,函数还需要两个指针变量的形参。因为两个计算结果在函数中被间接地写入主调函数中相应的变量,所以函数不需要返回值。

程序代码:
```
#include <stdio.h>
void fun(int a,int b,int *ps,float *pa);
void main()
{ int a,b,s;
  float ave;
  scanf("%d%d",&a,&b);
  fun(a,b,&s,&ave);
  printf("sum=%d,average=%.2f\n",s,ave);
}
void fun(int a,int b,int *ps,float *pa)
{ *ps=a+b;
  *pa= *ps/2.0;
}
```

调用指针变量做形参的函数时,要求对应的实参也必须是指针数据,即地址。形实结合时,仍然为形参(指针变量)分配存储空间,将实参的值(地址)传递给对应形参,结果使作为形参的指针变量指向了实参地址所指示的存储空间。如果给例 8.2 输入的数据是 12 和

34,则调用 fun( )时,实参与形参的数据传递结果如图 8.2 所示。

图 8.2　参数传递示意图

8.4　指针和数组

在 C 语言中,指针和数组的关系特别密切,尽管指针和数组是两种不同类型的数据结构,但在很多情况下二者可以互换使用。正确理解指针和数组之间的关系,可以有效地掌握和使用指针。

8.4.1　指针的运算

程序中使用数组存储批量数据,可以定义一个指针变量,使它指向数组,通过移动指针,访问数组中的各元素。如何移动指针?解决的方法是对指针作算术运算。在移动指针访问数组元素时,如何控制指针,使其不超出数组的范围?解决的方法是对指针作关系运算。

1. 指针的算术运算

指针的算术运算分为两种情况,一是指针与一个整型数据作加法或减法运算,二是两个同类型的指针作减法运算。

(1)指针变量加上或减去一个整型数据。指针与整型数据作加、减法运算,结果仍然是一个地址。假设一个 int 类型的指针变量 p,通过初始化或赋值操作,已经指向内存中的某个存储单元,则 p+1 和 p-1 的运算结果还是内存的地址。在 TurboC 编译系统中,指针 p 与 p+1 和 p-1 的位置关系如图 8.3 所示。从图 8.3 中可以看出,p+1 所表示的存储单元的地址,并不是 p 所指存储单元地址加 1,而是加 2,p-1 所表示的存储单元的地址是 p 所指存储单元地址减 2。p+1 的值是 p 所指存储单元地址加 sizeof(* p)的值,依此类推,p+n 表示的地址是 p 所指存储单元地址加 n * sizeof(* p);p-n 表示的地址是 p 所指存储单元地址减去 n * sizeof(* p)。

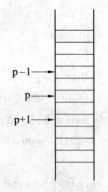

图 8.3　指针的算术运算

运行下面的程序,可以进一步理解指针 p 的值与 p+1 和 p-1 值的关系。
```
#include <stdio.h>
void main( )
{ int a, * p=&a;
   printf("%d,%d,%d",p-1,p,p+1);
```

}

在程序中若有 p=p+n 或 p=p-n 的操作,会使指针沿地址增加或减少的方向移动 n*sizeof(*p)个存储单元。

(2) 指针自增、自减。对指针变量可以作自增、自减运算。例如,若指针变量 p 已指向某一确定的存储单元,程序中可以进行 p++(++p)或 p--(--p)运算。指针自增、自减运算可以使指针沿地址增加方向或地址减少方向移动 sizeof(*p)个存储单元。

(3) 同类型指针作减法。若两个指针指向同一个数组,可以作减法运算,结果表示两个指针所指元素的下标之差。例如,若指针 p 指向数组 a 的 a[2]元素,指针 q 指向数组 a 的 a[6]元素,q-p 的值是 6-2 的值,p-q 的值是 2-6 的值。

2. 指针的关系运算

两个指针作关系运算,可以表示两个指针的位置是不是满足某个关系。例如,有指向同一数组的两个指针 p 和 q,若 q<p 为真时,表示 p 所指存储单元地址小于 q 所指存储单元地址;若为假,则 p 所指存储单元地址大于或等于 q 所指存储单元地址。

指针的关系运算通常用于判断指针所指存储单元已超出数组范围。例如,有一个 10 个元素的一维数组 a,指针 p 指向某个存储单元,若表达式"p>=a&&p<=a+9"(数组名表示数组的第一个元素的地址)为真,则 p 指向数组 a 的某个元素,没有超出数组 a 的范围。

8.4.2 一维数组的地址与指针

1. 一维数组的地址

一维数组各元素在计算机内存占用一片连续的存储空间,每个元素占用的第一个存储单元的地址称为数组元素的地址,数组第一个元素的地址是数组的首地址。一维数组的数组名代表数组的首地址,在定义数组时确定的是一个常量,不可改变。一维数组各元素的地址可以用数组名与代表数组元素下标的整数作加法运算得到。例如,一个有 10 个元素的一维数组 a,a[0]的地址是 a,a[1]的地址是 a+1,a[2]的地址是 a+2,…,a[9]的地址是 a+9。

2. 指向一维数组元素的指针

若将一维数组的首地址或某个元素的地址存入一个指针变量中,则称这个指针变量是指向一维数组元素的指针。例如,语句"int a[10],*pa=a;",定义了一个整型的一维数组和一个整型指针,并使指针指向了数组的第一个元素。指向一维数组元素的指针变量的类型必须与数组类型相同。指向一维数组元素指针的定义形式如下:

　　类型 *指针变量名;

例如,语句:

int p1;

float p2;

分别定义了指向 int 类型数组元素的指针 p1 和指向 float 类型数组元素的指针 p2。指向数组元素的指针可以通过初始化或赋值两种方法使其指向一个一维数组的某个元素,例如,下面的语句:

int a[10];

float b[20];

p1=&a[0];
p2=b;

将指针 p1 指向数组 a 的第一个元素、指针 p2 指向数组 b 的第一个元素。

3. 数组元素的表示方法

用指针指向一维数组的某个元素后,数组元素可以用指针法和下标法两种形式表示。

(1)指针法。指针法是指通过数组元素地址和指针运算"*"访问数组元素。指针法有两种形式,一是使用数组名,二是使用指向一维数组元素的指针变量。

本小节开始时讨论过,一个一维数组元素 a[i] 的地址是 a+i,那么可用 *(a+i) 表示 a[i]。如果有定义语句"int a[10],*pa=a;",那么 p+i 是元素 a[i] 的地址,*(p+i)也表示 a[i]。

注意 *(p+i) 表示 a[i] 的前提是 p 指向数组的第一个元素,否则 *(p+i) 不表示 a[i]。若有语句"int a[10],*pa=&a[2];",*(p+i)表示数组 a 的哪个元素?

(2)下标法。第 6 章中使用数组元素用的都是下标法,即用数组名和下标表示数组元素。若将指针指向数组的第一个元素,下标法还可扩展。例如,有定义语句"int a[10],*pa=a;"还可用 p[i] 的形式表示数组元素 a[i]。

p[i] 表示 a[i] 也是有前提的,只有当指针 p 指向数组的第一元素时,p[i] 与 a[i] 才是等价的。若有定义语句"int a[10],*pa=&a[2];",p[i] 与数组 a 的哪个元素等价?

例 8.4 用指针法,从键盘读入 10 个整数,将它们存入一个有 10 个元素的一维数组中,然后依次输出数组的各元素值。

分析 使用 *(p+i) 的形式访问数组元素,分别用两个循环结构控制数组的输入及输出。

程序代码:
```
#include <stdio.h>
void main()
{ int a[10],i,*p=a;
  for(i=0;i<10;i++)
    scanf("%d",p+i);           /*读入一个整数,将其存入 a[i]*/
  for(i=0;i<10;i++)
    printf("%4d",*(p+i));      /*输出 a[i]的值*/
  printf("\n");
}
```

上面的程序通过指针加上位移量访问数组元素,但很多情况下是通过移动指针访问数组的各元素,例 8.4 还可以用下面的程序实现。

```
#include <stdio.h>
void main()
{int a[10],*p;
  for(p=a;p<a+10;p++)
    scanf("%d",p);
  for(p=a;p<a+10;p++)
```

```
      printf("%4d",*p);
    printf("\n");
}
```

4. 数组做函数参数

C 语言中最能明确体现指针与数组关系的地方是数组做函数参数。在第 7 章介绍过，如果从主调函数向被调函数传递一个数组，定义函数时，要用数组做函数形参，调用函数时，要用数组名做实参。例如，下面的程序。

```
#include <stdio.h>
void fun(int a[],int n);
void main()
{ int arr[10],i;
  for(i=0;i<10;i++)
    scanf("%d",&arr[i]);
  fun(arr,10);
  for(i=0;i<10;i++)
    printf("%4d",arr[i]);
}
void fun(int a[],int n)
{ int i,t;
  for(i=0;i<n/2;i++)
  { t=a[i];
    a[i]=a[n-1-i];
    a[n-1-i]=t;
  }
}
```

计算机执行这个程序时，是将主调函数中的数组 arr 所有元素都传递给被调函数的形参数组 a 了吗？答案是否定的，调用函数时传递给被调函数的是实参数组的首地址，而不是数组的全部元素。调用函数时用的是数组名，数组名代表的是数组的首地址，是一个指针数据，它对应的形参应该是一个指针变量。尽管定义函数时形参的形式是一个数组，但计算机运行程序时并不按数组处理 a，而按指针变量处理 a，为 a 分配一个整型指针变量所需的存储空间，然后将实参数组名 arr 表示的地址保存到形参 a 的存储空间中。函数中使用的表达式"a[i]"与 *(a+i) 等价。因为 a 的值与 arr 的值相同，*(a+i) 与 *(arr+i) 等价，所以 a[i] 与 arr[i] 等价，即形参数组的 a[i] 与实参数组的 arr[i] 共用同一存储空间，对 a[i] 操作实际上是对 arr[i] 操作。

根据上面的分析，这个程序还可以改写为下面的程序。

```
#include <stdio.h>
void fun(int *a,int n);
void main()
{ int arr[10],i;
```

```
    for(i=0;i<10;i++)
      scanf("%d",&arr[i]);
    fun(arr,10);
    for(i=0;i<10;i++)
      printf("%4d",arr[i]);
}
void fun(int *a,int n)
{ int i,t;
  for(i=0;i<n/2;i++)
  { t=a[i];
    a[i]=a[n-1-i];
    a[n-1-i]=t;
  }
}
```

进一步扩展,如果函数的形参是数组,调用函数时,可以用一个指针变量做相应的实参,如下面的程序。

```
#include <stdio.h>
void fun(int a[],int n);
void main()
{ int arr[10],i,*p=arr;
  for(i=0;i<10;i++)
    scanf("%d",&arr[i]);
  fun(p,10);
  for(i=0;i<10;i++)
    printf("%4d",arr[i]);
}
void fun(int a[],int n)
{ int i,t;
  for(i=0;i<n/2;i++)
  { t=a[i];
    a[i]=a[n-1-i];
    a[n-1-i]=t;
  }
}
```

还可以将实参数组和形参数组都用指针变量代替,如下面的程序。

```
#include <stdio.h>
void fun(int *a,int n);
void main()
{ int arr[10],i,*p=arr;
```

```
    for(i=0;i<10;i++)
       scanf("%d",&arr[i]);
    fun(p,10);
    for(i=0;i<10;i++)
       printf("%4d",arr[i]);
}
void fun(int *a,int n)
{ int i,t;
    for(i=0;i<n/2;i++)
    { t=a[i];
       a[i]=a[n-1-i];
       a[n-1-i]=t;
    }
}
```

注意 用指针代替数组名函数的实参时,指针应该是指向一维数组元素的指针,指针可以指向数组的首地址,也可以指向某个元素。如果指针指向 arr[i],则形参数组的 a[0] 与实参数组元素 arr[i] 共用同一存储空间,其他形参数组元素依次与 arr[i] 后面的元素对应,共用同一存储空间。例如,下面的程序。

```
#include <stdio.h>
void fun(int a[],int n);
void main()
{ int arr[10],i,*p=&arr[2];
    for(i=0;i<10;i++)
       scanf("%d",&arr[i]);
    fun(p,8);
    for(i=0;i<10;i++)
       printf("%4d",arr[i]);
}
void fun(int a[],int n)
{ int i,t;
    for(i=0;i<n/2;i++)
    { t=a[i];
       a[i]=a[n-1-i];
       a[n-1-i]=t;
    }
}
```

被调函数 fun() 只对数组 arr 的 arr[2]~arr[9] 作了逆置操作。arr[0] 和 arr[1] 的值没有变化。

8.4.3 二维数组的地址与指针

与一维数组类似,二维数组也可以用指针来指向,通过指针访问二维数组元素。但在概念和使用方法上比一维数组指针要复杂些。

1. 二维数组的地址

为正确理解二维数组的指针,先看看二维数组的结构。在第 6 章中讲过,二维数组各元素在逻辑上以行列式的形式排列。例如,有数组定义语句"int a[3][4];",数组 a 的逻辑结构如图 8.4 所示。

a[0][0]	a[0][1]	a[0][2]	a[0][3]
a[1][0]	a[1][1]	a[1][2]	a[1][3]
a[2][0]	a[2][1]	a[2][2]	a[2][3]

图 8.4 二维数组的逻辑结构

在 C 语言中,还可以将一个二维数组看成一个一维数组,这个一维数组的每个元素又是一个一维数组,如图 8.5 所示。

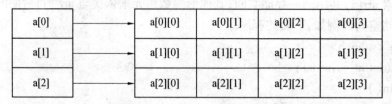

图 8.5 二维数组逻辑结构的扩展

一维数组 a 有三个元素,分别是 a[0],a[1]和 a[2],a[0],a[1]和 a[2]又分别是一个有四个元素的一维数组,三个一维数组的名字分别是 a[0],a[1]和 a[2]。a[0]的四元素分别是 a[0][0],a[0][1],a[0][2]和 a[0][3]。

a[0],a[1]和 a[2]的地址分别是 a+0,a+1 和 a+2,所以 a[0],a[1]和 a[2]可以表示为 *(a+0),*(a+1)和 *(a+2)。

因为 a[0],a[1]和 a[2]是三个一维数组的数组名,所以 a[0]、a[1]和 a[2]是三个一维数组的首地址,也就是原二维数组每行的首地址,也是每行第一个元素的地址。每行的首地址称为二维数组的行指针,某行指针加 1,是二维数组下一行的首地址,即下一行的指针。对任意二维数组 a,a[i]与 *(a+i)等价,表示下标为 i 的行(第 i+1 行)的首地址即 &a[i][0]。

根据行指针,可以计算出一行中各元素的地址,如 a[1][3]的地址(&a[1][3])是 a[1]+3 或 *(a+1)+3。a[1]+3 或 &a[1][3]称为二维数组的元素指针。任意二维数组元素 a[i][j]的地址都可表示为 *(a+i)+j。

2. 指向二维数组的指针变量

二维数组的地址有两种,指向二维数组的指针也有两种,即存储行地址的指针变量和存储元素地址的指针变量。

(1) 行指针变量的定义。行指针定义的一般形式为：
　　类型　（*指针变量名）［长度］；
例如，语句：
　　int　a［3］［4］,（*p）［4］=a+1；
定义了一个二维数组 a 和一个行指针 p,并使行指针指向二维数组的第二行。

说明　① 行指针的类型必须与所指的数组类型相同。

② "长度"应与所指二维数组的列数相同。

③ 行指针变量又称为指向一维数组的指针,当执行 p++或 p--操作时,指针的位移量是二维数组一行元素占用的存储单元总和,例如,语句"int（*p）［4］;"定义的指针 p,执行 p++,指针移动 8(2*4)个存储单元。

(2) 指向二维数组元素的指针。指向二维数组元素指针的定义与指向变量和指向一维数组元素指针的定义相似,一般形式如下：
　　类型　*指针变量名；
例如,语句：
　　int　a［3］［4］,*pa=&a［0］［0］；
定义了一个二维数组和一个指向二维数组元素的指针 p,并将 p 指向数组的第一个元素。当执行 p++或 p--操作时,指针的位移量是指针所指数据类型占用的存储单元数。

3. 二维数组元素的表示

二维数组元素的表示方法也有两种：指针法和下标法。

(1) 指针法。用"指针法"表示二维数组元素有两种形式：一是用数组名和下标;二是用行指针。在前面分析过,二维数组元素 a［i］［j］的地址可表示为 *(a+i)+j,二维数组元素 a［i］［j］可用 *（*(a+i)+j）表示。

若有定义语句"int a［4］［4］,（*p）［4］=a;",*（*(p+i)+j）也表示 a［i］［j］。

例 8.5　分析下面程序,给出程序的输出结果。
```
#include <stdio.h>
void main()
{ int a[4][4]={1,2,3,4,5,6,7,8,9,10,11,12,13,14,15,16};
  int (*p)[4]=a,i;
  for(i=0;i<4;i++)
  printf("%4d",*(*(p+i)+i));
}
```

分析　程序的核心语句是"printf("%4d",*(*(p+i)+i));"。因为 p=a,所以 p+i 等价 a+i,a+i 是数组 a 中下标为 i 的行(第 i+1 行)的首地址,*(p+i)是数组元素 a［i］［0］的地址,*(p+i)+i 是数组元素 a［i］［i］的地址,*(*(p+i)+i)是 a［i］［i］。综上所述,语句"printf("%4d",*(*(p+i)+i));"与语句"printf("%4d",a［i］［i］);"等价,程序的输出结果是：1　6　11　16。

(2) 下标法。用"下标法"表示二维数组元素也有两种形式：一是用数组名和下标;二是用行指针。用数组名和下标表示数组元素在第 6 章讲过,这里介绍用行指针表示数组元素的方法。若有定义语句"int a［4］［4］,（*p）［4］=a;",则 p［i］［j］表示数组元素 a［i］［j］。

例8.5的程序还下以改写为下面的程序。
```c
#include <stdio.h>
void main()
{ int a[4][4]={1,2,3,4,5,6,7,8,9,10,11,12,13,14,15,16};
  int (*p)[4]=a,i;
  for(i=0;i<4;i++)
    printf("%4d",p[i][j]);
}
```
无论是"指针法"还是"下标法",只有当指针值是二维数组的首地址时,*(*(p+i)+j)和p[i][j]才表示数组元素a[i][j]。

8.4.4 程序举例

例8.6 用指针操作完成将一个一维数组各元素逆置的过程。

分析 将一维数组逆置的过程已经讲过,这里不再赘述。用两个指针p和q分别指向数组的第一个元素和最后一个元素,交换p和q所指元素的值,指针p向数组尾部移动一个元素,指针q向数组首部移动一个元素,再交换所指元素值,直到指针p大于指针q为止。

数据结构 一个一维数组a,两个指向一维数组元素的指针p,q。

算法 如图8.6所示。

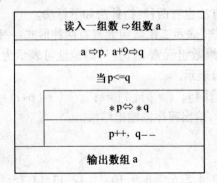

图8.6 例8.6框图

程序代码:
```c
#include <stdio.h>
void main()
{ int a[10],*p,*q;
  for(p=a;p<a+10;p++)
    scanf("%d",p);
  for(p=a,q=a+9;p<=q;p++,q--)
  { *p=*p+*q;
    *q=*p-*q;
    *p=*p-*q;
  }
```

```
    for(p=a;p<a+10;p++)
      printf("%4d",*p);
}
```

例8.7 用指针完成将两个按升序排列的数组合并成一个有序的数组。

分析 设三个指针 pa,pb 和 pc 分别指向三个数组 a,b 和 c。比较指针 pa,pb 所指元素的值,将较小的存入指针 pc 所指的元素,移动相应的指针。

数据结构 三个一维数组 a,b,c,分别存储原始数组和结果数组;三个指针 pa,pb,pc,分别指向三个数组;三个整型变量 m,n,k,分别存储三个数组的实际长度。

算法 如图 8.7 所示。

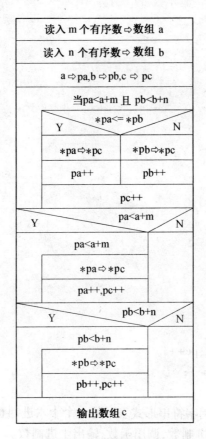

图 8.7 例 8.7 框图

程序代码:
```
#include <stdio.h>
void main()
{ int a[50],b[50],c[100];
  int m,n,*pa,*pb,*pc;
  scanf("%d",&m);
  for(pa=a;pa<a+m;pa++)
    scanf("%d",pa);
```

```
            scanf("%d",&n);
            for(pb=b;pb<b+n;pb++)
               scanf("%d",pb);
            pa=a;
            pb=b;
            pc=c;
            while((pa<a+m)&&(pb<b+n))
              { if(*pa<=*pb)
                 { *pc=*pa;
                   pa++;}
                else
                 { *pc=*pb;
                   pb++;}
                pc++;
              }
            if(pa<a+m)
              while(pa<a+m)
               { *pc=*pa;
                 pa++;
                 pc++;}
            if(pb<b+n)
              while(pb<b+n)
               { *pc=*pb;
                 pb++;
                 pc++;}
            for(pc=c;pc<c+m+n;pc++)
               printf("%4d",*pc);
       }
```

例 8.8 编写函数,将用字符串形式表示的一个十六进制整数转换成十进制整数,再编写主函数,主函数输入十六进制数,调用函数,输出十进制数。

分析 将十六进制整数转换为十进制整数的过程与八进制转换成十进制过程相似。例如,一个四位的十六进制数 2D3B,对应的十进制数 $2*16^3+13*16^2+3*16+11$,这个表达式还可以写成:$(((2*16)+13)*16+3)*16+11$。因为十六进制数的每一位都是字符型,所以转换的第一步要将表示十六进制各位的字符转换成相应的十进制数,即将'0'~'9'转换成整数 0~9,将字母'A'~'F'转换成整数 10~15。十六进制数的数字符号'A'~'F'也可以写成'a'~'f',还要考虑将'a'~'f'转换成 10~15。转换的方法参照表 8.1。

表 8.1 数字符号转换方法

十六进制数字符号	十进制整数	转换方法
'0' ~ '9'	0 ~ 9	原字符−48
'A' ~ 'F'	10 ~ 15	原字符−55
'a' ~ 'f'	10 ~ 15	原字符−87

如果输入数据时输入了非法字符如何处理？本程序将跳过非法字符,对其不作处理。例如,输入的十六进制数的字符串为 12x2,按 122 处理,结果为十进制数 290。

将十六进制整数转换成十进制的算法如图 8.8 所示。

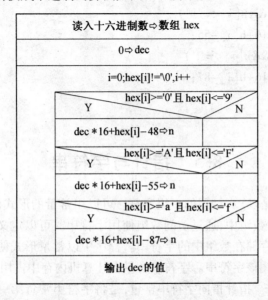

图 8.8 例 8.8 框图

用函数完成数据转换还要考虑函数的参数和函数返回值。数据转换所需原始数据是一个十六进制数,所以,函数需要有一个字符数组做参数,用于存储主调函数传递过来的十六进制数;函数的计算结果是一个十进制数,这里用一个指针做函数参数,指针指向主调函数中存储对应十进制数的变量,在函数中通过指针将结果直接写入主调函数的变量中。函数不需要返回值。

数据结构 字符数组 hex,存储十六进制数,整型变量 dec 存储十进制数。

算法 如图 8.8 所示。

程序代码：

```
#include <stdio.h>
void cha(char h[], int *d);
void main()
{ char hex[6];
  int dec;
  gets(hex);
```

```
        cha(hex,&dec);
        printf("%d",dec);
    }
    void cha(char h[],int *d)
    {   int i;
        *d=0;
        for(i=0;h[i]!='\0';i++)
        {   if(h[i]>='0'&&h[i]<='9')
                *d=*d*16+h[i]-48;
            if(h[i]>='A'&&h[i]<='F')
                *d=*d*16+h[i]-55;
            if(h[i]>='a'&&h[i]<='f')
                *d=*d*16+h[i]-87;
        }
    }
```

8.5 指针与字符串

C语言中,字符串是以'\0'结尾的一组字符。可以用常量的形式使用字符串,也可以将其存入一个一维的字符数组中,通过访问数组使用字符串。可以定义一个指向字符数组的指针,通过该指针使用存储在数组中的字符串。程序中以常量形式使用的字符串也可以用指针指向,通过指针使用该字符串。字符串常量在计算机内存中占用一片连续的存储单元,每个单元存储一个字符。指针指向字符串常量,是将字符串常量第一个字符所在存储单元的地址存入指针变量。指向一维字符数组的指针和指向字符串常量的指针称为字符指针。

1. 字符指针的定义及初始化

定义字符指针与定义整型指针类似,一般形式为:

  char *指针变量名;

例如,语句:

  char s1[20],*ps1=s1,*ps2="china";

定义了一个一维字符数组和两个字符指针,其中指针 ps1 指向了字符数组 s1,指针 ps2 指向了字符串常量"china"。

字符指针可以用一维字符数组名初始化或字符串常量初始化。用字符数组名初始化,指针指向数组的第一个元素;用字符串常量初始化,指针指向字符串常量的第一个字符。

2. 通过指针访问字符串或字符串中的某个字符

指针指向某个字符串后,可通过指针访问字符串,在字符串处理函数中使用指针表示一个字符串。例如下面的程序。

```
#include <stdio.h>
#include <string.h>
```

```
void main( )
{ char s1[20]="abcd", *ps1=s1, *ps2="ABCD";
  strcat(ps1,ps2);
  puts(ps1);
}
```
函数 strcat( )和函数 puts( )中的指针变量名都表示所指的字符串。

指针指向字符串时,可以方便地访问其中的某个字符,方法有两种:一是使用"指针法";二是使用"下标法",例如下面的程序。

```
#include <stdio.h>
void main( )
{ char s1[20], *ps1=s1, *ps2="ABCD";
  int i;
  gets(ps1);
  while(*ps1!='\0')
  { putchar(*ps1);
    ps1++;}
  putchar('\n');
  for(i=0;ps2[i]!='\0';i++)
    printf("%c",ps2[i]);
}
```

若指针 p 指向字符数组或字符串常量,则*p 表示指针所指元素或所指字符,p[i]表示所指数组的第 i+1 个元素,或所指字符串常量的第 i+1 个字符。

例 8.9 阅读下面的程序,分析程序的功能。

```
#include <stdio.h>
void main( )
{ char s1[20],s2[10], *ps1=s1, *ps2=s2;
  gets(ps1);
  gets(ps2);
  while(*ps1!='\0')
    ps1++;
  while(*ps2!='\0')
  { *ps1=*ps2;
    ps1++;
    ps2++;
  }
  *ps1='\0';
  puts(s1);
}
```

分析 (1)定义语句"char s1[20],s2[10], *ps1=s1, *ps2=s2;",定义两个字符数组

及两个字符指针,指针 ps1,ps2 分别指向数组 s1 和 s2。

(2)语句"gets(ps1);gets(ps2);",读入两个字符串,分别存入指针 ps1,ps2 所指的一组存储单元,即将两个字符串分别存入数组 s1 和 s2。

(3)循环结构"while(*ps1!='\0')ps1++;",将指针 ps1 移到第一个字符串的尾部(即数组 s1 存储'\0'的元素)。

(4)循环结构:
```
while(*ps2!='\0')
{ *ps1=*ps2;
  ps1++;
  ps2++;
}
```

将指针 ps2 所指对象的值(第二个字符串中的一个字符)赋值给 ps1 所指对象(数组 s1 的一个元素),两个指针同时后移,再将第二个字符串的下一个字符存入数组 s1 的下一个元素中,直到遇到第二字符串的结束标记'\0'。这个循环结构的功能是:将第二个字符串所有字符存入第一个数组中从 ps1 所指元素开始的一组元素中。因为 ps1 已经指向第一个字符串的尾部,所以是将第二个字符串接到第一个字符串的后面。

(5)赋值语句"*ps1='\0';",为连接后的字符串设置结束标记。

(6)语句"puts(s1);",输出数组 s1 的内容,即连接后的字符串。

综上所述,本程序的功能是将两个字符串连接成一个字符串。完成了字符串处理函数 strcat( )的功能。

3. 字符指针做函数参数

若要把一个字符串从一个函数传递到另一个函数,可以使用字符数组做函数参数,如例 8.8 中的程序,也可以使用字符指针做函数参数,如例 8.8 的程序可改写为如下的程序。

```c
#include <stdio.h>
void cha(char *h,int *d);
void main()
{ char hex[6];
  int dec;
  gets(hex);
  cha(hex,&dec);
  printf("%d",dec);
}
void cha(char *h,int *d)
{ *d=0;
  while(*h!='\0')
  { if(*h>='0'&&*h<='9')
     *d=*d*16+*h-48;
    if(*h>='A'&&*h<='F')
     *d=*d*16+*h-55;
```

```
            if( * h>='a'&& * h<='f')
             * d= * d * 16+ * h-87;
            h++;
        }
}
```

在被调函数中对指针参数所指的字符串处理,被调函数执行结束时,在主调函数中能访问被调函数处理后的字符串。

例8.10 编写函数,实现字符串处理函数 strcpy() 的功能。再编写主函数,读入一个字符串,调用所编写函数,输出复制后的字符串。

分析 函数 strcpy() 的功能是复制字符串。从第一个字符开始,将已知字符串的字符逐个赋值给目标字符串,直到已知字符结束为止。两个字符串分别用字符指针指向。函数需要两个参数,分别是两个字符指针,函数不需要参数。

数据结构 主函数需要两个字符数组,分别存储已知字符串和结果字符串。

算法 如图 8.9 所示。

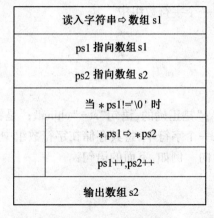

图 8.9 例 8.10 框图

程序代码:
```
#include <stdio.h>
void scat(char * ps1,char * ps2);
void main()
{  char   s1[20],s2[20];
   gets(s1);
   scat(s1,s2);
   puts(s2);
}
void scat(char * ps1,char * ps2)
{  while( * ps1 ! = '\0')
   {  * ps2 = * ps1;
      ps1++;
```

```
            ps2++;
    }
        *ps2='\0';
}
```

4. 字符数组与字符指针的区别

一个字符串常量可以存储在一个字符数组中,也可以用一个字符指针来指向。字符数组和字符指针有以下几点不同。

(1)所占存储空间不同。例如,有语句:

char st[20]="abce",ps="ABCDEF";

在 Turbo C 编译系统中,数组 st 占用的存储空间是 20 个字节,而指针变量 ps 占用的存储空间是 4 个字节。

(2)内容不同。字符数组存储的是字符串中各字符的 ASCII 值,指针变量存储的是字符串第一个字符在内存的存储单元的地址。

(3)允许的操作不同。使用赋值操作可以将一个字符指针指向一个字符串常量,不可以将一个字符串常量存储到一个字符数组中。

例如,下面的语句:

char   st[20],*ps;

ps="china";

st="china";

其中,语句"ps="china";"是正确的,语句"st="china";"是错误的。

可以使用输入函数读入一个字符串,将其存储在字符数组中,不能将读入的字符串用一个没有明确指向的指针来指向。例如,下面的语句:

char   st[20],*ps;

gets(st);

gets(ps);

其中语句"gets(st);"是正确的;语句"gets(ps);"是错误的。如果将上面的语句改成下面的语句,语句"gets(ps);"就是正确的。

char   st[20],*ps=st;

gets(st);

gets(ps);

因为此时指针 ps 指向字符数组 st,语句"gets(ps);"是将读入的字符保存到数组 st 中。

还有些操作在不同的编译系统中处理不同。例如,语句:

char   st[20]="abcdef",*ps="ABCDEF";

st[3]='A';

ps[3]='a';

其中语句"st[3]='A';"在任何编译系统中都可以正确执行;语句"ps[3]='a';",在 Turbo C 编译系统中可以正确执行,在 Visual C++ 6.0 编译系统中不能执行。若将上面的语句改写成下面的语句,则在任何编译系统中都可以正确执行。

char   st[20]="abcdef",*ps=st;

st[3] = 'A';
ps[3] = 'a';

8.6 指针数组和指针的指针

8.6.1 指针数组

指针数组是一个一维的数据结构,其中的每个元素都是一个指向其他数据存储空间的指针。指针数组的每个元素都相当于一个指针变量。

1. 指针数组的定义及初始化

指针数组定义的一般形式如下:
　　类型　*数组名[长度];
例如,语句:
int 　*p[4];
char 　*ps[5];

分别定义了指向 int 类型数据的指针数组 p 和指向 char 类型数据的指针数组 ps。指针数组 p 的 4 个元素都可以指向 int 类型数据,指针数组 ps 的 5 个元素都可以指向字符串或字符数组。

指针数组定义语句中的"类型"是数组元素所指数据的类型,"长度"是指针数组的元素个数。

例 8.11　分析下面的程序,给出程序的输出结果。
```
#include <stdio.h>
void main()
{ int a[5] = {10,15,20,25,30};
  int i, *p[5];
  for(i=0;i<5;i++)
    p[i] = &a[i];
  for(i=0;i<5;i++)
    *p[i] = *p[i]/5;
  for(i=0;i<5;i++)
    printf("%3d", *p[i]);
}
```

分析　语句:
int a[5] = {10,15,20,25,30};
　　int i, *p[5];
定义了数组 a 和指针数组 p,两个数组的状态如图 8.10 所示。
语句:
for(i=0;i<5;i++)
　　p[i] = &a[i];

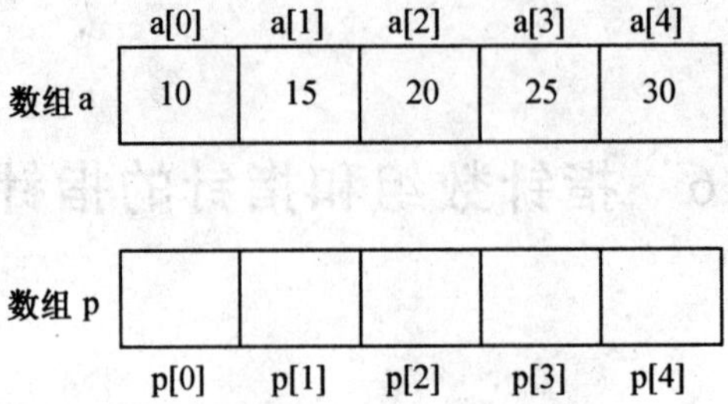

```
         a[0]  a[1]  a[2]  a[3]  a[4]
数组a   | 10 | 15 | 20 | 25 | 30 |


数组p   |    |    |    |    |    |
         p[0]  p[1]  p[2]  p[3]  p[4]
```

图 8.10　数组 a 与数组 p 的初始状态

执行后,数组 a 与指针数组 p 的关系如图 8.11 所示。指针数组元素 p[i] 指向数组元素 a[i]。

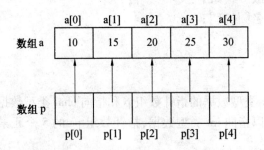

图 8.11　数组 a 与数组 p 的关系

语句:
for(i=0;i<5;i++)
　　*p[i] = *p[i]/5;

执行后,数组 a 各元素的值如图 8.12 所示。语句"*p[i] = *p[i]/5;"的功能是:用 p[i] 所指对象的值除以 5,再赋值给 p[i] 所指对象,即用 a[i] 的值除以 5 再赋值给 a[i]。

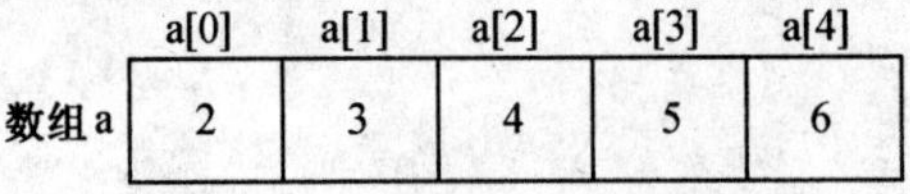

```
         a[0]  a[1]  a[2]  a[3]  a[4]
数组a   |  2 |  3 |  4 |  5 |  6 |
```

图 8.12　数组 a 各元素的值

语句:
for(i=0;i<5;i++)
　　printf("%3d", *p[i]);
的功能是输出 p[i] 所指对象的值,即 a[i] 的值。

程序的输出结果是:2　3　4　5　6。

2. 指针数组的应用

指针数组一般用于处理多维数组或多个字符串。大多数情况用指针数组指向多个字符串。

例 8.12　将 5 个国家的名称按字典顺序排列输出。

分析　所谓的"字典顺序"是指字符串按字符的 ASCII 值从小到大排列。5 个国家的名称就是5个字符串,可以分别用5个指针变量指向,但要对5个字符串排序,必须在字符串间建立关联。将5个指向字符串的指针组成数组,为指针建立了关联关系,也为字符串建立了关联关系。排序可用"选择法"完成。排序时交换不是交换字符串,而是交换指针。

数据结构 一个有5个元素的字符指针数组,一个独立的字符指针。

程序代码:
```
#include <stdio.h>
#include <string.h>
void main()
{ char * pn[5]={"China","Germany","France","Japan","America"};
  char * ps;
  int i,j,m;
  for(i=0;i<4;i++)
  { m=i;
    for(j=i+1;j<5;j++)
    if(strcmp(pn[j],pn[m])<0)
      m=j;
    ps=pn[i];
    pn[i]=pn[m];
    pn[m]=ps;
  }
  for(i=0;i<5;i++)
    puts(pn[i]);
}
```

如果将例8.12的题干改为对任意个字符串按字典顺序排列应该从哪几个方面考虑修改程序?

(1)多个字符串的存储:因为是任意个字符串,无法通过初始化方法让指针数组各元素指向字符串,应该使用二维字符数组存储多个字符串,将指针数组各元素指向二维字符数组的各行。

(2)二维字符数组的行数:没有指明具体的字符串数,定义二维数组时,指定数组的行数有两种方法,一是定义足够多的行数,二是用符号常量指定数组的行数。第一种方法比较浪费空间,可以考虑使用第二种方法。

下面的程序是对例8.12程序的修改,可以对任意的字符串排序。
```
#include <stdio.h>
#include <string.h>
#define  L_MAX   10
void main()
{ char name[L_MAX][80], * pn[L_MAX];
  char * ps;
  int i,j,m;
```

```
        for(i=0;i<L_MAX;i++)
        { pn[i]=name[i];
          gets(pn[i]);
        }
        for(i=0;i<L_MAX-1;i++)
        { m=i;
          for(j=i+1;j<L_MAX;j++)
            if(strcmp(pn[j],pn[m])<0)
              m=j;
          ps=pn[i];
          pn[i]=pn[m];
          pn[m]=ps;
        }
        for(i=0;i<L_MAX;i++)
          puts(pn[i]);
}
```

若排序的字符串不是10,可以将预处理命令"#define L_MAX 10"的10改写成具体的字符串数,然后编译、连接程序,再运行程序。

8.6.2 指针的指针

指针变量也是变量,在内存中也占用相应的存储空间,指针变量也有地址,若将指针变量的地址保存到另一个变量q中,则变量q称为指向指针的指针变量。例如,有定义语句:

    int a=3,*p=&a,**q=&p;

则三个变量的关系如图 8.13 所示。变量 q 存放的是指针变量 p 的地址,变量 q 是指向指针的指针变量,简称为指向指针的指针。

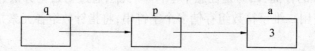

图 8.13 变量 a,p,q 的关系

指向指针的指针变量定义的一般形式为:

    数据类型 **指针变量名;

例如,语句:

    int a,*pa,**ppa;
    float x,*px,**ppx;

分别定义了整型变量、整型指针、整型指针的指针及实型变量、实型指针、实型指针的指针。

例 8.13 分析程序的输出结果。

    #include <stdio.h>

```
void main( )
{ int a[5]={2,4,6,8,10},i;
  int *b[5];
  int **p;
  for(i=0;i<5;i++)
    b[i]=&a[i];
  p=b;
  for(i=0;i<5;i++)
  { printf("%4d",**p);
    p++;
  }
}
```

分析 程序的第一个循环结构将数组 a 各元素的地址存入到了指针数组 b 的各元素中,数组 a 与数组 b 的关系如图 8.14 所示。语句"p=b;"将指针的指针指向了指针数组 b 的第一个元素。第二个循环结构是通过指针的指针 p 输出数据,开始 p 指向数组 b 的第一个元素,数组 b 的第一个元素指向数组 a 的第一个元素,所以,第一次输出的是数组 a 的第一个元素的值,语句"p++"使指针 p 指向了数组 b 的下一个元素,再输出的是数组 a 的下一个元素,循环结束后,输出数组 a 的所有元素值。语句"printf("%4d",**p);"中的表达式"**p"表示访问指针 p 指向的指针变量所指的变量。程序的运行结果如图 8.15 所示。

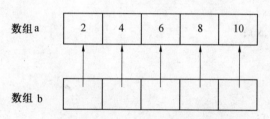

图 8.14 数组 a 与数组 b 的关系

图 8.15 例 8.13 输出结果

习 题

一、选择题

1. 有以下定义,则 p+5 表示(　　)。
   int a[10],*p=a;
   A. 元素 a[5]的地址　　　　　　B. 元素 a[5]的值

C. 元素 a[6]的地址　　　　　　D. 元素 a[6]的值

2. 设有以下语句：

　struct st ｛int n; strust st * next; ｝;
　static struct st a[3] = ｛5,&a[1],7,&a[2],9,'\0'｝, * p;
　p = &a[0];

则表达式（　　）的值是6。

　A. p++->n　　　　　　　　B. p->n++
　C. (* p). n++　　　　　　D. ++p->n

3. 若有语句：

　int w[2][3],(* pw)[3]; pw = w;

则对 w 数组元素的非法引用是（　　）。

　A. * (w[0]+2)　　　　　　B. * (pw+1)[2]
　C. pw[0][0]　　　　　　　D. * (pw[1]+2)

二、阅读程序，写出程序的输出结果

1.
```
#include <stdio.h>
void main( )
{ int b[16],x,k,r,i;
  printf("Enter a integer:\n");
  scanf("%d",&x);
  printf("%d  ",x);
  k = -1;
  do{ r = x%2;
      k++;
      *(b+k) = r;
      x/=2;
  } while(x! =0);
  for(i=k;i>=0;i--)printf("%1d", *(b+i));
  printf("\n");
}
```

2.
```
#include <stdio.h>
void fun( int * a,int * b)
{ int * k;
  k=a; a=b; b=k;
}
void main( )
{ int a=3,b=6, * x=&a, * y=&b;
  fun(x,y);
```

```
    printf("%d %d",a,b);
}
```

三、程序填空

1. 以下程序是先将输入的数据存储到数组 a 中,然后按照从 a[0] 到 a[4] 的顺序输出各元素的值,最后再按照从 a[4] 到 a[0] 的顺序输出各元素的值。

```
#include<stdio.h>
void main()
{ int a[5];
  int i,*p;
  p=a;
  for(i=0;i<5;i++)
    scanf("%d",p++);
  _____
  for(i=0;i<5;i++,p++)
    printf("%d",*p);
  printf("\n");
     _____
  for(i=4;i>=0;i--,p--)
    printf("%d",*p);
  printf("\n");
}
```

2. 以下函数用来在 w 数组中插入 x,插入后数组中的数仍有序。w 数组中的数据已按由大到小存放,n 所指向的存储单元中存放数组中数据的个数。

```
void fun (char *w,char x,int *n)
{ int i,p;
  p=0;
  w[*n]=x;
  while (x<w[p])
    _____
  for (i=*n;i>p;i--)
    w[i]=_____;
  w[p]=x;
  ++*n;
}
```

四、程序改错

1. 下面程序的功能是:在一个一维整型数组中找出最大数及其下标。

```
#include<stdio.h>
#define N 10
int fun(int *a,int *b,int *n);       /********错误语句********/
{ int *c,max=*a;
```

```
      for(c=a+1;c<a+n;c++)
         if(*c>max)
      { max=*c;
        b=c-a; }              /*******错误语句*******/
      return max;
   }
   void main()
   { int a[N],i,max,p=0;
     printf("please enter 10 integers:\n");
     for(i=0;i<N;i++)
        scanf("%d",a[i]);     /*******错误语句*******/
     max=fun(a,p,N);           /*******错误语句*******/
     printf("max=%d,position=%d",max,p);
   }
```

2. 下面程序的功能是:将一个字符串中第 m 个字符开始的全部字符复制到另一个字符串中。

```
#include<stdio.h>
void strcopy(char *str1,char *str2,int m)
{ char p1,p2;                 /*******错误语句*******/
  int i,j;
  p1=str1+m;
  p2=str2;
  while(p1);                  /*******错误语句*******/
    *p2++=*p1++;
  *p2='\0';
}
void main()
{ int i,m;
  char *p1,*p2,str1[80],str2[80];
  p1=str1;p2=str2;
  gets(p1); scanf("%d",&m);
  strcopy(str1[0],str2[0],m); /*******错误语句*******/
  puts(p1);puts(p2);}
```

五、编写程序

本章习题均要求用指针实现。

1. 有 5 个候选人参与选举,共 100 张选票,每张选票上只能推选一个人。编程统计每个候选人的得票数,并输出结果。
2. 用"折半"法在一组整数中查找一个数。
3. 编写函数,判断一个字符串是否是另一个字符串的子串。
4. 求两个集合的交集。
5. 统计某字符在一个字符串中出现的次数。

第 9 章

结 构 体

第 6 章介绍了用数组存储、处理批量数据的方法,给程序设计带来了很大的方便,但数组只能存储一组类型相同的数据。程序设计中还经常会遇到一些关系密切、数据类型不同的数据,如表 9.1 中列出的一组数据。表中一行的数据是关于一个学生的信息,是一个整体。如何将一组类型不同的数据作为一个整体存储、处理? 使用 C 语言提供的构造数据类型——结构体可以解决这个问题。

表 9.1 学生成绩信息表

学 号	姓 名	性 别	数 学	语 文	英 语
2008011101	张明	男	96	83	88
2008011102	王丽	女	88	94	90
2008011103	李刚	男	92	91	86

结构体通常是一组不同类型数据(也可是一组类型相同数据)的集合,集合中的数据称为结构体的成员,每个成员有各自的数据类型和名称。

使用结构体存储、处理类型不同的数据需要清楚两个概念:一个是结构体类型,另一个是结构体变量。结构体类型是对一组数据的抽象,规定了一个结构体中成员的数量及各成员的类型及名称,结构体类型没有具体的值,不占用内存空间。结构体变量是某个结构体类型的一个具体对象,有具体的标识符、值,占用一定的内存空间。结构体类型和结构体变量的关系类似机器零件模具和机器零件的关系。模具只限定了零件的外观形状、尺寸等,没有规定零件使用的材料,模具不能装配到机器上。零件是按照模具产生的一个实体,可以装配到机器上。

使用结构体要先声明结构体类型,再定义结构体变量。一个结构体变量存储一组具体的不同类型数据。

9.1 结构体类型与结构体变量

9.1.1 结构体类型的声明

声明一个结构体类型的一般形式为:
  struct 结构体名
  {
    成员表列;

};

例如,针对表9.1可声明如下的结构体类型。

```
struct student
{ char   ID[10];              /*学号*/
  char   name[20];            /*姓名*/
  char   gender;              /*性别*/
  int    Math;                /*数学*/
  int    Chinese;             /*语文*/
  int    English;             /*英语*/
};
```

说明 (1) struct 是声明结构体类型时所必须使用的关键字,不能省略。

(2) 结构体名必须是合法的标识符,结构体名可以省略。

(3) 成员表列由若干个成员组成,每个成员都是该结构体的一个组成部分,对每个成员必须作类型声明,其形式与简单变量的声明形式相同。

(4) 结构体类型的声明本身是一条C语句,所以必须以分号结尾。

若将表9.1改成表9.2所示的样式,声明结构体类型时应该使用嵌套声明方法。

表9.2 学生成绩信息表

学 号	姓 名	性 别	成 绩		
			数 学	语 文	英 语
2008011101	张明	男	96	83	88
2008011102	王丽	女	88	94	90
2008011103	李刚	男	92	91	86

结构体类型可以根据需要嵌套,以便构成更复杂的结构体类型。结构体嵌套声明有两种方式:一种是先声明一个结构体类型,然后再声明第二个结构体类型,第二个结构体类型中某个成员的类型是第一个结构体类型。另一种是在一个结构体类型声明中直接包含对另一个结构体类型的声明。例如,针对表9.2,可以先声明一个关于成绩的结构体类型:

```
struct mark
{ int Math;
  int Chinese;
  int English;
};
```

再声明学生结构体类型,成绩一项是上面定义的结构体类型。学生结构体类型如下:

```
struct stu
{ char ID[10];
  char name[20];
  char gender;
  struct mark score;
```

};

也可以将两个结构体类型声明合为一体。

```
struct stu
{ char ID[10];
  char name[20];
  char gender;
  struct mark
    { int Math;
      int Chinese;
      int English;
    } score;
};
```

其中成员 score 是 struct mark 类型数据。

结构体类型因不同的应用而不同,是程序员根据实际应用而声明的。结构体类型可以在函数外部声明,也可以在函数内部声明。结构体类型声明的位置不同,作用域也不同。在函数外部声明的结构体类型可以被多个函数使用;在函数体内部声明的结构体类型只能在函数内部使用。

9.1.2 结构体变量的定义及初始化

结构体类型声明后,必须定义结构体变量,用结构体变量存储具体的数据。

1. 结构体变量的定义

结构体变量的定义有三种方法。这里以 9.1.1 节声明的结构类型为例,说明结构体变量的定义方法。

方法一:先声明结构体类型,再定义结构体变量。

结构体类型声明后,可以用以下形式语句定义结构体变量。

  struct 结构体名 变量名;

例如,语句:

struct student stu1,stu2;

定义了两个"struct student"类型的变量,每个变量可以存储一组不同类型的数据。

方法二:声明结构体类型时定义结构体变量。

声明结构体类型时定义结构体变量的一般形式如下:

  struct 结构体名
  {
   成员列表;
  }变量名1,变量名2,…,变量名n;

例如,语句

```
struct student
{ char   ID[10];                /*学号*/
  char   name[20];              /*姓名*/
```

```
            char    gender;              /*性别*/
            int     Math;                /*数学*/
            int     Chinese;             /*语文*/
            int     English;             /*英语*/
    }st1,st2;
```

定义了两个结构体变量。每个结构体变量各有6个成员,存储一组类型不同的数据。

方法三:直接定义结构体变量。

这种方法与第二种方法类似,不同的是本方法省略了结构体名。定义的一般形式为:

```
    struct
        {成员列表;
        }变量名1,变量名2,…,变量名n;
```

例如,语句:

```
struct
{   char    ID[10];              /*学号*/
    char    name[20];            /*姓名*/
    char    gender;              /*性别*/
    int     Math;                /*数学*/
    int     Chinese;             /*语文*/
    int     English;             /*英语*/
}s1,s2;
```

定义了两个结构体变量 s1 和 s2。本例中的 s1 和 s2 与方法二中定义的变量 st1 和 st2 有相同的类型。

结构体变量在内存占用一片连续的存储空间,空间的大小是结构体变量各成员占用存储空间的总和。例如,本节定义的结构体变量在 Turbo C 编译系统下占用 37 个字节的存储空间。各成员按结构类型声明时的顺序依次占用相应的存储空间。例如,结构体变量 s1 各成员占用空间情况如图 9.1 所示。

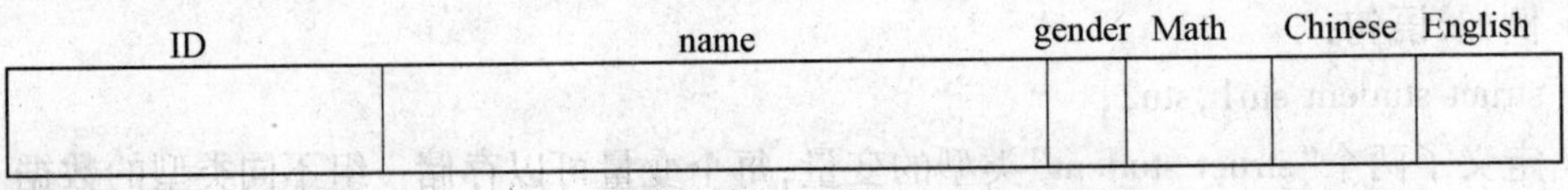

ID	name	gender	Math	Chinese	English

图 9.1 结构体变量各成员占用空间情况

2. 结构体变量初始化

定义结构体变量的同时,可以为结构体变量的各成员指定初始值,初始化的一般形式为:

```
    struct  结构体名  变量名={初始化数据};
```

例如,语句:

struct student s1={"2008011101","Liu yuxi",'M',89,90,82};

说明 (1)初始化数据用逗号分隔。

(2)初始化数据的数量与结构体中成员的数量应该相同,需按结构类型声明时成员的先后顺序排列初始化数据。

（3）为嵌套结构体变量初始化时，初始化数据也应当是嵌套格式的，例如，下面的定义语句。

```
struct stu
{ char ID[10]
    char name[20];
    char gender;
    struct mark score;
}st2={"2008011102","Wang li",'F',{88,94,90}};
```

9.1.3 结构体变量的使用

一个结构体变量存储的是一组数据，绝大多数情况下不能对结构体变量直接操作，如输入、输出、赋值等。要通过对结构体变量成员的操作实现对结构体变量的操作。一个结构体变量的某个成员的表示方法为：

    结构体变量名.成员名

例如，9.1.2 节定义了结构体变量 s1，它的 name 成员的表示方法为 s1.name。

一个结构体变量成员的作用等同一个同类型的变量，如 s1.name 的作用等同于一个字符型数组。

例 9.1 针对表 9.1 声明结构体类型，再定义 3 个结构体变量，第 1 个变量的数据通过初始化指定，第 2 个变量的数据通过赋值方法指定，第 3 个变量的数据从键盘读入，然后输出 3 个变量的值。

分析 本例的关键是如何为 3 个结构体变量指定数据，如何输出 3 个结构体变量的值。要分别为每个结构体变量的成员指定数据，然后再分别输出每个结构体变量成员的值。

程序代码：
```
#include <stdio.h>
#include <string.h>
struct student
{ char   ID[11];
  char   name[20];
  char   gender;
  int    Math;
  int    Chinese;
  int    English;
};
void main()
{ struct student   m1={"2008011101","Liu yuxi",'M',89,90,82},m2,m3;
  strcpy(m2.ID,"2008011102");
  strcpy(m2.name,"Wang li");
  m2.gender='F';
```

```
        m2.Math=88;
        m2.Chinese=94;
        m2.English=90;;
        scanf("%s%s",m3.ID,m3.name);
        getchar();                                    /*读入间隔符*/
        m3.gender=getchar();                          /*读入有效数据*/
        scanf("%d%d%d",&m3.Math,&m3.Chinese,&m3.English);
        printf("%-12s%-20s   %c",m1.ID,m1.name,m1.gender);
        printf("%4d%4d%4d\n",m1.Math,m1.Chinese,m1.English);
        printf("%-12s%-20s   %c",m2.ID,m2.name,m2.gender);
        printf("%4d%4d%4d\n",m2.Math,m2.Chinese,m2.English);
        printf("%-12s%-20s   %c",m3.ID,m3.name,m3.gender);
        printf("%4d%4d%4d\n",m3.Math,m3.Chinese,m3.English);
}
```

当访问一个嵌套声明的结构体类型变量的成员时,必须用级联方式访问结构体成员。例如,下面的语句是输出 9.1.2 节中定义的变量 st2 的 score 成员的值。

```
    printf("%4d%4d%4d",st2.score.Math,st2.score.Chinese,st2.score.English);
```

因为 score 成员又是结构体变量,所以要逐一输出 score 各成员的值。score 各成员的访问方法是 st2.score.Math,st2.score.Chinese 和 st2.score.English。

当用一个结构体变量为另一个同类型的结构体变量赋值时,可以直接使用结构体变量名,例如,下面的语句。

```
    struct student   m1={"2008011101","Liu yuxi",'M',89,90,82},m2;
    m2=m1;
```

m1,m2 是同一结构体类型的两个变量,m1 的值已经确定,赋值语句"m2=m1;"将 m1 各成员的值赋值给 m2 的同名成员。

例 9.2 输入平面直角坐标系中两点的坐标,计算两点间的距离。

分析 将平面直角坐标系中任意一点的坐标声明成一个结构体类型,结构体类型包括两个成员。定义两个结构体变量,表示平面直角坐标系中的两个点。读入两个结构体变量的值(即两点的坐标),根据计算距离的公式计算两点间的距离。

程序代码:
```
#include <stdio.h>
#include <math.h>
struct   point                              /*声明结构体类型*/
{int x,y;
};
void main()
{  struct point  p1,p2;                     /*定义结构体变量*/
   float d;
   scanf("%d%d",&p1.x,&p1.y);               /*读入第一个点的坐标*/
```

```
        scanf("%d%d",&p2.x,&p2.y);        /*读入第二个点的坐标*/
        d=sqrt((p1.x-p2.x)*(p1.x-p2.x)+(p1.y-p2.y)*(p1.y-p2.y));
                                          /*计算两点间的距离*/
        printf("d=%.2f",d);
    }
```

9.2 结构体数组

从例 9.1 可以看出,一个结构体变量只能表示一个学生的信息,多个学生的信息必须用多个结构体变量。在第 6 章分析过,用多个变量存储批量数据编程效率低,使用数组效率高。

9.2.1 结构体数组的定义及初始化

结构体类型声明后,可以定义结构体数组存储一组结构体类型的数据。结构体数组定义的方法也有三种。

方法一:
  struct 结构体名 数组名[数组大小];
例如,语句:
struct student stu1[30];
定义了一个有 30 个元素的一维结构体数组,数组的每个元素都有 6 个成员。数组可以存储 30 个学生的相关信息。

方法二:
  struct 结构体名
  {
  成员列表;
  }数组名[数组大小];
例如,语句:
```
struct student
{   char    ID[10];              /*学号*/
    char    name[20];            /*姓名*/
    char    gender;              /*性别*/
    int     Math;                /*数学*/
    int     Chinese;             /*语文*/
    int     English;             /*英语*/
}stu2[30];
```

方法三:
  struct
  {
  成员列表;

｛数组名[数组大小]；

例如，语句：

```
struct
{ char    ID[10];                    /*学号*/
  char    name[20];                  /*姓名*/
  char    gender;                    /*性别*/
  int     Math;                      /*数学*/
  int     Chinese;                   /*语文*/
  int     English;                   /*英语*/
} stu3[30];
```

定义结构体数组的同时，可以为数组各元素指定初始值。如下面的语句。

```
struct student
{ char    ID[10];                    /*学号*/
  char    name[20];                  /*姓名*/
  char    gender;                    /*性别*/
  int     Math;                      /*数学*/
  int     Chinese;                   /*语文*/
  int     English;                   /*英语*/
} stu4[5] = { {2008311101,"Liu yuxi"    ,'M',   89,67,74},
              {2008311102,"Liang chen"  ,'M',   98,89,91},
              {2008311103,"Yang yongbin",'F',   62,78,81},
              {2008311104,"Mu yan"      ,'F',   62,82,79},
              {2008311105,"Wan lu"      ,'M',   35,66,73},
            };
```

对结构体数组的初始化在形式上类似于二维数组的初始化，每个内层大括号中的数据用来给结构体数组一个元素初始化，内层大括号之间用逗号分隔。对数组所有元素作初始化时，可以不指定数组长度。

结构体数组占用一片连续的存储空间，空间的大小是各元素占用空间的总和。每个元素占用的存储空间是结构体各成员占用存储空间的总和。例如，语句：

```
struct  point
{int x,y;
} pp[5];
```

定义了一个结构体数组pp，在Turbo C编译系统下，数组pp共占用20个字节的存储空间，空间分布情况如图9.2所示。

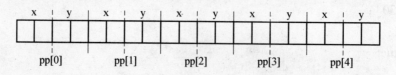

图9.2　结构体数组存储空间分配情况

9.2.2 结构体数组应用

结构体数组的一个元素与一个结构体变量等价,绝大多数情况下不能对结构体数组元素直接操作,必须通过对结构体数组元素成员的操作完成对结构体数组元素的操作。结构体数组元素成员的访问方式如下:

    结构体数组名[下标].结构体成员名

例如,上面定义的结构体数组 pp 中,下标为 2 的元素的 x 成员可表示为 pp[2].x。

例 9.3 按表 9.1 结构,读入 10 个学生的信息,计算并输出每个人的平均成绩和每科的平均成绩。

分析 用一个结构体数组存储 10 个学生的信息。使用循环依次读入每个学生的信息。计算并输出每个学生的平均成绩,再计算、输出每科的平均成绩。

数据结构 有 10 个元素的结构体数组 stu,存储每人平均成绩的变量 ave,存储各科平均成绩的变量 ma,ca 和 ea。

程序代码:

```c
#include <stdio.h>
#include <string.h>
struct student
{ char   ID[11];
  char   name[20];
  char   ge;
  int    Ma;
  int    Ch;
  int    En;
};
void main()
{ struct student stu[10];
  float ave,ma=0,ca=0,ea=0;
  int i;
  for(i=0;i<10;i++)
  { scanf("%s%s",stu[i].ID,stu[i].name);
    getchar();                    /*读入间隔符*/
    stu[i].ge=getchar();          /*读入有效数据*/
    scanf("%d%d%d",&stu[i].Ma,&stu[i].Ch,&stu[i].En);
  }
  for(i=0;i<10;i++)
  { ave=(stu[i].Ma+stu[i].Ch+stu[i].En)/3.0;
    printf("%-20s%.2f\n",stu[i].name,ave);
  }
  for(i=0;i<10;i++)
```

```
    {ma=ma+stu[i].Ma;
      ca=ca+stu[i].Ch;
      ea=ea+stu[i].En;
    }
    printf("Math: %7.2f\n",ma/10);
    printf("Chinese:%7.2f\n",ca/10);
    printf("Englis: %7.2f\n",ea/10);
}
```

例9.4 按表9.1结构,读入10个学生的信息,按总成绩从高到低重新排列学生的顺序。

分析 这是一个排序问题,使用"冒泡法"排序。排序前要先计算出每个学生的总成绩,为保存总成绩,在结构体类型中增加一个成员sum。

程序代码:
```
#include <stdio.h>
#include <string.h>
#define N 10
struct student
{ char  ID[11];
  char  name[20];
  char  ge;
  int   Ma;
  int   Ch;
  int   En;
  int   sum;
};
void main()
{ struct student stu[10],t;
  int i,j;
  for(i=0;i<N;i++)
  {scanf("%s%s",stu[i].ID,stu[i].name);
    getchar();                                    /*读入间隔符*/
    stu[i].ge=getchar();                          /*读入有效数据*/
    scanf("%d%d%d",&stu[i].Ma,&stu[i].Ch,&stu[i].En);
  }
  for(i=0;i<N;i++)
  {stu[i].sum=stu[i].Ma+stu[i].Ch+stu[i].En;
  }
  for(i=0;i<N-1;i++)
  for(j=0;j<N-1-i;j++)
```

```
        if(stu[j].sum<stu[j+1].sum)
         {t=stu[j];
            stu[j]=stu[j+1];
            stu[j+1]=t;
         }
   for(i=0;i<N;i++)
   {printf("%-12s%-20s   %c",stu[i].ID,stu[i].name,stu[i].ge);
     printf("%4d%4d%4d%6d\n",stu[i].Ma,stu[i].Ch,stu[i].En,stu[i].sum);
   }
}
```

9.3 结构体指针

一个结构体变量的起始地址是该结构体变量的指针,若将这个指针存储到一个指针变量中,则指针变量称为指向结构体变量的指针变量,简称为结构体指针。

与指向普通变量的指针一样,结构体指针也要先定义,然后使用。结构体指针的定义方法也有三种。

方法一:
　　　　struct 结构体名　　*结构体指针变量名;
例如,语句:
struct student　　*ps1;

方法二:
　　　　struct　结构体名
　　　　{成员列表;
　　　　}*结构体指针变量名;
例如,语句:
struct student
{ char　ID[10];　　　　　　　/*学号*/
　char　name[20];　　　　　　/*姓名*/
　char　gender;　　　　　　　/*性别*/
　int　Math;　　　　　　　　 /*数学*/
　int　Chinese;　　　　　　　/*语文*/
　int　English;　　　　　　　/*英语*/
}*ps2;

方法三:
　　　　struct
　　　　{成员列表;
　　　　}*结构体指针变量名;
例如语句

```
struct
{   char    ID[10];              /*学号*/
    char    name[20];            /*姓名*/
    char    gender;              /*性别*/
    int     Math;                /*数学*/
    int     Chinese;             /*语文*/
    int     English;             /*英语*/
} * ps3;
```

定义结构体指针变量时,结构体类型必须是已经声明过的结构体类型。定义的结构体指针要通过初始化或赋值操作,让其有所指,然后通过结构体指针访问所指对象。结构体指针的初始化和赋值操作与指向普通变量指针的初始化和赋值操作相同。例如,语句:

```
struct   point
{int x,y;
}p1, * pp=&p1;
```

定义了一个结构体变量和一个结构体指针,并通过初始化将结构体指针指向结构体变量。

结构体指针指向某个结构体变量后,可以通过指针访问结构体变量的成员。使用结构体指针访问结构体成员的方法为:

  (*结构体指针变量).成员名

或

  结构体指针变量->成员名

例如,使用结构体指针 pp 访问结构体变量 p 的 x 成员,可以使用下列两种方法之一:
(*pp).x 或 pp->x

表达式中的"->"是 C 语言的运算符,称为"指向"运算符。

例 9.5 改写例 9.1,使用结构体指针输出 3 个结构体变量的值。

程序代码:

```
#include <stdio.h>
#include <string.h>
struct student
{   char    ID[11];
    char    name[20];
    char    gender;
    int     Math;
    int     Chinese;
    int     English;
};
void main()
{   struct student    m1={"2008011101","Liu yuxi",'M',89,90,82},m2,m3;
    struct student    * p1=&m1, * p2=&m2, * p3=&m3;
```

```
        strcpy(m2.ID,"2008011102");
        strcpy(m2.name, "Wang li");
        m2.gender='F';
        m2.Math=88;
        m2.Chinese=94;
        m2.English=90;;
        scanf("%s%s",m3.ID,m3.name);
        getchar();                                          /*读入间隔符*/
        m3.gender=getchar();                                /*读入有效数据*/
        scanf("%d%d%d",&m3.Math,&m3.Chinese,&m3.English);
        printf("%-12s%-20s    %c",p1->ID,p1->.name,p1->.gender);
        printf("%4d%4d%4d\n",p1->Math,p1->Chinese,p1->English);
        printf("%-12s%-20s    %c",p2->ID,p2->name,p2->gender);
        printf("%4d%4d%4d\n", p2->Math, p2->Chinese, p2->English);
        printf("%-12s%-20s    %c",p3->ID,p3->.name,p3->gender);
        printf("%4d%4d%4d\n", p3->Math, p3->Chinese, p3->English);
}
```

结构体指针还可以指向结构体数组元素,通过指向结构体数组元素的指针访问数组元素。

例 9.6 分析下面程序的输出结果。

```
#include <stdio.h>
void main()
{ struct exp
    {int x,y;
    }sa[5]={{3,2},{4,3},{6,3},{6,7},{9,4}},*p=sa;
    while(p<sa+5)
    { printf("%4d%4d\n",p->x*p->y,p->x+p->y);
      p++;
    }
}
```

分析　程序声明了有两个成员的结构体类型,定义了一个有 5 个元素的结构体数组并进行了初始化;定义一个结构体指针,并将结构体指针指向数组的第一个元素。程序的主体是一个循环结构,表达式"p<sa+5"的值为真时,表示指针 p 没有超出数组 sa 的范围;当没有超出数组 sa 范围时,输出指针 p 所指元素两个成员的积与和,然后将指针移向下一个元素。因为指针开始指向第一个元素,所以依次输出 sa[0]~sa[5]两个成员的积与和值。程序的输出结果如图9.3所示。

若结构体指针指向某个数组元素,访问数组元素

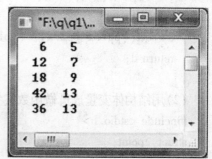

图 9.3　例 9.6 运行结果

某个成员的形式为:
  结构体指针名->成员名
或
  (*结构体指针名).成员名

9.4 结构体与函数

  C语言有三种方法可以将一个结构体变量的值传递给另一个函数:一是使用结构体变量做函数参数,二是使用结构体变量成员做函数实参,三是使用指向结构体变量的指针做函数参数。

  例9.7 编写函数,计算平面直角坐标系中两点间的距离。

  分析 计算平面直角坐标系中两点间的距离所需要的原始数据是两点的坐标值,函数的形参应该是表示两点坐标值的变量。两点的坐标可以用普通变量表示,也可以像例9.2一样,用一个结构体类型的变量表示,编写的函数有三种方式。

程序代码:
(1)结构体变量做函数参数。

```
#include <stdio.h>
struct  point                          /*声明结构体类型*/
{int x,y;
};
float dis(point pp1,point pp2);
void main()
{ struct point  p1,p2;                 /*定义结构体变量*/
  float d;
  scanf("%d%d",&p1.x,&p1.y);           /*读入第一个点的坐标*/
  scanf("%d%d",&p2.x,&p2.y);           /*读入第二个点的坐标*/
  d=dis(p1,p2);                        /*结构体变量做函数实参*/
  printf("d=%.2f\n",d);
}
float dis(point pp1,point pp2)         /*结构体变量做函数形参*/
{ float d;
  d=sqrt((pp1.x-pp2.x)*(pp1.x-pp2.x)+(pp1.y-pp2.y)*(pp1.y-pp2.y));
  return d;
}
```

(2)用结构体变量成员做函数实参。

```
#include <stdio.h>
struct  point                          /*声明结构体类型*/
{int x,y;
};
```

```
    float dis(int,int,int,int);
    void main()
    { struct point   p1,p2;                  /*定义结构体变量*/
      float d;
      scanf("%d%d",&p1.x,&p1.y);             /*读入第一个点的坐标*/
      scanf("%d%d",&p2.x,&p2.y);             /*读入第二个点的坐标*/
      d=dis(p1.x,p1.y,p2.x,p2.y);            /*结构体变量成员做函数实参*/
      printf("d=%.2f\n",d);
    }
    float dis(int x1,int y1,int x2,int y2)   /*普通变量做函数形参*/
    { float d;
      d=sqrt((x1-x2)*(x1-x2)+(y1-y2)*(y1-y2));
      return d;
    }
```

(3) 用结构体指针做函数参数。

```
    #include <stdio.h>
    struct   point                           /*声明结构体类型*/
    {int x,y;
    };
    float dis(point *p1,point *p2);
    void main()
    { struct point   p1,p2;                  /*定义结构体变量*/
      float d;
      scanf("%d%d",&p1.x,&p1.y);             /*读入第一个点的坐标*/
      scanf("%d%d",&p2.x,&p2.y);             /*读入第二个点的坐标*/
      d=dis(&p1,&p2);                        /*结构体变量地址做函数实参*/
      printf("d=%.2f\n",d);
    }
    float dis(point *p1,point *p2)           /*结构体指针做函数形参*/
    { float d;
      d=sqrt((p1->x-p2->x)*(p1->x-p2->x)+(p1->y-p2->y)*(p1->y-p2->y));
      return d;
    }
```

用结构体变量做函数参数,实参结构体变量和形参结构体变量分别占用不同的存储空间,形实结合时,将实参结构体变量各成员的值按顺序传递给形参结构体变量的各成员。使用结构体变量做函数参传递数据,在空间和时间上开销较大,一般不用这种方法。

使用结构体变量成员做函数实参,对应的形参必须与结构成员同类型。

使用结构体指针做函数实参,将主调函数中结构体变量的地址传递给被调函数的形参,空间和时间开销小,另外,用指针做函数参数可以实现从被调函数向主调函数传递数据。

9.5 指针处理链表

利用数组可以有效地存储批量数据,便于快速、随机地存取数组中的某一元素。但对数组进行插入和删除操作时,需要大量移动数组元素,工作效率低。另外,C语言要求定义数组时长度必须确定,这将导致存储空间浪费。例如,使用数组存储一批数据量变化很大的数据时,必须将数组定义得足够大,当实际数据量较小时,有大量的空间空闲,造成空间浪费。使用链表可以有效地解决上面的问题。

9.5.1 链表

链表是一种动态存储结构,用一组任意的存储空间(可以是连续的,也可以是不连续的)存储一组数据。链表的长度不确定,可以根据需要增加或减少。最简单的链表的逻辑结构如图9.4所示。

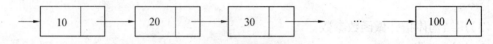

图9.4 链表的逻辑结构

一个链表由若干个"结点"组成;每个结点有两个组成部分,一部分存储数据,称为数据域;另一部分存储链表中下一个结点的地址,称为指针域。链表的结点是一个结构体类型数据。整个链表由一个结构体指针指向,称为"头指针";链表最后一个结点的指针域为"空"。

用链表存储数据必须先声明结点的数据类型。例如,图9.4所示链表的结点类型可用下面的语句声明。

struct　node

{ int x;

　struct node　* next;

};

该链表结点的数据域是 int 类型的变量,指针域是该结点类型的指针变量。

链表有多种形式,本节只介绍最简单的链表——单链表的基本操作。

9.5.2 链表的建立

创建链表的结点有两种方式:其一,在程序中定义相应数量的结构体变量来充当结点;其二,在程序执行过程中动态开辟结点。第一种方式创建的链表称为静态链表,第二种方式创建的链表称为动态链表。静态链表各结点所占用的存储空间在程序执行完毕后由系统释放;动态链表可在程序执行过程中调用动态存储分配函数释放。本节只讲解动态链表的建立,静态链表可仿照动态链表建立。

首先,介绍处理动态链表所需的库函数,它们的声明在头文件 stdlib.h 中。

1. malloc 函数

功能:在内存的动态存储区中分配一个连续空间。

使用方法:结构体指针变量=(结构体类型 *)malloc(size);

其中,size 为无符号整型表达式,用来确定分配空间的字节数;由于 malloc 函数返回值类型是"void *",即不确定的指针类型,所以要根据具体情况用强制类型转换将其转换成所需的指针类型。例如:

　　char *p;　　　　　　　　　　　/* 此时 p 的指向不明确 */
　　p=(char *)malloc(10);　　　　/* 此时 p 指向包含 10 个字节的存储空间 */

2. calloc 函数

功能:在内存的动态存储区中分配 n 组连续的空间。

使用方法:结构体指针变量=(结构体类型 *)calloc(n, size);

其中,n 和 size 均为无符号整型表达式,n 用来确定分配空间的个数,size 用来确定每个分配空间的字节数;其他和 malloc 函数的含义相同。

3. free 函数

功能:释放由函数 malloc( )或 calloc( )分配的存储空间。

使用方法:free(指针变量名);

由于内存区域总是有限的,不能无限制地分配下去,而且一个程序要尽量节省资源,所以,当所分配的内存区域不用时,就要将其释放,以便其他变量使用。free 函数的作用是释放指针所指向的内存空间。

创建链表的一般过程是:

(1)使用函数 malloc( )或 calloc( )为新结点分配存储空间。

(2)为新结点数据域指定值。

(3)将新结点连入链表。

例 9.8　用链表存储 10 个学生的学号及成绩,统计并输出平均成绩,然后输出高于平均成绩学生的学号及成绩。

分析　本例的功能要求与例 6.1 相同,与例 6.1 不同的是使用链表存储数据。本例要先声明链表结点类型,然后创建链表,最后再完成统计、输出。

程序代码:
```
#include <stdio.h>
#include <stdlib.h>
struct stu                                    /*声明结点类型*/
{ char id[10];
  float s;
  struct stu *ne;
};
void main( )
{ struct stu *h,*ps;
  int i;
  float sum=0;
  h=(struct stu *)malloc(sizeof(struct stu));      /*创建第一个结点*/
  scanf("%s%f",h->id,&h->s);
```

```
    h->ne=NULL;
    for(i=1;i<10;i++)                         /*创建其他结点*/
    {ps=(struct stu *)malloc(sizeof(struct stu));
      scanf("%s%f",ps->id,&ps->s);
      ps->ne=h;
      h=ps;
    }
    ps=h;
    while(ps!=NULL)                           /*统计平均成绩*/
    { sum=sum+ps->s;
      ps=ps->ne;
    }
    sum=sum/10;
    printf("平均成绩:%.2f\n",sum);
    ps=h;
    while(ps!=NULL)                           /*统计、输出高于平均成
                                                绩的学生信息*/
    { if(ps->s>=sum)
      printf("%-12s%.2f\n",ps->id,ps->s);
      ps=ps->ne;
    }
}
```

创建链表有头插入法和尾插入法，本例使用的是头插入法，即将每次产生的新结点插入到现有链表的最前面。最先产生的结点是链表的最后一个结点，最后产生的结点是链表的第一个结点。

9.5.3 链表的插入

链表的插入是指在一个链表的某个结点后插入一个结点。假设要在线性表的两个数据元素之间插入一个数据元素 x，已知 p，s 为单链表中的指针，如图 9.5(a) 所示。

为插入数据元素 x，首先要生成一个数据域为 x 的结点，然后插入在单链表中，插入后单链表结构如图 9.5(b) 所示。

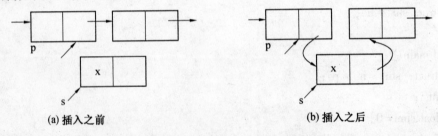

(a) 插入之前   (b) 插入之后

图 9.5　在单链表中插入结点时指针变化情况

为完成插入操作,需修改 p 指针所指结点的指针域,令其指向结点 x;而结点 x 中的指针域应指向 p+1 指针所指结点。

例 9.9 在例 9.8 创建的链表的第 i 个结点的后面插入一个结点。

基本思想:
(1)从第 1 个结点出发,找到第 i 个结点。
(2)创建一个新结点。
(3)将新结点插入其后。
(4)返回操作结果信息(成功与否)。

程序代码:
```
int Insert(struct  stu *h, int i, char *id, float s)
{ int j; LinkList p,q;
  p=h;
  j=1;
  while (p && j<i)
  { p=p->next;
    j++;
  }
  if(!p)   return  -1;
  q=(struct  stu *)malloc(struct  stu));
  strcpy(q->id,id);
  q->s=s;
  q->next=NULL;
  q->next=p->next;
  p->next=q;
  return 1;
}
```

9.5.4 链表的删除

链表删除操作是指在链表中删除某个结点。要删除一个结点,需从第一个结点出发沿链表搜索,找到待删除结点,修改该结点前驱结点的指针域,使其指向待删除结点的后继结点即可,如图 9.6 所示。

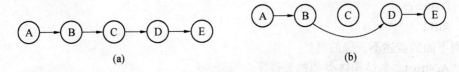

图 9.6 链表删除操作示意图

例 9.10 在例 9.8 创建的链表中删除第 i 个结点。

基本思想:
(1)从第 1 个结点出发,找到第 i-1 个结点。

(2) 删除第 i 个结点。

(3) 返回操作结果信息(成功与否)。

程序代码：

```
int Delete(struct   stu * h, int i)
{ int j;struct   stu * p, * q;
  p=h ;    j=1;
  if(i==1){h=p->next; free(p);return 1;}
  else
  {while (p && j<i-1)
    {p=p->next;
      j++;
    }
    if(! p||! p->next)  return  -1;
    q=p->next;
    p->next=q->next;
    q->next=NULL
    free(q);
    return 1;}
}
```

习 题

一、选择题

1. 当定义一个结构变量时,系统分配给它的空间大小是(   )。

   A. 各成员所占内存空间的总和

   B. 结构体中第一个成员所占的内存空间

   C. 成员中占内存空间最大者所占的存储空间

   D. 结构体中最后一个成员所占的存储空间

2. 设有以下语句:

```
struct stu
{ int a;
  float b;
} stu1;
```

则下面的叙述不正确的是(   )。

   A. struct   是结构体类型的关键字

   B. struct   stu 是用户定义的结构体类型

   C. stu1 是用户定义的结构体类型名

   D. a 和 b 都是结构体成员名

3. 以下 scanf 函数语句中对结构体变量成员的不正确引用是(   )。

```
struct pup
{ char name[20];
  int age;
  int sex;
} p1[5], *p2=p1;
  A. scanf("%s",p1[0].name);
  B. scanf("%d",p1[0].age);
  C. scanf("%d",&(p1->sex));
  D. scanf("%d",p->age);
```

二、阅读程序，写出程序的输出结果

1.
```
#include <stdio.h>
struct n
{ int x;
  char c;
};
void func(struct n *b,struct n a);
void main()
{ struct n a={10,'x'},b={20,'a'};
  func(&a,b);
  printf("%d,%c\n",a.x,a.c);
  printf("%d,%c\n",b.x,b.c);
}
void func(struct n *b,struct n a)
{ b->x=30;
  b->c='y';
  a.x=30;
  a.c='B';
}
```

2.
```
#include<stdio.h>
struct abc
{ int a,b,c; };
void main()
{ struct abc s[2]={{1,2,3},{4,5,6}};
  int i,t;
  t=s[0].a+s[1].b;
  printf("%d\n",t);
}
```

三、程序填空

1. 以下程序的功能是：计算并输出复数的差。

```c
#include <stdio.h>
struct comp
{ float re;
  float im;
};
void csub(struct comp x,struct comp y,struct comp *z)
{ z->re=x.re-y.re;
  _____=x.im-y.im;
}
void main()
{ struct comp x,y,z;
  scanf("%f%f",&x.re,&x.im);
  scanf("%f%f",&y.re,&y.im);
  csub(x,y,_____);
  printf("z.re=%f,z.im=%f\n",z.re,z.im);
}
```

2. 已知结构体指针 head 指向单链表的第一个结点，下面函数的功能是：输出链表中存储的各项数据。

```c
struct tem
{ int  info;
  struct tem *link;
};
void print(struct tem *head)
{ struct tem *p;
  p=head;
  if(head!=NULL)
  do
  { pirntf("%d",_____);
    p=_____;
  }
  while(_____);
}
```

四、编写程序

1. 声明一个结构体类型，成员包括三个无符号整型数据，分别代表年、月、日。定义两个结构体变量，分别存储输入的两个日期，然后计算两个日期间隔多少天。

2. 输入10个学生的姓名及期中和期末的成绩，计算每个人的平均成绩，输出平均成绩最高的学生姓名、期中和期末成绩及平均成绩。要求使用结构体数组完成。

3. 输入12个0~100之间的整数,统计出小于60,60~70和80~100三个范围的整数各有多少个,将统计的结果存放在一个结构体变量中,最后将此结构体变量传递给一个函数,此函数负责打印输出结果。

4. 使用结构体数组存储10个学生的信息,然后输入一个学生的姓名,在数组中查找该学生的信息。若找到,输出该学生的所有信息;若未找到,输出说明信息。学生的信息有:学号,姓名和总成绩三项。

5. 输入一串字母,以与输入次序相反的顺序建立链表,统计链表中大写字母的个数,并输出该链表。

第10章 程序的结构

10.1 编译预处理

编译预处理是指在进行编译之前所做的工作。预处理是 C 语言的一个重要功能,它由预处理程序负责完成。当对一个源文件进行编译时,系统将自动调用预处理程序对源程序中的预处理部分作处理,处理完毕自动对源程序编译。

C 语言提供了多种预处理功能,如宏定义、文件包含、条件编译等。合理地使用预处理功能便于阅读、修改、移植和调试程序,也有利于模块化程序设计。为了与一般 C 语句相区分,这些命令以符号"#"开头。

10.1.1 宏定义

宏定义是指用一个指定的标识符来定义一个字符序列。根据是否带参数将宏定义分为不带参数的宏定义和带参数的宏定义。

1. 不带参数的宏定义

定义的一般形式为:

  #define 标识符 字符串

其中的"#"表示这是一条预处理命令,"define"为宏定义命令,"标识符"为所定义的宏名,"字符串"可以是常数、表达式、格式串等。

在编译预处理时,将程序中所有出现"宏名"都用宏定义中的字符串替换,称为"宏展开"。

例 10.1 计算圆的面积,将 π 值定义为宏。
```
#define PI 3.1415926
#include <stdio.h>
void main()
{
    double area, r;
    r = 10;
    area = PI * r * r;
    printf("area=%f\n", area);
}
```
语句"area = PI * r * r;"宏展开为"area = 3.1415926 * r * r;"。

说明 (1)宏名的命名规则同一般标识符,为了使宏名和变量区别,通常宏名用大写字母表示,但并非规定。

(2)宏定义是用宏名来表示一个字符串,在宏展开时又以该字符串取代宏名,这只是一种简单的代换,字符串中可以含任何字符,可以是常数,也可以是表达式,预处理程序对它不作任何检查。如有错误,只能在编译已被宏展开后的源程序时发现。

(3)宏定义不是 C 语句,在行末不必加分号,如加上分号则连分号也一起置换。例如:

例 10.2 分析程序的输出结果。
```
#include <stdio.h>
#include <stdio.h>
#define X 2;
void main()
{
    int y;
    y=2*X          /*其后没有分号,但宏展开为 y=2*2;是正确的语句*/
    printf("%d\n",y);
}
```
程序运行结果如图 10.1 所示。

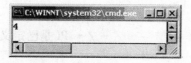

图 10.1　例 10.2 运行结果

(4)宏名在源程序中若用引号括起来,则预处理程序不对其作宏替换。

例 10.3 分析程序的输出结果。
```
#include <stdio.h>
#define OK 100
void main()
{
    printf("OK");
    printf("\n");
}
```
程序运行结果如图 10.2 所示。

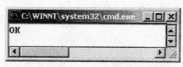

图 10.2　例 10.3 运行结果

(5)在字符串中如果出现运算符,通常需要在合适的位置加括号。例如:
#define S 3+4
语句 a=S*b;宏展开后的语句是 a=3+4*b;显然运算结果不符合原意。

如果将宏定义改为：
#define S (3+4)
则宏展开后的语句为：a=(3+4)*b;,这样运算结果才正确。

(6)宏定义一般放在源程序文件开头,函数定义的外面。宏名的有效范围是从宏定义语句开始至本源文件结束。用#undef 命令可以终止宏定义的作用域。例如：

```
#include<stdio.h>
#define SIZE 100
void main()
{
   ...
}
#undef SIZE
float fun()
{
   ...
}
```

SIZE 的有效范围

(7)宏定义允许嵌套,在宏定义的字符串中可以使用已经定义的宏名。在宏展开时由预处理程序层层置换。

例如：
#define PI 3.1415926
#define S PI*y*y   /* PI 是已定义的宏名 */
语句：
printf("%f",S);
在宏代换后变为：
printf("%f",3.1415926*y*y);

(8)对"输出格式"作宏定义,可以减少书写麻烦。

例10.4 分析程序的输出结果。
```
#include <stdio.h>
#define P printf
#define D "%d   "
#define F "%f\n"
void main( )
{ int a=5, c=8, e=9;
  float b=3.8, d=9.7, f=21.08;
  P(D F,a,b);
  P(D F,c,d);
  P(D F,e,f);
}
```
程序运行结果如图 10.3 所示。

2.带参数的宏定义

C 语言允许宏带参数。在宏定义中的参数称为形参,在宏调用中的参数称为实参。带

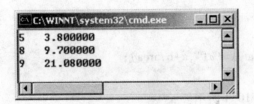

图 10.3　例 10.4 运行结果

参数的宏在调用时,不仅要宏展开,而且要用实参去替换形参。

带参宏定义的一般形式为:

　　#define 宏名(形参表)　字符串

形参表是由一个或多个形参组成,当多个形参时,形参之间用逗号分隔。

带参数宏调用的一般形式:

　　宏名(实参表);

例 10.5　用带参数的宏定义,求 2 个数中的最小数。

```
#include <stdio.h>
#define MIN(x,y) x<y? x:y
void main()
{ int i=10,j=15,min;
  min=MIN(i,j);
  printf("min=%d\n",min);
}
```

语句"min=MIN(i,j);"是宏调用,宏展开后该语句为"min=i<j? i:j;",用于计算 i,j 中最小数。

说明　(1)带参数宏定义中,宏名和形参表之间不能有空格出现。

如果把

　　#define MIN(x,y) x<y? x:y

写为

　　#define MIN　(x,y) x<y? x:y

则系统把 MIN 视为宏名,它代表字符串(x,y) x<y? x:y。宏展开时,宏调用语句

　　min=MIN(i,j);

将变为

　　min= (x,y) x<y? x:y(i,j);

这显然是错误的。

(2)对于宏定义的形参要根据情况加圆括弧,以免发生运算错误。

例 10.6　分析程序的输出结果。

```
#include <stdio.h>
#define PI 3.14
#define S(r) PI*r*r
void main()
{ int a=4,b=6;
```

```
    double area;
    area=S(a+b);
    printf("r=%d    area=%f",a+b,area);
}
```
程序运行结果如图10.4所示。

图10.4　例10.6运行结果

"S(a+b)"宏展开为"PI*a+b*a+b",所以 area=3.14*4+6*4+6=42.56。

在例10.6的宏定义中,#define S(r) PI*(r)*(r)都用括号括起来,把程序改为例10.7。

例10.7　分析程序的输出结果。
```
#include <stdio.h>
#define PI 3.14
#define S(r)PI*(r)*(r)
void main()
{ int a=4,b=6;
    double area;
    area=S(a+b);
    printf("r=%d    area=%f",a+b,area);
}
```
程序运行结果如图10.5所示。

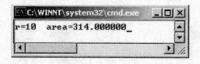

图10.5　例10.7运行结果

"S(a+b)"宏展开为"PI*(a+b)*(a+b)",所以 area=3.14*(4+6)*(4+6)=314。

（3）带参数的宏和函数的区别：

① 函数调用时,先求出实参表达式的值,然后代入形参。而使用带参数的宏只是进行简单的字符替换。

② 函数调用是在程序运行时处理的,为形参分配临时的内存单元。而宏展开则是在编译前进行的,在展开时并不分配内存单元,不进行值的传递处理,也没有"返回值"的概念。

③ 函数中的实参和形参类型要求一致。而宏名无类型,它的参数也无类型,只是一个符号代表,展开时代入指定的字符串即可。宏定义中,字符串可以是任何类型的数据。

④ 调用函数只可得到一个返回值,而用宏可以设法得到几个结果。

例10.8　分析程序的输出结果。
```
#include <stdio.h>
```

```
#define PI 3.1415926
#define CIRCLE(R,L,S,V) L=2*PI*R;S=PI*R*R;V=4.0/3.0*PI*R*R*R
void main()
{ float r,l,s,v;
  scanf("%f",&r);
  CIRCLE(r,l,s,v);
  printf("r=%6.2f,l=%6.2f,s=%6.2f,v=%6.2f\n",r,l,s,v);
}
```

程序运行结果如图10.6所示。

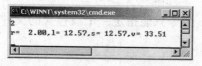

图10.6 例10.8运行结果

对宏进行预编译,宏展开后的main函数如下:

```
#include <stdio.h>
void main()
{ float r,l,s,v;
  scanf("%f",&r);
  l=2*3.1415926*r;
  s=3.1515926*r*r;
  v=4.0/3.0*3.1415926*r*r*r;
  printf("r=%6.2f,l=%6.2f,s=%6.2f,v=%6.2f\n",r,l,s,v);
}
```

⑤ 使用宏次数多时,宏展开后源程序变长,因为每展开一次都使程序增长,而函数调用不会使源程序变长。

10.1.2 文件包含

所谓"文件包含"是指一个源文件可以将另外一个源文件的全部内容包含进来。C语言提供了#include命令用来实现"文件包含"的操作。

其一般形式为:

  #include "文件名"

或

  #include <文件名>

但是这两种形式是有区别的:使用尖括号表示C编译系统在C库函数头文件所在的子目录下查找,称为标准方式;使用双引号则表示首先在用户当前工作的源文件目录中搜索,若未找到才到包含目录中去查找。用户编程时可根据自己文件所在的目录来选择某一种命令形式。一般来讲,在引用系统提供的包含文件时,采用双尖号;而在引用自己编写的包含文件时,采用双引号。

文件包含命令的功能是把指定的文件插入该命令行位置取代该命令行,从而把指定的文件和当前的源程序文件连成一个源文件。在程序设计中,文件包含是很有用的。一个大的程序可以分为多个模块,由多个程序员分别编程,如图10.7所示。

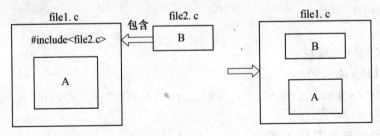

图 10.7　文件包含示意图

说明　(1)一个#include 命令只能指定一个被包含的文件,如果要包含 n 个文件,要使用 n 个#include 命令。例如:

#include<stdio. h>

#include<math. h>

(2)文件包含可以嵌套,嵌套层数与预处理器的实现有关,通常15层。例如,如果文件 1 包含文件 2,而文件 2 中要用到文件 3 的内容,如图 10.8 所示。

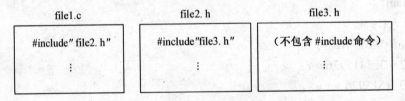

图 10.8　文件包含嵌套示意图

也可以在文件 1 中用两个#include 命令分别包含文件 2 和文件 3,注意文件 3 应出现在文件 2 之前,如图 10.9 所示。

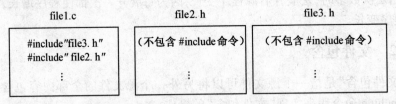

图 10.9　文件包含嵌套示意图

(3)被包含文件与其所在文件经预编译后成为一个文件,而不是两个文件。

例 10.9　编写程序,输入 m,n 的值,计算 $\dfrac{m!}{(m-n)!\,n!}$ 并输出。

file2. c 的内容:

long fun(long n)

{int i;

　long r=1;

　for(i=1;i<=n;i++)

　　r=r*i;

```
    return r;
}
```
file1.c 的内容：
```
#include<stdio.h>
#include"file2.c"
void main()
{ long m,n,res;
    printf("Please input m,n:\n");
    scanf("%ld%ld",&m,&n);
    res=fun(m)/(fun(m-n)*fun(n));
    printf("The result is %ld",res);
}
```
函数 fun 的功能是求 n!。

10.1.3 条件编译

预处理程序提供了条件编译的功能。可以按不同的条件去编译不同的程序部分，因而产生不同的目标代码文件。这对于程序的移植和调试是很有用的。

条件编译有三种形式，下面分别介绍。

1. 形式一

  #ifdef 宏名
  程序段 1
  [#else
  程序段 2]
  #endif

功能：判断"宏名"在此之前是否已经被定义过。如果定义过，则编译"程序段 1"，否则编译"程序段 2"。方括号"[ ]"中的内容是可选的，如果没有#else 部分，则当宏名未定义时直接跳过#endif，执行#endif 下面的程序段。

例 10.10 分析程序的输出结果。
```
#include <stdio.h>
#define MING 1
void main()
{
    char str[20]="C language",c;
    int i=0;
    while((c=str[i])!='\0')
    {
        i++;
        #ifdef MING
        if(c>='a' && c<='z')    c=c-32;
```

```
        #else
        if(c>='A' && c<='Z')    c=c+32;
        #endif
        printf("%c",c);
   }
}
```

程序运行结果如图 10.10 所示。

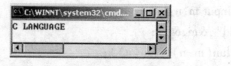

图 10.10 例 10.10 运行结果

在程序中定义了宏名 MING,所以编译语句"if(c>='a' && c<='z')   c=c-32;"。如果删除宏定义"#define MING 1",则编译语句"if(c>='A' && c<='Z')   c=c+32;",程序运行结果为:C LANGUAGE。

2. 形式二

  #ifndef 宏名
  程序段 1
  [#else
  程序段 2]
   #endif

功能:#ifndef 语句的功能与#ifdef 相反,如果宏名未定义,则编译"程序段 1",否则编译"程序段 2"。

例 10.11 分析程序的输出结果。

```
#include <stdio.h>
#define XF  1
void main()
{
   int a=14,b=15,c;
   c=a/b;
   #ifndef XF
        printf("a=%o,b=%o\n",a,b);
   #else
        printf("c=%d\n",c);
   #endif
}
```

程序运行结果如图 10.11 所示。

在程序中定义了宏名 XF,所以编译语句"printf("c=%d\n",c);"。如果删除宏定义"#define XF   1",则编译语句"printf("a=%o,b=%o\n",a,b);",运行结果为:a=16,b=17。

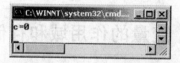

图 10.11　例 10.11 运行结果

3. 形式三

　　#if 常量表达式
　　程序段 1
　　[#else
　　程序段 2]
　　#endif

功能：首先计算常量表达式的值，如果为真(非零)，编译"程序段 1"，否则编译"程序段 2"。方括号"[　]"中的内容是可选的，如果没有#else 部分，则当"常量表达式"的值为 0 时，直接跳过#else。

例 10.12　分析程序的输出结果。

```
#include <stdio.h>
#define R 1
void main()
{
    float c,r,s;
    printf("input a number: ");
    scanf("%f",&r);
    #if R
        s=3.14159*r*r;
        printf("area is: %f\n",s);
    #else
        c=2*r*r;
        printf("round is: %f\n",c);
    #endif
}
```

程序运行结果如图 10.12 所示。

图 10.12　例 10.12 运行结果

　　在程序第一行宏定义中，定义 R 为 1，因此在条件编译时，常量表达式的值为真，故计算并输出圆面积。如果要计算并输出圆的周长，则将"#define R 1"改为"#define R 0"。

10.2 变量的作用域和存储类型

C语言规定,在程序中所有用到的变量都必须先定义再使用。定义变量后,变量就有了一系列属性,如数据占用的内存空间、存储形式、数据的取值范围等。除此之外变量还有一些属性,如变量在程序运行中何时有效,何时失效;变量在内存中何时存在,何时被释放等。变量的这些属性都与变量的作用域和生存期有关。

变量的作用域:一个变量有效性的范围称变量的作用域。如果一个变量在某个文件或函数范围内有效,则称该文件或函数为该变量的作用域。

变量的生存期:指的是变量值存在时间的长短。即从给变量分配内存,到所分配的内存被系统收回的这段时间。如果一个变量在某一时刻是存在的,则认为这一时刻属于变量的"生存期"。

从作用域角度分,有局部变量和全局变量;从变量的生存期划分,有静态存储变量和动态存储变量。

10.2.1 变量的作用域

C语言程序是由一些函数构成的,每个函数都是相对独立的代码块,每个代码块只属于一个函数。因此一个函数的代码对于程序的其他部分来说是隐藏的,它既不会影响程序的其他部分,也不会受程序的其他部分影响。也就是说,一个函数的代码和数据,不能与另一个函数的代码和数据发生相互作用,因为它们分别有自己的作用域。根据作用域不同,变量分为两种:局部变量和全局变量。

1. 局部变量

在函数体内定义的变量称为局部变量。局部变量的作用域仅局限于定义它的函数。如:

```
void   main()
{
    int i,j;         }  变量 i,j 的作用域
    …
}
long fun(int m,int n)
{
    long k;          }  变量 m,n,k 的作用域
    …
}
```

```
char search(char s)
{
    char ch;
    int k;
    ...
}
```
⎫
⎬ 变量 s, ch, k 的作用域
⎭

说明 （1）主函数中定义的变量也是局部变量，只能在主函数中使用，主函数也不能使用其他函数中定义的变量。因为主函数也是一个函数，它与其他函数是平行关系。

（2）形参变量是局部变量，例如，上面 fun 函数中的形参 m，n，只在 fun 函数中有效。

（3）不同函数中可以使用相同名字的变量，它们代表不同的对象，互不干扰。例如，上面在 fun 函数中定义了变量 k，在 search 函数中也定义变量 k，它们在内存中占不同的内存单元，互不干扰。

（4）在一个函数内部，可以在复合语句中定义变量，这些变量的作用域为本复合语句，离开该复合语句即失效，占用的内存单元被释放。如：

```
void main()
{
    int m,n;
    ...
    {
        int i,j;
        ...
    }
    ...
}
```

变量 i,j 的作用域

变量 m,n 的作用域

例 10.13 试分析以下程序的运行结果。

```
#include <stdio.h>
void main()
{
    int i=2,j=3,k;
    k=i+j;
    {
        int k=8;
        printf("k=%d\n",k);
    }
    printf("k=%d\n",k);
}
```

程序运行结果如图 10.13 所示。

在程序中定义了两个名为 k 的变量，执行第一条 printf 函数时，该行在复合语句中，所以复合语句中定义的变量 k 有效，输出 k=8；执行第二条 printf 函数时，已离开复合语句，输

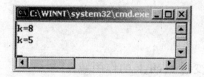

图 10.13　例 10.13 运行结果

出的 k 应为 main 函数中所定义的变量,所以输出 k=5。

2. 全局变量

在函数体外定义的变量称为全局变量。全局变量的作用域是从它的定义点开始到本源文件结束,即位于全局变量定义后面的所有函数都可以使用此变量。如:

```
int a,b=3;
void main( )
{
    …
}
float k;
char str( char s[20] );
{
    …
}
```

全局变量 a,b 的作用域

全局变量 k 的作用域

说明　(1)在同一个源文件中,当局部变量和全局变量同名时,在局部变量的作用范围内,全局变量不起作用。

例 10.14　试分析以下程序的运行结果。

```
#include <stdio.h>
int d=1;
void fun( int p )
{ int d=5;
  d+=p++;
  printf("%d\n",d);
}
void main( )
{ int a=3;
  fun(a);
  d+=a++;
  printf("%d\n",d);
}
```

程序运行结果如图 10.14 所示。

在上述程序中,d 为全局变量。在 main 函数中,起作用的是全局变量 d;在 fun 函数中又定义了局部变量 d,故在 fun 函数中全局变量 d 无效。

(2)如果要在定义全局变量之前的函数中使用该变量,则需要在该函数中用关键字

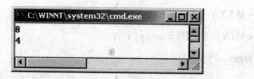

图 10.14 例 10.14 运行结果

extern 对全局变量进行外部变量声明,这样就可以从"声明"处起,合法地使用外部变量。

例 10.15 试分析以下程序的运行结果。

```
#include <stdio.h>
void main()
{
    extern a,b;            /*用 extern 对 a 和 b 进行外部变量声明*/
    int max;
    printf("Please input a,b:");
    scanf("%d%d",&a,&b);
    max=a>b? a:b;
    printf("max=%d\n",max);
}
int a,b;
```

程序运行结果如图 10.15 所示。

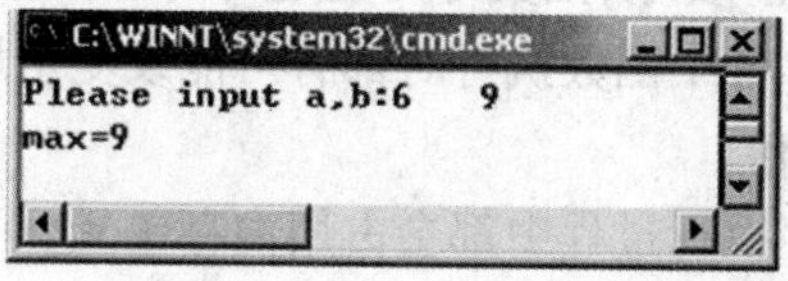

图 10.15 例 10.15 运行结果

全局变量 a,b 的定义在 main 函数之后,故如果在 main 函数中使用变量 a,b,就应该在 main 函数中用 extern 进行外部变量声明。

(3) 全局变量可以增加函数间的联系。因为同一源文件中的所有函数都可以使用全局变量,如果在一个函数中改变了全局变量的值,其他函数就可以共享。因此可以利用全局变量在函数间传递数据,从而增加函数返回值的数目。

例 10.16 编写一个函数,计算 10 名学生成绩的最高分、最低分和平均分。

```
#include <stdio.h>
float MAX=0,MIN=0;
float average(float array[],int n)
{
    int i;
    float aver,sum=array[0];
    MAX=MIN=array[0];
    for(i=1;i<n;i++)
    {
```

```
            if(array[i]>MAX)   MAX=array[i];
            if(array[i]<MIN)   MIN=array[i];
            sum=sum+array[i];
        }
        aver=sum/n;
        return aver;
    }
    void main()
    {
        float ave,score[10];
        int i;
        for(i=0;i<10;i++)
            scanf("%f",&score[i]);
        ave=average(score,10);
        printf("max=%6.2f\nmin=%6.2f\naverage=%6.2f\n",MAX,MIN,ave);
    }
```

(4)使用全局变量会带来以下一些问题:

① 降低程序的通用性。由例 10.15 可知,函数执行时依赖于全局变量。模块化程序设计要求各模块之间的"关联性"要小,函数尽可能是封闭的,通过参数与外界发生联系。

② 降低程序的清晰性。各个函数执行时都有可能改变全局变量的值,因此很难清晰地判断出每瞬间各全局变量的值。

③ 全局变量在整个程序执行过程中都会占用内存单元,而不是根据需要分配的。

因此,建议尽可能少用全局变量。

10.2.2 变量的存储类别

C 语言中,用户使用的存储空间可分为三部分:程序区、静态存储区和动态存储区。其中程序区存放的是可执行程序的机器指令;静态存储区存放的是在程序运行期间需要占用固定存储单元的变量,如全局变量,在程序开始执行时分配存储空间,程序执行完毕释放存储空间,在程序执行过程中始终占据固定的存储空间;动态存储区存放的是在程序运行期间根据需要动态分配存储空间的变量,如函数的形参,局部变量等。

在 C 语言中,每一个变量和函数有两个属性:数据类型和数据的存储类别。数据类型就是整型、字符型等。存储类别指的是数据在内存中的存储方法。存储方法分为两大类:静态存储类别和动态存储类别。具体包含四种:自动的(auto)、静态的(static)、寄存器的(register)和全局的(extern),如表 10.1 所示。

表 10.1 变量的存储类别

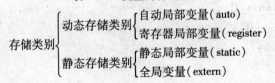

1. 局部变量的存储类别

（1）自动局部变量（auto）。函数中的局部变量，如不专门声明为 static 存储类别，则数据都存储在动态存储区中，动态地分配存储空间。在调用该函数时系统会给它们分配存储空间，在函数调用结束时就自动释放这些存储空间。函数中的形参和在函数中定义的变量（包括在复合语句中定义的变量），都属此类，这类局部变量称为自动变量。自动变量用关键字 auto 作存储类别的声明。C 语言规定，函数内定义的变量的默认存储类别为自动型，所以关键字 auto 可以省略。例如，"auto int a,b;"与"int a,b;"等价。

例 10.17　试分析以下程序的运行结果。

```
#include <stdio.h>
void fun( )
{ int x = 1;
  x++;
  printf("%d \n",x);
}
void main( )
{ fun( );
  fun( );
}
```

运行结果如图 10.16 所示。

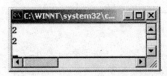

图 10.16　例 10.17 运行结果

第一次调用 fun 函数，给自动变量 x 分配临时存储空间并赋初值 1，然后执行 x++，x 等于 2，输出 2，函数调用结束，自动变量 x 所占存储空间立即被收回，x 中存放的数据 2 也随之丢失。第二次调用 fun 函数，又给 x 分配存储空间，又赋初值 1，执行 x++，x = 2，所以输出仍是 2。

（2）寄存器变量（register）。寄存器变量是 C 语言所具有的汇编语言的特性之一。它保存在 CPU 的通用寄存器中，和计算机硬件有着密切的关系。寄存器变量用关键字"register"作存储类别的声明。例如：

```
void fun(register int a)
{ register char ch;
}
```

使用寄存器变量可以缩短存取时间，通常将使用频率较高的变量设定为寄存器变量，如循环控制变量等。

说明　① 只有局部自动变量和形参可以作为寄存器变量。

② 只有 int，char 和指针类型变量可以定义为寄存器型，而 long，float 和 double 型变量不能定义为寄存器型，因为它们的数据长度超过了通用寄存器的位长。

③ 可用于变量空间分配的寄存器个数依赖于具体的机器。当编译器遇到 register 说明,且没有寄存器可以用于分配时,就把变量当做 auto 型变量进行存储分配,并且 C 语言编译器严格按照在源文件中出现的顺序来分配存储器。因此,寄存器变量定义符 register 对编译器来说,是一种请求,而不是命令。根据程序的具体情况,编译器可能自动地将某些寄存器变量改为非寄存器变量。

(3) 静态局部变量(static)。有时希望函数中的局部变量的值在函数调用结束后不消失而保留原值,即其占用的存储单元不释放,在下一次该函数调用时,该变量已有值,就是上一次函数调用结束时的值。这时就应该指定该局部变量为"静态局部变量",用关键字 static 进行声明。静态局部变量定义的一般形式:

  static 类型说明符 变量名;

说明 ① 静态局部变量是在静态存储区分配存储单元的,在整个程序运行期间都不释放,因此,在函数调用结束后,它的值并不消失,其值能够保持连续性。

② 静态局部变量是在编译时赋初值的,即只赋初值一次,在程序运行时它已有初值。以后每次调用函数时不再重新赋初值而只是保留上次函数调用结束时的值。

③ 如果定义静态局部变量时不赋初值,则默认初值为 0(数值型变量)或空字符(字符型变量)。

例 10.18 编写程序,求 $s = 1 + \dfrac{1}{1*2} + \dfrac{1}{1*2*3} + \cdots \dfrac{1}{1*2*\cdots*10}$。

```
#include <stdio.h>
double count(int n)
{
    static double s=1;
    s=s/n;
    return s;
}
void main()
{
    int i;
    double sum=0;
    for(i=1;i<=3;i++)
        sum=sum+count(i);
    printf("%8.2f",sum);
}
```

每次调用函数 count(i),计算 $\dfrac{1}{1*2*\cdots*i}$,同时保留静态局部变量 s 的值,以便下次调用再除以(i+1)。

例 10.19 阅读以下程序,给出每一次调用的过程分析。

```
#include <stdio.h>
int fun(int a)
```

```
    {
        int b=1;
        static int c=2;
        --a;
        b=b+a+c++;
        return b;
    }
    void main()
    {
        int t=3;
        t=fun(t);
        printf("%d\t",t);
        t=fun(t);
        printf("%d\t",t);
    }
```

例 10.19 中两次调用了 fun 函数,并且将第一次函数调用的返回值作为第二次调用的实参。此外,在 fun 函数中,定义了自动变量 b 和静态局部变量 c,每次调用 fun 函数开始和结束时变量 b 和 c 的值变化情况如表 10.2 所示。

表 10.2 函数调用过程中局部变量值的变化情况

	函数开始调用时		函数调用结束时	
	b	c	b	c
第一次调用	1	2	5	3
第二次调用	1	3	8	4

2. 全局变量的存储类别

全局变量是在静态存储区分配存储单元的,默认初值为 0。全局变量的存储类型有两种:外部(extern)类型和静态(static)类型。

(1)外部全局变量。对于一个很大的程序,为了编写、调试、编译和修改程序的方便,常把一个程序设计成多个文件的模块结构。每个模块或文件完成一个或几个较小的功能。这样,就可以先对每个模块或文件单独进行编译,然后再将各模块链接在一起。因此,在多个源程序文件的情况下,如果在一个文件中要引用在其他文件中定义的全局变量,则应该在需要引用此变量的文件中,用 extern 进行说明。例如,prog1.c 的内容为:

```
int a;
void main()
{  …
    x=6;
    fun1();
```

```
void fun1( )
{…
    a+=2;
    printf("a=%d\n",a);
    fun2( );
}
```
prog2.c 的内容为：
```
extern int a;
void fun2( )
{
    a++;
    printf("a=%d\n",a);
}
```

上例中，prog2.c 要使用 prog1.c 中定义的全局变量 a，故需要在文件开头对变量 a 用 extern 进行说明，说明该变量在其他文件中已定义过，本文件不必再为其分配内存。

在使用 extern 说明变量的存储类型时，需注意以下几点：

① extern 只能用来说明变量，不能用来定义变量。因为它不产生新的变量，只是宣布该变量已经在其他地方有过定义。因此，供其他文件访问的全局变量，在程序中只能定义一次，但在不同的地方可以被多次说明为外部变量。

② extern 不能用来初始化变量。例如：

extern int x=1;

是错误的。

（2）静态全局变量。在程序设计时，如果希望在一个文件中定义的全局变量仅限于被本文件中的函数引用，而不能被其他文件中的函数访问，则可以在定义此全局变量的前面加上关键字 static。例如：

static int x;

此时，全局变量的作用域仅限于本文件，在其他文件中即使进行了 extern 说明，也无法使用该变量。

由此可见，静态全局变量与外部全局变量在同一文件内的作用域是一样的，但外部全局变量的作用域可延伸至其他程序文件，而静态全局变量在被定义的源程序文件以外是不可见的。

10.3 动态内存分配

在 C 语言中，只能定义静态数组，即数组的长度是预先定义好的，在整个程序中固定不变，因此编程时只能预先推断数组元素的最大个数来确定数组的大小，这样做导致数组所占内存空间的严重浪费。如果利用可变的数组来进行数据的存储、计算，则可以完全避免。

C 语言中，数组名就是数组在内存中所占存储空间的首地址，因此任何由数组下标来完成的操作都可以用指针来实现，这样就可以利用指针及 C 提供的一些内存管理函数来构造动态数组以解决实际问题。

10.3.1 动态内存分配函数

C语言提供了一些内存管理函数,这些内存管理函数可以在程序运行期间分配内存空间,既可以动态地分配内存空间,也可以将分配的内存空间释放。常用的内存管理函数有：malloc,calloc和free函数,这些函数是通过操作系统的API(系统调用)实现的内存管理器。

这几个函数均包含在<stdlib.h>头文件中。

1. 分配内存空间函数 malloc

函数原型：void * malloc (unsigned int size)。

功能：在内存的动态存储区中分配一块长度为"size"字节的连续区域。函数的返回值为该区域的首地址。如果此函数未能成功执行(如内存空间不足),则返回空指针(NULL)。

2. 分配内存空间函数 calloc

calloc 也用于分配内存空间。

函数原型：void * calloc(unsigned int n, unsigned int size)

功能：在内存动态存储区中分配 n 个长度为"size"字节的连续区域。函数的返回值为该区域的首地址。如果分配不成功,则返回 NULL。

用 calloc 函数可以为一维数组开辟动态存储空间,n 为数组元素的个数,size 为每个数组元素的长度。

malloc 与 calloc 还有一个区别是 calloc 在返回指向内存的指针之前把所分配的存储空间初始化为 0,而 malloc 不是。因此选择函数时,需考虑是否要初始化所分配的内存空间,从而来选择相应的函数。如：

例 10.20 调用 malloc 函数分配内存单元。

```c
#include <stdio.h>
#include <stdlib.h>
void main( )
{
    int *p,i;
    p=(int *)malloc(sizeof(int)*10);
    for(i=0;i<10;i++)
    {
        if(i%5==0)   printf("\n");
        printf("%d\t",*(p+i));
    }
    printf("\n");
    free(p);
}
```

例 10.21 调用 calloc 函数分配内存单元。
#include <stdio.h>

```
#include <stdlib.h>
void main()
{
    int *p,i;
    p=(int *)calloc(10,sizeof(int));
    for(i=0;i<10;i++)
    {
        if(i%5==0)   printf("\n");
        printf("%d\t",*(p+i));
    }
    printf("\n");
    free(p);
}
```

3. 释放内存空间函数 free

调用形式:free(ptr); 。

功能:释放 ptr 所指向的一块内存空间,ptr 是一个任意类型的指针变量,它指向被释放区域的首地址。被释放区应是由 malloc 或 calloc 函数所分配的区域。free 函数无返回值。

free 函数只能释放用 malloc 函数或 calloc 函数分配的存储空间,如 "int i, *p = &i; free(p);"是不对的。也不能对同一块内存区同时用 free 释放两次。如:free(p);free(p);

10.3.2 动态数组的实现

构建动态数组遵循的原则是:申请的时候从外层往里层,逐层申请;释放的时候从里层往外层,逐层释放。

由于动态分配不一定成功,为此要附加一段异常处理程序,不致程序运行停止,使用户不知所措。通常采用这样的异常处理程序段:

```
if(p==NULL)                                    /* 或者 if(!p) */
{
    printf("动态申请内存失败!\n");exit(1);      /*异常退出*/
}
```

exit 是一个库函数,exit(1)表示发生错误后退出程序,exit(0)表示正常退出。

例 10.22 一维数组的动态构建。

```
#include <stdio.h>
#include <stdlib.h>
int main()
{
    int n1,i;
    int *array;
    puts("Please input array's length:");
    scanf("%d",&n1);
```

```c
    array=(int * )malloc(n1 * sizeof(int));
    if(array  ==NULL)
        exit(1);
    for(i=0;i<n1;i++)
    {
        array[i]=i+1;
        printf("%d\t",array[i]);
    }
    free(array);
}
```

例 10.23 求具有 n 个元素的一维数组各元素之和。

```c
#include <stdio.h>
#include <stdlib.h>
void main()
{
    int i,n,sum=0, * p;
    printf("Please input array's length:");
    scanf("%d",&n);
    p=(int * )malloc(n * sizeof(int));
    if(p==NULL)
        exit(1);
    printf("Original numbers:");
    for(i=0;i<n;i++)
    {
        scanf("%d",&p[i]);
        sum=sum+p[i];
    }
    free(p);
    printf("sum=%d",sum);
}
```

例 10.24 二维数组的动态构建。

```c
#include <stdlib.h>
#include <stdio.h>
void main()
{
    int n1,n2;
    int * * array,i,j;
    printf("Please input array's row:");
    scanf("%d",&n1);
```

```c
        printf("Please input array's colum:");
        scanf("%d",&n2);
        array=(int **)malloc(n1*sizeof(int *));         /*第一维*/
        if(array==NULL)         exit(1);
        for(i=0;i<n1; i++)
        {array[i]=(int *)malloc(n2* sizeof(int));       /*第二维*/
           if(array[i]==NULL)        exit(1);
           for(j=0;j<n2;j++)
             { array[i][j]=i+j+1;
               printf("%d\t",array[i][j]);
             }
           puts("");                                    /*换行*/
        }
        for(i=0;i<n1;i++)
        {free(array[i]);                                /*释放第二维指针*/
        }
        free(array);                                    /*释放第一维指针*/
    }
```

10.4 多函数、多文件程序的编写

C 程序是由函数组成的,这些函数既可以在一个文件中,也可以在多个不同的文件中。根据函数的使用范围,可以将函数分为内部函数和外部函数。

1. 内部函数

内部函数又称静态函数,只能被本文件中的其他函数所调用,内部函数定义的一般形式:

```
    static 类型 函数名(形参表)
    {
       ...
    }
```

使用内部函数,可以使函数的使用范围局限于本文件,如果在不同文件中有同名的内部函数,互不干扰。这样有利于不同的人分工编写不同的函数,而不必担心函数是否同名。

2. 外部函数

在定义函数时,如果使用关键字 extern,则此函数为外部函数,如:

```
    [extern] char compare(char c1,char c2)
    {
       ...
    }
```

C语言规定,如果在定义函数时省略extern,则隐含为外部函数,因此本书前面所有的函数都是外部函数。

在需要调用此函数的文件中,用extern对函数作声明,表示该函数是在其他文件中定义的外部函数。

3. 运行多文件程序

一个程序可以由多个文件组成,如何把多个文件编译链接成一个可执行文件并运行呢?

(1)方法一:用Turbo C 3.0集成环境。

① 输入、编辑每个文件,并存储在磁盘上。

② 在编辑状态下建立一个"项目文件"。项目文件不包括任何程序语句,只包括组成程序的所有的文件名。

方法:执行"Project"→"Open project..."命令,弹出"Open Project File"对话框,如图10.17所示。

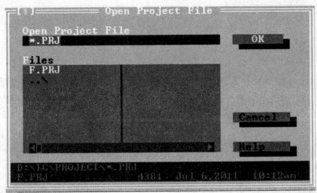

图10.17 "Open Project File"对话框

在"Open Project File"文本框中输入项目文件名,注意扩展名为".PRJ",然后单击"OK"按钮(如果要打开已有项目文件,则在"Files"列表框中选择),则打开"Project"窗口,如图10.18所示。

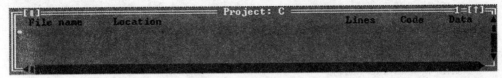

图10.18 "Project"窗口

③ 为项目文件添加文件。

方法:执行"Project"→"Add item..."命令,打开"Add to Project List"对话框,如图10.19所示。

在"Add to Project List"对话框的"Files"列表框中选择所需添加的文件,然后单击"Add"按钮,反复多次可以添加多个文件,最后单击"Done"按钮。

④ 按"Ctrl+F9"运行程序。

⑤ 按"Alt+F5"看程序结果。

例10.25 输入3个学生5门课的成绩,分别用函数求:

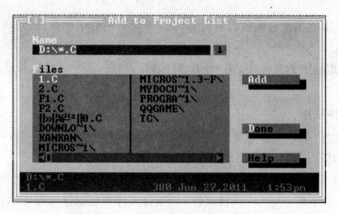

图 10.19 "Add to Project List"对话框

(1) 每个学生的平均分。
(2) 每门课的平均分。

<文件 1>file1.c

```c
#include <stdio.h>
void main()
{extern float saverage(int a[3][5],int);          /*声明外部函数*/
 extern float caverage(int a[3][5],int);          /*声明外部函数*/
 int i,j;
 float a[3][5],save[3],cave[5];
 for(i=0;i<3;i++)
  for(j=0;j<5;j++)
   scanf("%f",&a[i][j]);
 for(i=0;i<3;i++)
 {for(j=0;j<5;j++)
   printf("%.2f\t",a[i][j]);
  printf("\n");
 }
 for(i=0;i<3;i++)
  save[i]=saverage(a,i);
 for(j=0;j<5;j++)
  cave[j]=caverage(a,j);
 printf("The average score per student:\n");
 for(i=0;i<3;i++)
  printf("%f\t",save[i]);
 printf("\n The average score for each course:\n");
 for(j=0;j<5;j++)
  printf("%f\t",cave[j]);
}
```

<文件 2>file2.c
```c
#include <stdio.h>
float saverage(float a[3][5],int n)    /*saverage 函数功能:求每个学生的平均成绩*/
{
    int i;
    float z=0;
    for(i=0;i<5;i++)
        z=z+a[n][i];
    return z/5;
}
```
<文件 3>file3.c
```c
#include <stdio.h>
float caverage(float a[3][5],int m)    /*caverage 函数功能:求每门课的平均分*/
{
    int j;
    float z=0;
    for(j=0;j<3;j++)
        z=z+a[j][m];
    return z/3;
}
```

利用上述方法创建项目文件"FILE.PRJ",包括 file1.c、file2.c、file3.c 三个文件,如图 10.20 所示。

图 10.20 项目文件"FILE.PRJ"窗口

程序运行结果如图 10.21 所示。

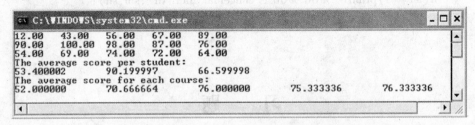

图 10.21 例 10.25 运行结果

(2)方法二:用#include 命令。

将 file2.c 包含到 file1.c 文件中,则应在 file1.c 文件的开头加:

#include"file2.c"

编译时系统自动将 file2.c 放到 file1.c 的前面,作为一个整体编译,所包含的函数也被认为在同一个文件中,不用作外部函数声明。

例 10.26 输出 10000 以内的亲和数。

有两个自然数 m,n,其约数和(不包括本身)分别为 s(m),s(n),若 s(m)=n,s(n)=m,则称 m 与 n 为亲和数。例如,当 m=220,n=284 时,m 的约数和 1+2+4+5+10+11+20+22+44+55+110= 284=n,n 的约数和为 1+2+4+71+142=220=m,220 和 284 是亲和数。

<文件 1> c:\f1.c
```c
#include <stdio.h>
int yueshuhe(int m)
{ int s,i,r;
  s=1;
  i=2;
  do {
      r=m%i;
      if(r==0)s=s+i;
      i++;}while(i<=m/2);
  return s;
}
```

<文件 2>c:\f2.c
```c
#include <stdio.h>
#include "c:\f1.c"
void main( )
{
int sum,i,sm,sn;
for(i=2;i<=10000;i++)
   { sm=yueshuhe(i);
     if(sm>i)
     { sn=yueshuhe(sm);
       if(sn==i)printf("%6d %6d is congenial graft.\n",sm,sn);
     }
   }
}
```

习　题

一、选择题

1. 以下程序的运行结果是(　　)。
```c
#include <stdio.h>
#define N 2
```

```
#define M N+1
#define NUM (M+1)*M/2
void main( )
{
    printf("%d\n",NUM);
}
```

A. 5　　　　　　B. 6　　　　　　C. 8　　　　　　D. 9

2. 程序的运行结果是(　　)。

```
#include <stdio.h>
#define MIN(x,y) (x)<(y)?(x):(y)
void main( )
{
    int i=10,j=15,k;
    k=10*MIN(i,j);
    printf("%d\n",k);
}
```

A. 10　　　　　　B. 15　　　　　　C. 100　　　　　　D. 150

二、阅读程序写结果

1.
```
#include<stdio.h>
void main( )
{ int a=2,i;
  int f(int a);
  for(i=0;i<3;i++)printf("%3d",f(a));
}
int f(int a)
{ int b=0; static int c=3;
  b++;c++;
  return(a+b+c);
}
```

2.
```
#include<stdio.h>
int fun(int x)
{ static int a=3;
  a+=x;
  return(a);
}
void main( )
{int k=2,m=1,n;
```

```
    n=fun(k);
    m=fun(m);
    printf("%d%d",n,m);
}
```

三、填空题

1. 设有以下程序,为使之正确运行,请在_____上填入应包含的命令行。

```
/*a.c*/
_____
_____
void main()
{
    try_me();            /* try_me 函数在 myfile.txt 中有定义 */
}
/*myfile.txt*/
void try_me()
{
    char c;
    if((c=gerchar())!='\n')
        putchar(c);
}
```

2. 以下程序运行的结果是_____。

```
#include <stdio.h>
void main()
{
    int a=10,b=20,c;
    c=a/b;
    #ifdef DEBUG
        printf("a=%d,b=%d",a,b);
    #endif
    printf("c=%d",c);
}
```

四、编程题

1. 输入两个整数,求它们相除的余数。用带参数的宏来编程实现。

2. 试定义一个带参数的宏,用来实现两个整数之间的交换,并利用它将一维数组的值进行交换。

3. 编写程序,打印 1~10 的阶乘值。用函数 fun 实现 n!,并要求在 fun 函数用静态局部变量实现。

第 11 章

再论函数

11.1 函数的嵌套调用

在 C 语言中,函数不能嵌套定义,即在一个函数中不能再进行另一个函数体的定义,但在使用时,允许嵌套调用,即一个函数调用其他函数,其他被调函数又调用别的函数。如:

```
int fun2(float x,float y)
{…
}
int fun1(int a,float b)
{
   float c;
   …
   c=fun2(b-1,b-2);
   …
}
void main( )
{ int m;
   float n;
   …
   fun1(m,n);
   …
}
```

fun1 和 fun2 是分别独立定义的函数,互不从属。main 函数调用 fun1 函数,在调用 fun1 的过程中,fun1 函数本身又调用 fun2 函数,这就是函数的嵌套调用。其执行过程如图 11.1 所示。

例 11.1 编写程序验证哥德巴赫猜想:任意一个大于 6 的偶数,都可以用两个素数之和表示。

```
#include <stdio.h>
int prime(int );
void guess(int );
void main( )
```

图 11.1 函数的嵌套调用

```
{ int n,n1,n2;
  do
  { printf("Please input an even number(>=6)");
    scanf("%d",&n);
  }while(!(n>=6 && n%2==0));
  guess(n);
}
void guess(int n)
{
  int n1,n2;
  for(n1=3;n1<n/2;n1+=2)
  { n2=n-n1;
    if(prime(n1)&&prime(n2))
      printf("   %d=   %d+   %d",n,n1,n2);
  }
}
int prime(int n)
{ int i,flag;
  flag=1;
  for(i=2;i<=n/2;i++)
  if(n%i==0)
  { flag=0;
    break;
  }
  return flag;
}
```

11.2 函数的递归调用

在调用一个函数的过程中又直接或间接地调用该函数本身,称为函数的递归调用。C语言的特点之一就在于允许函数的递归调用。函数递归调用分为直接递归调用和间接递归调用。

直接递归调用,如:
```
float fun(float x)
{ float n,y;
    …
    y=fun(n);
    …
}
```
在函数 fun 执行的过程中,又调用了 fun 函数,这是直接递归调用,如图 11.2 所示。

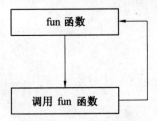

图 11.2　直接递归调用

间接递归调用,如:
```
float fun1(float x)
{ float n,y;
    …
    y=fun2(n);
    …
}
float fun2(float m)
{
    float a,b,c;
    …
    a=fun1(b);
    …
}
```
在函数 fun1 执行过程中要调用函数 fun2,在函数 fun2 执行过程中又要调用函数 fun1,这就是间接递归调用,如图 11.3 所示。

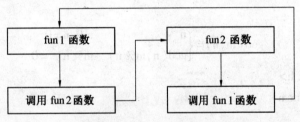

图 11.3　间接递归调用

从图 11.3 可以看出递归函数中存在自调用语句,因此它将无休止地反复执行,为了使之得到控制,在函数体内必须设置一定的条件,当条件成立时执行递归调用,否则不再继续执行。

例 11.2 试分析以下程序的运行结果。

```c
#include <stdio.h>
long fun(int n)
{ long s;
    if((n==1)||(n==2))
        s=2;
    else
        s=n+fun(n-1);
    return(s);
}
void main()
{ long x;
    x=fun(4);
    printf("result is %ld\n",x);
}
```

程序运行结果如图 11.4 所示。

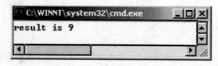

图 11.4 例 11.2 运行结果

通过图 11.5 解释一下递归函数 fun 的求解过程。

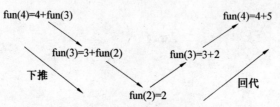

图 11.5 递归函数 fun 的求解过程

例 11.3 编递归函数 int gcd(int u,int v),计算整数 u,v 的最大公约数。

递归公式如下

$$gcd(m,n)=\begin{cases} n & m\%n=0 \\ gcd(n,m\%n) & m\%n!=0 \end{cases}$$

```c
#include <stdio.h>
int gcd(int m,int n)
{ int z;
    if(m%n==0)
        z=n;
    else
```

```
    z=gcd(n,m%n);
    return z;
}
void main()
{ int x,y;
  printf("Please input x and y:");
  scanf("%d%d",&x,&y);
  printf("Max common divisor is %d\n",gcd(x,y));
}
```

例 11.4 用递归计算斐波那契数列第 n 项。该序列可以表示成

$$f(n)=\begin{cases}1 & n=1\\ 1 & n=2\\ f(n-1)+f(n-2) & n>2\end{cases}$$

```
#include <stdio.h>
void main()
{ int fib(int);
  int n;
  printf("Please input n=");
  scanf("%d",&n);
  printf("        fib(%d)=%d\n",n,fib(n));
}
int fib(int n)
{ int k;
  if(n==1 || n==2)
     k=1;
  else
     k=fib(n-1)+fib(n-2);
  return k;
}
```

递归调用是一种特殊的嵌套调用,是某个函数调用自己,而不是另外一个函数。递归调用是一种解决方案,一种逻辑思想。

11.3 指针与函数

11.3.1 返回指针值的函数

在 C 语言中允许一个函数的返回值是整型、实型、字符型值等,也可以返回一个指针,即地址。这种返回指针值的函数称为指针型函数。

指针型函数定义的一般形式为:

```
    类型  *函数名(形参表)
    {
        ...                    /*函数体*/
    }
```

例如:

```
int *p (int x,int y)
{
    ...
}
```

说明 (1)p是函数名,x,y是函数p的形参,函数返回值是一个指向整型变量的指针。p两侧分别是*运算符和( )运算符,( )优先级高于*,因此p先与( )结合,显然这是个函数形式,在函数名前面有一个*,表示此函数是指针型函数。

(2)函数名之前加"*"表明函数返回值是一个指针。类型表示了返回的指针所指向的数据类型。

例11.5 编写一个返回指针的函数。功能是:输入一个1~7之间的整数,输出对应的星期名。

```c
#include <stdio.h>
#include <stdlib.h>
void main()
{ int i;
  char *day_name(int n);
  printf("input Day No:");
  scanf("%d",&i);
  if(i<0)exit(1);
    printf("Day No:    %2d-->%s\n",i,day_name(i));
}
char *day_name(int n)
{   static char *name[]={"Illegal day",
                "Monday",
                "Tuesday",
                "Wednesday",
                "Thursday",
                "Friday",
                "Saturday",
                "Sunday"};
    return((n<1||n>7)?name[0]:name[n]);
}
```

本例中定义了一个指针型函数day_name,它的返回值是一个指向字符串的指针变量。该函数中定义了一个静态指针数组name。name数组初始化赋值为8个字符串,分别表示各个星期名及出错提示。形参 n 表示与星期名所对应的整数。在主函数中,把输入的整数 i 作为实参,在 printf 语句中调用 day_name 函数并把 i 值传送给形参 n。day_name 函数中的 return 语句包含一个条件表达式,n 值若大于 7 或小于 1 则把 name[0] 指针返回主函数输出出错提示字符串"Illegal day"。否则返回主函数并输出对应的星期名。主函数中的第 7 行是条件语句,其语义是:如输入为负数(i<0),则中止程序运行,退出程序。exit 是一个库函数,exit(1) 表示发生错误后退出程序,exit(0) 表示正常退出。

11.3.2 函数的指针和指向函数的指针变量

在 C 语言中,一个函数总是占用一段连续的内存区域,存储函数的程序代码,而函数名是有值的,其值就是该函数所占内存区域的首地址,即该函数的入口地址。在编译时分配给函数的这个入口地址就称为函数的指针。指向函数的指针变量的值就是一个函数的入口地址。

指向函数的指针变量定义的一般形式为:

类型 (*指针变量名)([形参表]);

其中,方括号中的内容是可选的。

说明 (1)"类型"表示被指函数的返回值的类型。"(*指针变量名)"表示"*"后面的变量是定义的指针变量。最后的括号表示指针变量所指的是一个函数,该函数的参数个数及类型由"形参表"确定。

(2)定义指向函数的指针变量时,形参表可以与函数原型的写法相同,也可以只写出各个形式参数的类型。

(3)指向函数的指针变量允许以下操作:

①将函数名或指向函数的指针变量的值赋给指向同一类型函数的指针变量。

②函数名或指向函数的指针变量作为函数的参数。

③可以利用指向函数的指针变量调用函数。调用形式为:

(*变量名)(实际参数表)

其调用结果是使程序的执行流程转移到指针变量所指向函数的函数体。

函数的地址值赋给指向函数的指针变量后,指针变量就指向了该函数。调用时,实际参数的个数必须与被调函数所要求的参数个数相同,类型兼容。

例 11.6 求当 x=1.5,2.5,3.5,4.5 时,多项式 x^4+x-1 的值。

```
#include <stdio.h>
#include <math.h>
void main()
{ int i;
   float r,x,fun(float);
   float (*f)(float);
   f=fun;                    /*给函数指针变量赋值时,只需给出函数名
                                而不必给出参数。因为是将函数的入口地址
                                赋给 f,而不涉及实参与形参结合问题*/
   for(i=1;i<=4;i++)
```

```
        }
        x=i+0.5;
        r=(*f)(x);                    /*等价于 r=fun(x);*/
        printf("x=%f,y=%f\n",i+0.5,r);
    }
}
float fun(float x)
{   float z;
    z=pow(x,4)+x-1;
    return z;
}
```

(4)例 11.6 中"float (*f)(float);"表示定义一个指向函数的指针变量 f。它不是固定指向哪一个函数,只要函数符合"返回值是 float 类型,且有一个 float 类型参数"的条件,就可以把函数的地址赋给 f,f 就指向该函数。在一个程序中,一个指针变量可以先后指向同类型的不同函数。

例 11.7 定义一个函数 process,每次调用它时分别实现不同的功能。输入 a 和 b 的值,四次调用 process 函数,分别对两个数进行加、减、乘、除运算。

```
#include <stdio.h>
void main()
{   int add(int,int);
    int sub(int,int);
    int mul(int,int);
    int div(int,int);
    void process(int x,int y,int (*fun)(int,int));
    int a,b;
    printf("Please enter num1 and num2:");
    scanf("%d%d",&a,&b);
    printf("%d + %d = ",a,b);
    process(a,b,add);                 /*计算 a+b*/
    printf("%d - %d = ",a,b);
    process(a,b,sub);                 /*计算 a-b*/
    printf("%d * %d = ",a,b);
    process(a,b,mul);                 /*计算 a*b*/
    printf("%d / %d = ",a,b);
    process(a,b,div);                 /*计算 a/b*/
}
int add(int x,int y)
{   int z;
    z=x+y;
```

```
    return z;
}
int sub(int x,int y)
{   int z;
    z=x-y;
    return z;
}
int mul(int x,int y)
{   int z;
    z=x*y;
    return z;
}
int div(int x,int y)
{   int z;
    z=x/y;
    return z;
}
void process(int x,int y,int (*fun)(int,int))
{
    int result;
    result=(*fun)(x,y);
    printf("%d\n",result);
}
```

11.4 程序举例

例 11.8 用递归方法求 n!。

递归公式如下

$$n! = \begin{cases} 1 & n=0,1 \\ n \cdot (n-1)! & n>1 \end{cases}$$

```
#include <stdio.h>
void main()
{
    float fun(int n);
    int n;
    float r;
    printf("Please input an integer number:");
    scanf("%d",&n);
    r=fun(n);
```

```
    printf("%d! =%10.0f\n",n,r);
}
float fun(int n)
{
    float z;
    if(n==0 || n==1)
        z=1;
    else
        z=n*fun(n-1);
    return z;
}
```

当 n=4 时,函数的执行过程如图 11.6 所示。

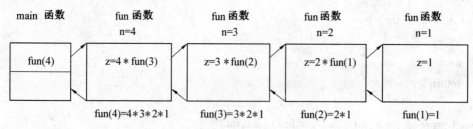

图 11.6 当 n=4 时例 11.8 程序的执行过程

例 11.9 用递归法将一个整数 n 转换成字符串。例如,输入 12345,应输出"12345",n 的位数不固定,可以是任意位数的整数。

```
#include <stdio.h>
void tranvers(long n)
{
    if(n/10!=0)
        tranvers(n/10);
    printf("%c",n%10+'0');
}
void main()
{
    long n;
    printf("Please input an integer number:");
    scanf("%ld",&n);
    printf("The string is :   ");
    if(n<0)
    {  printf("-");
        n=-1*n;
    }
    tranvers(n);
```

例 11.10 有若干个学生的成绩(每个学生有 4 门课程)。用户输入学生学号,输出该学生的全部成绩。用指针函数实现。

```
#include <stdio.h>
float * search(float ( * pointer)[4],int n)
{
    float * pt;
    pt = * (pointer+n);
    return pt;
}
void main()
{
    float score[][4] = {{0},{66,77,88,99},{34,56,78,90},{87,65,76,43}};
    float * p;
    int i,m;
    printf(" \nPlease input the number of student:");
    scanf("%d",&m);
    p = search(score,m);
    for(i=0;i<4;i++)
        printf("%5.2f\t", * (p+i));
}
```

例 11.11 当 x=15°,30°,45°时,求函数 y=2sin(x)-cos(2x)的值。

```
#include <stdio.h>
#include <math.h>
double fun(double ( * p1)(double),double ( * p2)(double),double q)
{ return 2 * ( * p1)(q)-( * p2)(2 * q);
}
void main()
{ double x;
    x = 3.1415926/180;
    printf("x=15,y=%10.6f\n",fun(sin,cos,15 * x));
    printf("x=30,y=%10.6f\n",fun(sin,cos,30 * x));
    printf("x=45,y=%10.6f\n",fun(sin,cos,45 * x));
}
```

本例中,语句"x=3.1415926/180;"的功能是实现角度和弧度的转换,函数 fun 被调用 3 次,每次调用都把库函数 sin 和 cos 的地址传递给 p1 和 p2,把第三个实参值传递给函数 fun 的第三个形参 q。函数 fun 的返回值就是 x=15°,30°,45°时 y=2sin(x)-cos(2x)的值。

习　题

一、填空题

1. 以下程序的功能是用递归方法计算学生的年龄。已知第一位学生年龄最小,为 10 岁,其余学生一个比一个大 2 岁,求第 5 位学生的年龄,请填空。

递归公式如下

$$\text{age}(n)=\begin{cases}10 & n=1\\ \text{age}(n-1)+2 & n>1\end{cases}$$

```
#include <stdio.h>
int age(int n)
{
    int z;
    if(n==1)
        z=10;
    else
        z=age(n-1)+2;
    return z;
}
void main()
{
    int n=5;
    printf("age=%d\n", _____);
}
```

2. 下面程序的功能是_____,运行结果是_____。

```
#include <stdio.h>
long fib(int g)
{ switch(g)
    { case 0: return 0;
      case 1:
      case 2: return 1;
    }
    return fib(g-1)+fib(g-2);
}
void main()
{ long k;
    k=fib(7);
    printf("k=%ld", k);
}
```

二、阅读程序写结果

1.
```
#include<stdio.h>
long fib(int g)
{ switch(g)
   { case 0: return 0;
     case 1: case 2: return 1;}
  return(fib(g-1)+fib(g-2));
}
void main()
{ long k;
  k=fib(7);
  printf("k=%d\n",k);
}
```

2.
```
#include <stdio.h>
int w=3;
void main()
{int w=10;
  printf("%d\n",fun(5)*w);
}
int fun (int k)
{if (k==0)return w;
  return (fun(k-1)*k);
}
```

三、编程题

1. 试编写求 x^n 的递归函数,并在主函数中调用它。

2. 有若干个学生的成绩(每个学生有 4 门课程),找出其中有课程不及格的学生,输出其学号及所有成绩。用指针函数实现。

3. 函数 p 的功能是用递归方法计算 x 的 n 阶勒让德多项式的值。递归公式如下

$$p_x = \begin{cases} 1 & n=0 \\ x & n=1 \\ ((2n-1)*x*p_{n-1}(x)-(n-1)*p_{n-2}(x))/n & n>1 \end{cases}$$

第12章

文　件

在此之前,所有的输入和输出操作都是通过键盘和显示器来进行的。无论是输入的数据,还是输出的数据,都无法长期保存。如何解决这一问题呢?利用文件,文件是程序设计语言中的重要内容,是计算机存储信息的唯一方式。实际上在前面的各章中已经多次使用了文件,例如,源程序文件、目标文件、可执行文件、库文件(头文件)等。

在 C 语言中,文件的各种操作都是通过库函数来完成的,本章主要介绍文件的打开、关闭、读写等函数的使用,同时也将介绍与文件处理有关的其他函数的使用方法。

12.1　文件的概述

文件是指一组存储在外部介质上的相关数据的有序集合。这个数据集合有一个名称,称做文件名。文件通常是驻留在外部介质(如磁盘等)上的,在使用时才调入内存中来。对文件的处理主要是指对文件的读写过程,或者说是对文件的输入输出过程。

12.1.1　流

为使计算机程序能处理大量的数据信息,常将数据存储在计算机外部存储介质中,如磁带、磁盘等。计算机操作系统将存储在外部存储介质中的数据以数据流的形式来组织。每个独立的数据流称做文件,每个文件有一个名字。为便于管理文件,操作系统维持一个呈层次状的目录结构,每个文件都被登录在某一目录下。习惯也将从键盘输入的数据流和向显示屏或打印机输出的数据流称做文件。

对流式文件的存储是以字符(字节)为单位的,输入输出的数据流的开始和结束仅受程序控制而不受物理符号(如回车换行符)控制。输出时不自动增加回车换行符以作为记录结束的标识,输入时不以回车换行符作为记录间隔。

12.1.2　存储设备的使用

设备文件是指与主机相连的各种外部设备,如显示器、打印机、键盘等。在操作系统中,把外部设备也看做是一个文件来进行管理,把它们的输入、输出等同于对磁盘文件的读和写。

通常把显示器定义为标准输出文件,一般情况下在屏幕上显示有关信息就是向标准输出文件输出,如前面经常使用的 print、putchar 函数就是这类输出。

键盘通常被指定为标准的输入文件,从键盘上输入就意味着从标准输入文件上输入数据。scanf、getchar 函数属于这类输入。

12.1.3 目录及文件格式

1. 文件名的组成

文件名的结构如下：

  盘符:路径\文件名.扩展名

其中盘符表示文件所在存储块，系统将外部存储介质分成多个存储块，并用不同的盘符标识这些块。路径是文件所在目录层次，文件名和扩展名通常是由字母开头、字母和数字字符组成。扩展名可以多至3个字符，通常用来表示文件的类型。因操作系统保留着当前盘符和当前路径，若要引用当前盘或当前路径下的文件，盘符和路径可以省略。

2. 文件分类

从文件编码的方式来看，文件可分为 ASCII 码文件和二进制码文件两种。

ASCII 码文件也称为文本文件，这种文件在磁盘中存放时每个字符对应1个字节的存储空间，用于存放对应的 ASCII 码。例如，整数5678的存储形式为：

ASCII 码： 00110101 00110110 00110111 00111000

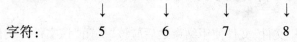

字符：   5   6   7   8

共占用4个字节。ASCII 码文件可在屏幕上按字符显示。例如，C 语言源程序文件就是 ASCII 文件，在 Windows 操作系统下，用字处理软件（如记事本、写字板等）可以直接读出，并能读懂文件内容。

二进制文件是按二进制的编码方式存放文件。例如，整数5678的存储形式为：00010110 00101110，只占2个字节。二进制文件虽然也可读出，但其内容无法读懂。

3. 文件指针

对于每一个要操作的文件，都必须定义一个指向该文件的指针。只有通过文件指针才能对其所指向的文件进行操作。

定义文件指针的一般形式是：

  FILE *文件指针；

例如：

  FILE *fp;

  FILE *fp1,*fp2;

说明 （1）FILE 应为大写，是由系统定义的一个结构体，该结构体中含有文件名、文件状态和文件当前位置等信息。在 Turbo C 3.0 中，头文件 stdio.h 中有以下的 FILE 类型的定义：

```
typedef struct
{ short level;
  unsigned flags;
  char fd;
  unsigned char hold;
  short bsize;
```

```
        unsigned char  *buffer;
        unsigned char  *curp;
        unsigned istemp;
        short token;
} FILE;
```

文件是由系统定义的结构体,读者在编写源程序时不必关心 FILE 结构的细节。

(2)文件指针是指向 FILE 结构的指针变量,通过文件指针即可找到存放某个文件信息的结构体变量,然后按结构变量提供的信息找到该文件,实施对文件的操作。也可以把文件指针称为指向一个文件的指针。

(3)文件在进行读写操作之前要先打开,使用完毕要关闭。打开文件,实际上是建立文件的各种有关信息,并使文件指针指向该文件,以便进行其他操作。关闭文件则是断开指针与文件之间的联系,也就是禁止再对该文件进行操作。在 C 语言中,文件操作都是由库函数来完成的。

12.2 文件的打开与关闭

对文件进行操作之前必须"打开"文件,文件使用结束之后应该"关闭"该文件。文件的打开和关闭是通过 fopen 和 fclose 函数实现的。

12.2.1 文件的打开

fopen( )函数用来打开一个文件,其函数原型如下:

   FILE fopen(char *filename,char *mode)

调用 fopen( )函数的一般形式为:

   fp=fopen(文件名,"打开文件方式")

说明 (1)fp 是已经被定义为 FILE 类型的指针变量。文件名是指被打开文件的名称,文件名应该是字符串常量或字符数组名。打开文件方式是指文件的打开类型(操作要求)。例如:

   FILE *fp;

   fp=("c:\\file.dat","r");

其意义是打开 C 盘根目录下的文件 file.dat,"r"的含义是以只读方式打开文件,并使文件指针 fp 指向该文件。两个反斜线"\\"是转义字符表示"\"。又如:

   FILE *fp;

   fp=("c:\\dat\\demo","rb")

其意义是打开 C 盘根目录下的文件夹 dat 中的文件 demo,"rb"的含义是按二进制方式进行只读操作。

(2)打开文件的方式共有 12 种,表 12.1 给出了它们的符号和意义。

表 12.1 文件打开方式及意义

打开方式	意　义
"r"	只读,打开一个文本文件,只允许读数据
"w"	只写,打开或建立一个文本文件,只允许写数据
"a"	追加,打开一个文本文件,并在文件末尾写数据
"rb"	只读,打开一个二进制文件,只允许读数据
"wb"	只写,打开或建立一个二进制文件,只允许写数据
"ab"	追加,打开一个二进制文件,并在文件末尾写数据
"v+"	读写,打开一个文本文件,允许读和写
"w+"	读写,打开或建立一个文本文件,允许读和写
"a+"	读写,打开一个文本文件,允许读,或在文件末尾追加数
"rb+"	读写,打开一个二进制文件,允许读和写
"wb+"	读写,打开或建立一个二进制文件,允许读和写
"ab+"	读写,打开一个二进制文件,允许读,或在文件末尾追加数据

对于文件的使用处理方式有以下几点说明:

① 文件使用方式由 r,w,a,b,+五个字符拼成,各字符的含义如下所示。

　　r(read)　　:只读方式。

　　w(write):只写方式。

　　a(append):追加方式。

　　b(banary):二进制文件。

　　+　　　　　:读写方式。

② 当用"r"打开一个文件时,该文件必须已经存在,且只能从该文件读出数据。

③ 凡用"w"打开的文件只能向其中写入数据。若打开的文件不存在,则以指定的文件名建立一个新文件;若打开的文件已经存在,则将该文件删去,重新创建一个新文件。

④ 若要向一个已存在的文件追加新的信息,只能用"a"方式打开文件。但此时该文件必须是已经存在的,否则将会出错。

⑤ 在打开一个文件时,如果操作成功,fopen( )将返回该文件的首地址。如果操作失败(出错),fopen( )将返回一个空指针值 NULL。在程序中可以用这一信息来判别是否完成打开文件的工作,并作相应的处理。因此常用以下程序段来打开文件:

```
if((fp=fopen("c:\\file.dat","rb")==NULL)
  { printf("\nError on open c:\\file.dat file!");
    getch();
    exit(1);
  }
```

或者写成:

```
fp=fopen("c:\\file.dat","rb");
```

```
    if(fp==NULL)
  { printf("\nError on open c:\\file.dat file!");
    getch();
    exit(1);
  }
```

这段程序的意义是：如果返回的指针为空，则表示不能打开指定的文件，这时输出提示信息"Error on open c:\file.dat file!"，然后系统等待用户从键盘敲任一键后，程序才继续执行，用户可利用这个等待时间阅读出错提示（在这里起到暂停的作用）。敲键后执行 exit(1) 退出程序。函数 exit 的功能是关闭所有文件并终止程序的运行，通常用 exit(1) 来表示程序因有错而终止，也可以使用 exit(0) 来表示程序正常终止。

⑥ 在向文本文件写数据时，将回车换行符转换为一个换行符，在显示器上输出文本文件内容时把换行符转换为回车和换行两个字符。在用二进制文件时，不进行这种转换，在内存中的数据形式与输出到外部文件中的数据形式完全一致，一一对应。

标准输入文件（键盘）、标准输出文件（显示器）以及标准出错输出文件（出错信息）都是系统默认的设备文件，对这几个设备文件中输入输出数据时，不需要使用 fopen 函数打开，因为这些文件是由系统自动打开的，可直接使用。

文件操作完成，应该及时使用 fclose( ) 函数关闭文件，以避免发生文件的数据丢失等错误。

12.2.2 文件的关闭

fclose( ) 函数用来关闭一个文件，其函数原型如下：

    int fclose(FILE *fp)

调用 fclose( ) 函数的一般形式是：

    fclose(fp)

说明 (1) fp 是通过 fopen( ) 函数赋值的指针变量。

(2) 正常完成关闭文件操作时，fclose( ) 函数返回值为 0。如返回非零值则表示有错误发生。

一般对文件的打开与关闭操作的顺序如下：

```
#include "stdio.h"
…
FILE fp;
if((fp=fopen("c:\\file.dat","rb")==NULL)
{
    printf("\nerror on open c:\\file.dat file!");
    getch();
    exit(1);
}
    …
fclose(fp);
```

关闭文件的几点说明：

（1）在向文件写数据时，首先将数据写到缓冲区；当缓冲区满时，将缓冲区中数据写到文件中，因而当不关闭文件而退出程序时，缓冲区中数据可能丢失。

（2）在使用完某个文件时，如不关闭，有可能被误操作，因而在使用完文件时，应关闭该文件。

（3）关闭文件后，再不能访问该文件，如果想访问该文件，可重新打开该文件。

（4）fclose函数返回一个整数，若顺利地执行关闭操作，则返回值为0，否则返回-1。

（5）文件使用完后，必须关闭文件，因为打开的每一个文件都对应一个文件缓冲区，缓冲区数量有限，如不关闭文件，即不归还缓冲区，浪费系统资源。

12.3 文件的读写

以某种合适的方式打开了文件，就可以对文件进行读数据或写数据的操作，这些操作都是通过库函数来完成的。所有关于文件指针定义和文件读写的系统函数均包含在头文件stdio.h中。所以在有关文件操作的程序中应该加上文件包含预处理命令：

#include <stdio.h>

12.3.1 文件的读操作

1. 读字符函数

fgetc()函数的功能是从指定的文件中读一个字符，函数调用的形式为：

  字符变量=fgetc(文件指针);

例如：

  ch=fgetc(fp);

其意义是从打开的文件fp中读取一个字符并送入变量ch中。

对于fgetc函数的使用有以下几点说明：

（1）fgetc函数读取的文件必须是以读或读写方式打开的。

（2）fgetc函数读取的结果也可以不赋值给字符变量。

例如：

  fgetc(fp);

但是读出的字符不能保存。

（3）在文件内部有一个位置指针，用来指向文件的当前读写字节。在文件打开时，该指针总是指向文件的第一个字节。使用fgetc函数读取一个字符后，该位置指针将向后移动一个字节，因此可连续多次使用fgetc函数，读取多个字符。应注意文件指针和文件内部的位置指针不是一回事：文件指针是指向整个文件的，需在程序中定义说明，只要不重新赋值，文件指针的值是不变的；文件内部的位置指针用以指示文件内部的当前读写位置，每读写一次，该指针均向后移动，它不需在程序中定义说明，而是由系统自动设置的。

  例12.1 读入文件c1.doc，在屏幕上输出。

  分析 用fopen函数打开文件，再利用读字符函数fgetc将文件内容输出到显示器上。

```
#include "stdio.h"
#include<conio.h>
#include<stdlib.h>
void main( )
{ FILE *fp;
   char ch;
   if(((fp=fopen("d:\\example\\1.txt","rt"))==NULL)
   {printf("\nCannot open file strike any key exit!");
      getch( );
      exit(1);
   }
   ch=fgetc(fp);                          /*先从文件中读出1个字符*/
   while(ch!=EOF)
   { putchar(ch);
      ch=fgetc(fp);
   }
   fclose(fp);
}
```

程序的运行结果如图 12.1 所示。

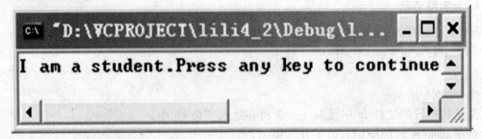

图 12.1 例 12.1 的运行结果

本例程序的功能是从文件中逐个读取字符在屏幕上显示。程序定义了文件指针 fp，以读文本文件方式打开文件"d:\\jrzh\\example\\ex1_1.c"，并使 fp 指向该文件。如打开文件出错，给出提示并退出程序。程序第 12 行先读出 1 个字符，然后进入循环，只要读出的字符不是文件结束标志（每个文件末有一结束标志 EOF）就把该字符显示在屏幕上，再读入下一字符。每读一次，文件内部的位置指针向后移动一个字符，文件结束时，该指针指向 EOF。执行本程序将显示整个文件内容。

2. 读字符串函数

fgets( )的函数原形为：

　　char *fgets(char *str,int n,FILE *fp)

使用的一般格式为：

　　fgets(字符数组名,n,文件指针);

说明 （1）str 是字符指针，可以是字符数组名，也可以是指向某个字符数组的指针；n

为整型，可以是整型变量、常量或表达式；fp 是已指向某个文件的文件指针，就是从这个文件中读出字符串。

（2）该函数的功能为从 fp 所指向的文件的当前位置读出 n-1 个字符，在其后补充一个字符串结束标记'\0'，组成字符串并存入由字符指针 str 所指示的内存区。如果在读取前 n-1 个字符时遇到了回车符，则这次读取只读到回车符为止，并加上'\0'，回车符之后的字符将被留待下一次读取。如果在读取前 n-1 个字符时遇到了 EOF（文件尾），则这次读取只读到 EOF 的前一个字符为止，并加上'\0'。

（3）如果读操作成功，该函数的返回值为 str 对应的地址；如果读操作失败，该函数的返回值为 NULL（一个由系统定义的符号常量，值为 0）。

例 12.2　已知文本文件 D:\FILE2.TXT 中存有若干行字符，每行不超过 80 个字符。编程请按行读出所有数据，输出到显示器上。

分析　用 fopen 函数打开文件，再利用读字符串函数 fgets 将文件每行内容输入到字符数组中并输出。

```
#include "stdio.h"
#include<stdlib.h>
voidmain()
{FILE *fp; char s[80];
  if((fp=fopen("d:\\example\\FILE2.txt","r"))==NULL)
  { printf("file can not open!\n");
    exit(0);
  }
while(!feof(fp))
{
  fgets(s,80,fp);
  puts(s);
}
fclose(fp);
}
```

程序的运行结果如图 12.2 所示。

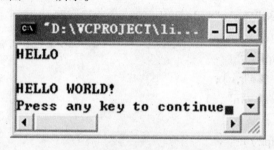

图 12.2　例 12.2 的运行结果

3. 格式化读函数 fscanf( )

格式化读函数 fscanf( )调用格式为：

　　fscanf(文件指针,格式字符串,输入表列);

例如：

fscanf(fp,"%d%s",&i,s);

说明　(1)函数中的格式字符串和输入表列与前面所用的 scanf( )函数含义完全相同,功能上都是格式化读入函数。两者的区别在于 fscanf( )函数的读对象不是键盘,而是磁盘文件。

(2)fp 是已经指向某个文件的文件指针,从这个指针所指文件中读出数据。

例 12.3　请编程将存在于磁盘 D:\ 下的两个文本文件 T1.TXT 和 T2.TXT 合并到文件 T3.TXT 中,合并的规则是以字符串(字符串之间以空格、TAB 或者回车分隔)为单位交替从 T1.TXT 和 T2.TXT 中取一行添加到 T3.TXT 中,如某一文件有剩余字符串,则全部添加到 T3.TXT 中。

分析　在 C 盘根目录下建立 T1 和 T2 文本文件,利用 fopen 函数打开三个文件,格式化读写函数 fsacnf 和 fprintf 函数将 T1 和 T2 文件内容输入到另一个文件 T3 中,最后关闭文件。

```c
#include "stdio.h"
#include<stdlib.h>
void main( )
{ FILE *fp1,*fp2,*fp3; char c[80]; int i;
  if((fp1=fopen("C:\\T1.TXT","r"))==NULL)
    { printf("file can not open! \n"); exit(0); }
    if((fp2=fopen("C:\\T2.TXT","r"))==NULL)
      { printf("file can not open! \n"); exit(0); }
    if((fp3=fopen("C:\\T3.TXT","w"))==NULL)
      { printf("file can not open! \n"); exit(0); }
    while(!feof(fp1)&&!feof(fp2))
      { fscanf(fp1,"%s",c);
        fprintf(fp3,"%s\n",c);
        fscanf(fp2,"%s",c);
        fprintf(fp3,"%s\n",c);
      }
    while(!feof(fp1))
    { fscanf(fp1,"%s",c);
      fprintf(fp3,"%s\n",c);
    }
    while(!feof(fp2))
    { fscanf(fp2,"%s",c);
      fprintf(fp3,"%s\n",c);
    }
```

```
        fclose(fp1);
        fclose(fp2);
        fclose(fp3);
}
```

4. 数据块读函数

函数 fread() 可用来读一组数据，如一个数组元素，一个结构体变量的值等。数据块读入函数调用的一般形式为：

fread(buffer,size,count,fp);

其中：

buffer 是一个指针，在 fread 函数中，它表示存放输入数据的首地址。

size 表示数据块的字节数。

count 表示要读写的数据块块数。

fp 表示文件指针。

例 12.4 从已经写好的一个学生基本信息的文件中，读出两个学生的数据显示在显示器上。

分析 建立一个结构体数组存放学生的基本信息，fopen 函数打开已经写好的文件，利用 fread 函数把信息转入结构体数组中，最后输出。

```c
#include<stdio.h>
#include<conio.h>
#include<stdlib.h>
struct stu
{char name[10];
  int num;
  int age;
  char addr[15];
}boyb[2],*qq;
void main()
{FILE *fp;
  char ch;
  int i;
  qq=boyb;
  if((fp=fopen("d:\\example\\stu_list","rb"))==NULL)
  {
    printf("Cannot open file strike any key exit!");
    getch();
    exit(1);
  }
  fread(qq,sizeof(struct stu),2,fp);
  printf("\n\nname\tnumber          age         addr\n");
```

```
for(i=0;i<2;i++,qq++)
    printf("%s\t%5d%7d    %s\n",qq->name,qq->num,qq->age,qq->addr);
fclose(fp);
}
```

12.3.2 文件的写操作

1. 写字符函数

fputc( )函数用来向文件中写入一个字符,函数原形为:

    int fputc(char ch,FILE *fp)

说明 (1)ch 的值是准备写到文件中的字符,可以是字符常量或变量;fp 是已指向某个文件的文件指针。

(2)将 ch 中的字符写到 fp 所指向文件的当前位置。

(3)如果写入成功,该函数的返回值为刚刚写入的字符;如果写入失败,该函数的返回值为 EOF(一个由系统定义的符号常量,值为-1)。

(4)被写入的文件可以用写、读写、追加方式打开。用写或读写方式打开一个已存在的文件时将清除原有的文件内容,写入字符从文件首开始。如需保留原有文件内容,希望写入的字符在文件末尾开始存放,必须以追加方式打开文件。

(5)每写入一个字符,文件内部位置指针向后移动一个字节,指向下一个将写入的位置(在这里实际上是文件尾)。

例 12.5 将 26 个大写英文字符写到文本文件 C:\FILE1201.TXT 中。

分析 fopen 函数打开文件,利用 fputc 函数将字符写入文件。

```
#include<stdio.h>
#include<conio.h>
#include<stdlib.h>
voidmain( )
{FILE *fp;
 int i;
 if((fp=fopen("D:\\example\\FILE1201.TXT","w"))==NULL)
 { printf("file can not open! \n");
   exit(0);
 }
 for(i='A';i<='Z';i++)
   fputc(char(i),fp);
 fclose(fp);
}
```

执行程序,然后会在 D 盘的 example 文件夹下找到文件 FILE1201.TXT,文件的内容如图 12.3 所示。

程序中 fputc(c,fp)的功能是把字符变量 c 的值写入 fp 所指向的文件中。这个程序所生成的文件内容是固定的。能不能自主地从键盘输入文件内容呢?请看例 12.6。

图 12.3 例 12.5 的执行结果

例 12.6 从键盘输入一串字符(以文件结束标志 EOF 结束,字符 EOF 在键盘输入时对应功能键 F6 或组合键 CTRL+Z),将输入的所有内容(包括回车)写入文本文件 D:\example\FILE1202.TXT 中。

分析 打开文件,利用 getchar 函数从键盘输入字符,并通过 fputc 函数把输入的字符写入文件中。

```
#include<stdio.h>
#include<stdlib.h>
void main( )
{ FILE  *fp; char c;
  if( ( fp=fopen( "d:\\example\\FILE1202.TXT" ,"w" ) )= =NULL)
  { printf( "file can not open! \n" );
    exit(0);
  }
  while( ( c=getchar( ) )! =EOF)
  { fputc( c,fp );
  }
  fclose( fp );
}
```

打开文件 D:\exmple\FILE1202.TXT,文件内容为:

hello

hello world!

the end

利用 fputc( )函数,可以很方便地向一个文件中写入字符。在从键盘中输入字符作为文件内容时,要注意文件结束标志。

2. 写字符串函数

写字符串函数 fputs( )的函数原形是:

　　int *fputs(char *str,FILE *fp)

说明 (1)str 是准备写到文件中的字符串数据,可以是字符串常量或字符数组的首地址;fp 是已指向某个文件的指针,字符串 str 就是写到这个文件中去。

(2)该函数的功能是将 str 所指向的字符串舍去结束标记'\0'后写到 fp 所指向的文件的当前位置。

(3)如果写入成功,该函数的返回值为刚刚写入的字符串的字符个数;如果写入失败,该函数的返回值为 EOF(-1)。

例 12.7　编写程序,以行为单位输入 3 行文本,把这 3 行文本作为 3 个字符串写入到文本文件 D:\example\FILE1207.TXT 中。

```
#include<stdio.h>
#include<stdlib.h>
void main()
{FILE *fp; char s[80]; int i;
  if((fp=fopen("D:\\example\\FILE1207.TXT","w"))==NULL)
  { printf("file can not open! \n");
    exit(0);
  }
  for(i=0;i<3;i++)
  { gets(s);
    fputs(s,fp);
  }
  fclose(fp);
}
```

运行程序,若输入为图 12.4 所示内容,程序运行结束后,文本文件 D:\example\FILE1208.TXT,

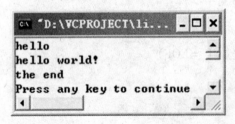

图 12.4　例 12.7 的运行结果

文件内容为:

　　hellohello world! The end.

fputs( )函数的功能是向文件中写入一个字符串,并不包括空字符′\0′,也不将′\0′转化成′\n′写入。如果想在生成的文件中也实现分行存储,则必须在程序中向目标文件手动写入换行符′\n′。

例 12.8　编程以行为单位输入 3 行文本,把这行文本作为 3 个字符串写入到文本文件 C:\FILE1208.TXT 中,写入后分行存储。

```
#include<stdio.h>
#include<conio.h>
#include<stdlib.h>
void main()
{FILE *fp; char s[80]; int i;
  if((fp=fopen("C:\\FILE1209.TXT","w"))==NULL)
  { printf("file can not open! \n");
```

```
        exit(0);
    }
    for(i=0;i<3;i++)
    {  gets(s);
       fputs(s,fp);
       fputc('\n',fp);
    }
    fclose(fp);
}
```

运行程序,若输入为图 12.5 所示内容,程序运行结束后,文件 C:\FILE1209.TXT 的

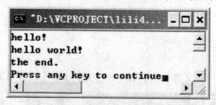

图 12.5 例 12.8 的运行结果

内容为:

Hello!

hello world!

The end.

3. 格式化写函数

格式化写函数 fprintf( )的调用格式为:

   fprintf(文件指针,格式字符串,输出表列);

例如:

fprintf(fp,"%d%c",j,ch);

说明 (1)函数中的格式字符串和输出表列与前面所用的 printf( )函数的含义完全相同,功能上都是格式化写函数。两者的区别在于 fprintf( )函数的输出对象不是显示器,而是磁盘文件。

(2)fp 是已经指向某个文件的文件指针,就是向这个文件中写入数据。

例 12.9 编写程序,计算 0°~360°之间每一度的正弦值和余弦值,结果以每度一行存入文件 T4.TXT 中,每行包括 3 个数据:角度值、正弦值和余弦值。

分析 fopen 函数打开文件,利用库函数 sin,cos 函数计算每一度的正弦和余弦值,并通过 fprintf 函数把它们的值输出到文件中。

```
#include "math.h"
#include<stdio.h>
#include<stdlib.h>
#define PI 3.14159265
void main( )
```

```
{FILE *fp;
  int i;
  double r;
  if((fp=fopen("C:\\T4.TXT","w"))==NULL)
  { printf("file can not open! \n");
    exit(0);
  }
  for(i=0;i<=360;i++)
  { r=i*PI/180;
    fprintf(fp,"%5d   %10.6lf   %10.6lf\n",i,sin(r),cos(r));
  }
  fclose(fp);
}
```

在 C 盘根目录下产生一个文本文件 T4.txt,文件内容如图 12.6 所示。

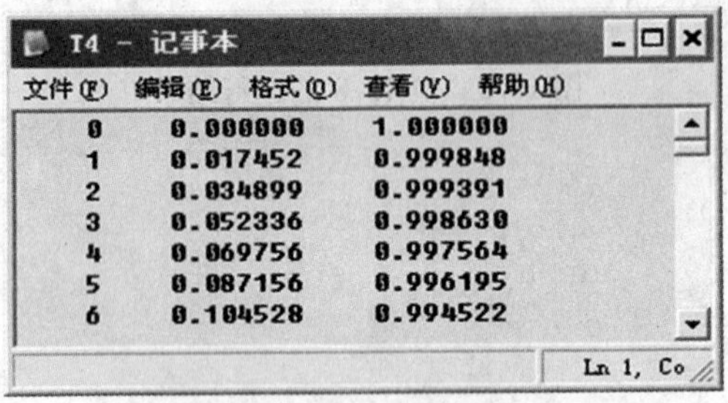

图 12.6 例 12.9 的运行结果

4. 写数据块函数

写数据块函数 fwrite( )可用来写一组数据,如一个数组元素,一个结构变量的值等。写数据块函数调用的一般形式为:

　　　　fwrite(buffer,size,count,fp);

其中:

buffer 是一个指针,表示存放输出数据的首地址。

size 表示数据块的字节数。

count 表示要读写的数据块块数。

fp 表示文件指针。

例 12.10　从键盘输入两个学生数据,写入一个文件中。

分析　fopen 函数打开文件,建立一个结构体变量用来存放两个学生的基本信息,再利用 fwrite 函数把信息写入文件中。

```
#include<stdlib.h>
#include<stdio.h>
struct stu
{ char name[10];
  int num;
```

```
    int age;
    char addr[15];
}boya[2],*pp;
void main()
{   FILE *fp;
    char ch;
    int i;
    pp=boya;
    if((fp=fopen("d:\\example\\stu_list","wb+"))==NULL)
    {
        printf("Cannot open file strike any key exit!");
        getch();
        exit(1);}
    printf("\ninput data\n");
    for(i=0;i<2;i++,pp++)
        scanf("%s%d%d%s",pp->name,&pp->num,&pp->age,pp->addr);
    pp=boya;
    fwrite(pp,sizeof(struct stu),2,fp);
    fclose(fp);
}
```

12.4 文件的其他常用函数

12.4.1 文件的定位

移动文件内部位置指针的函数主要有两个,即 rewind 函数和 fseek 函数。

1. rewind 函数

rewind 函数的调用形式为:

  rewind(文件指针);

它的功能是把文件内部的位置指针移到文件首。

2. fseek 函数

fseek 函数用来移动文件内部位置指针,其调用形式为:

  fseek(文件指针,位移量,起始点);

其中:

"文件指针"指向被移动的文件。

"位移量"表示移动的字节数,要求位移量是 long 型数据,以便在文件长度大于64 KB时不会出错。当用常量表示位移量时,要求加后缀"L"。

"起始点"表示从何处开始计算位移量,规定的起始点有三种:文件首,当前位置和文件尾。其表示方法如表 12.2 所示。

表 12.2　起始点位置的表示

起始点	表示符号	数字表示
文件首	SEEK_SET	0
当前位置	SEEK_CUR	1
文件尾	SEEK_END	2

例如：

fseek(fp,100L,0);

其意义是把位置指针移到离文件首 100 个字节处。

还要说明的是 fseek 函数一般用于二进制文件。在文本文件中由于要进行转换，故往往计算的位置会出现错误。

12.4.2　文件的随机读写

文件的随机读写在移动位置指针之后，即可用前面介绍的任一种读写函数进行读写。由于一般是读写一个数据块，因此常用 fread 和 fwrite 函数。下面用例题来说明文件的随机读写。

例 12.11　编写程序，计算 0°~360°之间每一度的正弦值，将结果顺序存入二进制文件 T5.DAT 中，然后随机读出几个数据输出到屏幕上。

分析　同例 12.9。

```
#include<math.h>
#include<stdio.h>
#define PI 3.14159265
void main()
{ FILE *fp;
  int i;
  double data,r[361];
  if((fp=fopen("d:\\example\\T5.DAT","rb+"))==NULL)
  { printf("file can not open!\n");
    exit(0);
  }
  for(i=0;i<=360;i++)r[i]=sin(i*PI/180);
  fwrite(r,sizeof(double),361,fp);
  printf("\nAngle \tSin-Value");
  for(i=0;i<=360;i+=10)
  {
    fseek(fp,(long)(sizeof(double)*i),0);
    fread(&data,sizeof(double),1,fp);
    printf("\n%4d\t%10.8lf",i,data);
```

}
　　fclose(fp);
　　getch( );
}

12.4.3　其他相关函数

1. 文件结束检测函数

feof( )函数调用格式：

　　feof(文件指针);

功能：判断文件位置指针是否处于文件结束位置，如处于文件结束位置，则返回值为 1，否则为 0。

2. 读写文件出错检测函数

ferror( )函数调用格式：

　　ferror(文件指针);

功能：检查文件在用各种输入输出函数进行读写时是否出错。如 ferror 返回值为 0 表示未出错，否则表示有错。

3. 文件出错标志和文件结束标志置 0 函数

clearerr( )函数调用格式：

　　clearerr(文件指针);

功能：本函数用于清除出错标志和文件结束标志，使它们为 0 值。

习　　题

一、选择题

1. 下列关于 C 语言数据文件的叙述中正确的是(　　)。
　　A. 文件由 ASCII 码字符序列组成，C 语言只能读写文本文件
　　B. 文件由二进制数据序列组成，C 语言只能读写二进制文件
　　C. 文件由记录序列组成，可按数据的存放形式分为二进制文件和文本文件
　　D. 文件由数据流形式组成，可按数据的存放形式分为二进制文件和文本文件

2. 若 fp 已正确定义并指向某个文件，当未遇到该文件结束标志时函数 feof(fp) 的值为(　　)。
　　A. 0　　　　　　　B. 1　　　　　　　C. -1　　　　　　　D. 一个非 0 值

3. 若以"a+"方式打开一个已存在的文件，则以下叙述正确的是(　　)。
　　A. 文件打开时，原有文件内容不被删除，位置指针移到文件末尾，可作添加和读操作
　　B. 文件打开时，原有文件内容不被删除，位置指针移到文件开头，可作重写和读操作
　　C. 文件打开时，原有文件内容被删除，只可作写操作
　　D. 以上各种说法皆不正确

二、读程序写结果

1. 以下程序运行后,写出文件 test 中的内容。

```c
#include<stdio.h>
#include<string.h>
void fun(char *fname, char *st)
{FILE *fp;
  int i;
  fp=fopen(fname,"w");
  for(i=0;i<strlen(st);i++)
    fputc(st[i],fp);
  fclose(fp);
}
void main()
{fun("test","world");
  fun("test","hello");
}
```

2. 下面程序的运行结果是_____。

```c
#include<stdio.h>
#include<stdlib.h>
void main()
{FILE *fp;
  int i=20,j=30,k,n;
  fp=fopen("d1.dat","w");
  fprintf(fp,"%d\n",i);
  fprintf(fp,"%d\n",j);
  fclose(fp);
  fp=fopen("d1.dat","r");
  fscanf(fp,"%d%d",&k,&n);printf("%d%d",k,n);
}
```

三、程序填空题

1. 下面的程序把从终端读入的文本(用!作为结束标志)输出到一个名为 bi.dat 的新文件中。

```c
#include<stdio.h>
#include<stdlib.h>
void main()
{FILE *fp;
  char ch;
  if((fp=fopen(_____))==NULL) exit(0);
```

```
    while( ( cha = getchar( ) )! = _____ )
      fput( ch, fp )
    fclose( fp );
}
```

2. 下面的程序是把数组 a 的 4 个元素和数组 b 的 6 个元素写到名为 FILE2. dat 的二进制文件中。

```
#include<stdio. h>
#include<stdlib. h>
void main( )
{ FILE  * fp;
    char a[4] = "1234", b[6] = "abcdef";
    if( ( fp = _____( "FILE2. dat", "wb" ) ) = = NULL)
      _____;
    fwrite( a, sizeof( char ), 4, fp );
    fwrite( b, _____, 1, fp );
    fclose( fp );
}
```

四、程序改错题

1. 将三个职工的数据(编号,姓名,年龄)从键盘输入,存放到一个新建的二进制文件 employee 中去。

```
#include <stdio. h>
#include<stdlib. h>
int main( )
{ FILE  * fp;
    struct   employee{
      long   code;
      char   name[20];
      int   age;
    } em;
    int k;
    if( ( fp = fopen( "employee", "wb" ) ) = = NULL){
      printf( "error\n" );
      return(0);
    }
    for( k = 0; k<3; k++){
      scanf( "%ld%s%d", &em. code, em. name, &em. age );
      fwrite( em, sizeof( struct employee ), 1, fp );
    }
    fclose( );
```

return 1;
}
2. 编程从文件 FILE1202.TXT 中读取所有字符,显示在屏幕上。
```
#include<stdio.h>
#include<stdlib.h>
voidmain( )
{ FILE * fp; int i;int c;
if( ( fp=fopen( "C:\\FILE1202.TXT" ,"r" ) )= =NULL)
{ printf( "file can not open! \n" );
    exit(0);
}
while( feof( fp ) )
{ c=fgetc( fp );
    putchar( c );
}
fclose( fp );
}
```

五、编程题

1. 编写程序,对输入文件中的内容进行分析,统计文件的行数,单词数和每个单词出现的次数。

2. 定义一个学生结构体,包含学号、姓名、成绩等信息,将这些信息写入二进制的文件 student.dat 中,并能显示输出。

3. 将一个文件复制到另一个文件中,路径和文件名通过键盘输入。

附 录

附录 A 常用字符与 ASCII 代码对照表

ASCII值	字符	ASCII值	字符	ASCII值	字符	ASCII值	字符
000	NUL	032	(space)	064	@	096	`
001	SOH	033	!	065	A	097	a
002	STX	034	"	066	B	098	b
003	ETX	035	#	067	C	099	c
004	EOT	036	$	068	D	100	d
005	ENQ	037	%	069	E	101	e
006	ACK	038	&	070	F	102	f
007	BEL	039	'	071	G	103	g
008	BS	040	(	072	H	104	h
009	HT	041	)	073	I	105	i
010	LF	042	*	074	J	106	j
011	VT	043	+	075	K	107	k
012	FF	044	,	076	L	108	l
013	CR	045	-	077	M	109	m
014	SO	046	.	078	N	110	n
015	SI	047	/	079	O	111	o
016	DLE	048	0	080	P	112	p
017	DC1	049	1	081	Q	113	q
018	DC2	050	2	082	R	114	r
019	DC3	051	3	083	S	115	s
020	DC4	052	4	084	T	116	t
021	NAK	053	5	085	U	117	u
022	SYN	054	6	086	V	118	v
023	ETB	055	7	087	W	119	w
024	CAN	056	8	088	X	120	x
025	EM	057	9	089	Y	121	y
026	SUB	058	:	090	Z	122	z
027	ESC	059	;	091	[	123	{
028	FS	060	<	092	\	124	|
029	GS	061	=	093	]	125	}
030	RS	062	>	094	^	126	~
031	US	063	?	095	_		

附录 B C 库函数

库函数并不是 C 语言的一部分,它是根据需要编制并提供用户使用的程序段。每一种 C 编译系统都提供了一批库函数,不同的编译系统所提供的库函数的数目和函数名以及函数功能不完全相同。ANSI C 标准提出了一批建议提供的标准库函数,它包括了目前多数 C 编译系统提供的库函数,但也有一些是某些 C 编译系统未曾实现的。考虑到通用性,本书列出 ANSI C 标准建议提供的、常用的部分库函数。对多数 C 编译系统,可以使用这些函数的绝大部分。由于 C 库函数的种类和数目很多(例如,还有屏幕和图形函数、时间日期函数、与系统有关的函数等,每一类函数又包括各种功能的函数),限于篇幅,本附录不能全部介绍,只从教学需要的角度列出最基本的。读者在编制 C 程序时可能要用到更多的函数,请查阅所用系统的手册。

1. 数学函数

使用数学函数时,应该在该源文件中使用以下命令行:
include <math.h>或# include "math.h"

函数名	函数原型	功 能	返回值	说 明
abs	int abs (int x);	求整数 x 的绝对值	计算结果	
acos	double acos (double x);	计算 $\cos^{-1}(x)$ 的值	计算结果	x 应在 -1 到 1 范围内
asin	double asin (double x);	计算 $\sin^{-1}(x)$ 的值	计算结果	x 应在 -1 到 1 范围内
atan	double atan (double x);	计算 $\tan^{-1}(x)$ 的值	计算结果	
atan2	double atan2 (double x, double y);	计算 $\tan^{-1}(x/y)$ 的值	计算结果	
cos	double cos (double x);	计算 $\cos(x)$ 的值	计算结果	x 的单位为弧度
cosh	double cosh (double x);	计算 x 的双曲余弦 $\cosh(x)$ 的值	计算结果	
exp	double exp (double x);	求 e^x 的值	计算结果	
fabs	double fabs (double x);	求 x 的绝对值	计算结果	
log	double log (double x);	求 $\log_e x$,即 $\ln x$	计算结果	
log10	double log10 (double x);	求 $\log_{10} x$	计算结果	
pow	double pow (double x, double y);	计算 x^y 的值	计算结果	
rand	int rand (void);	产生 -90 到 32767 间的随机整数	随机整数	
sin	double sin (double x);	计算 $\sin(x)$ 的值	计算结果	x 的单位为弧度
sinh	double sinh (double x);	计算 x 的双曲正弦函数 $\sinh(x)$ 的值	计算结果	
sqrt	double sqrt (double x);	计算 $\sqrt{x}$	计算结果	$x \geq 0$
tan	double tan (double x);	计算 $\tan(x)$ 的值	计算结果	x 的单位为弧度
tanh	double tanh (double x);	计算 x 的双曲正切函数 $\tanh(x)$ 的值	计算结果	

2. 字符函数和字符串函数

ANSI C 标准要求在使用字符串函数时要包含头文件"string.h",在使用字符函数时要包含头文件"ctype.h"。有的 C 编译不遵循 ANSI C 标准的规定,而用其他名称的头文件。请使用时查有关手册。

函数名	函数原型	功　能	返回值	包含文件
isalnum	int isalnum (int ch);	检查 ch 是否为字母(alpha)或数字(numeric)	是,字母或数字返回 1;不是,则返回 0	ctype.h
isalpha	int isalpha (int ch);	检查 ch 是否为字母	是,返回 1;不是,则返回 0	ctype.h
isdigit	int isdigit (int ch);	检查 ch 是否为数字(0~9)	是,返回 1;不是,返回 0	ctype.h
isgraph	int isgraph (int ch);	检查 ch 是否为可打印字符(其 ASCII 码在 ox21 到 ox7E 之间),不包括空格	是,返回 1;不是,返回 0	ctype.h
islower	int islower (int ch);	检查 ch 是否为小写字母(a~z)	是,返回 1;不是,返回 0	ctype.h
isprint	int isprint (int ch);	检查 ch 是否为可打印字符(包括空格),其 ASCII 码在 ox20 到 ox7E 之间	是,返回 1;不是,返回 0	ctype.h
ispunct	int ispunct (int ch);	检查 ch 是否为标点字符(不包括空格),即除字母、数字和空格以外的所有可打印字符	是,返回 1;不是,返回 0	ctype.h
isspace	int isspace (int ch);	检查 ch 是否为空格、跳格符(制表符)或换行符	是,返回 1;不是,返回 0	ctype.h
isupper	int isupper (int ch);	检查 ch 是否为大写字母(A~Z)	是,返回 1;不是,返回 0	ctype.h
tolower	int tolower (int ch);	将 ch 字符转换为小写字母	返回 ch 所代表的字符的小写字母	ctype.h
toupper	int toupper (int ch);	将 ch 字符转换成大写字母	与 ch 相应的大写字母	etype.h

参考文献

[1] 谭浩强.C 程序设计[M].4 版.北京:清华大学出版社,2010.

[2] 苏小红,王宇颖,孙志岗.C 语言程序设计[M].北京:高等教育出版社,2011.

[3] 张长海,陈娟,刘磊.程序设计基础[M].北京:高等教育出版社,2008.

[4] 尹宝林.C 程序设计思想与方法[M].北京:机械工业出版社,2009.

[5] 黄维通.C 语言程序设计[M].2 版.北京:清华大学出版社,2010.